Vaidade
Um manancial de ilusões

Vaidade um manancial de ilusões
Pelo espírito Angeluz
Psicografia de Roberta Teixeira da Silva
Copyright © 2019 by
Lúmen Editorial Ltda.

2ª edição - Julho de 2019.

Coordenação editorial: *Ronaldo A. Sperdutti*
Revisão: *Alessandra Miranda de Sá*
Projeto gráfico e arte da capa: *Juliana Mollinari*
Imagem da capa: *Shutterstock*
Diagramação: *Juliana Mollinari*
Assistentes editoriais: *Ana Maria Rael Gambarini e Roberto de Carvalho*
Impressão: *Expressão & Arte Editora e Gráfica*

```
Dados Internacionais de Catalogação na Publicação (CIP)
             (Câmara Brasileira do Livro, SP, Brasil)

   Angeluz (Espírito)
      Vaidade um manancial de ilusões / [pelo espírito
   Angeluz] ; [psicografia de] Roberta Teixeira da
   Silva. -- 1. ed. -- Catanduva, SP : Lúmen Editorial,
   2019.

      ISBN 978-85-78132-13-2

      1. Espiritismo 2. Ficção espírita 3. Psicografia
   I. Silva, Roberta Teixeira da. II. Título.

19-26222                                        CDD-133.9
```

Índices para catálogo sistemático:

1. Ficção espírita : Espiritismo   133.9

Maria Alice Ferreira - Bibliotecária - CRB-8/7964

Av. Porto Ferreira, 1031 – Parque Iracema
CEP 15809-020 – Catanduva-SP – 17 3531.4444

visite nosso site: www.lumeneditorial.com.br
fale com a Lúmen: atendimento@lumeneditorial.com.br
departamento de vendas: comercial@lumeneditorial.com.br
contato editorial: editorial@lumeneditorial.com.br
siga-nos no twitter: @lumeneditorial

2019
Proibida a reprodução total ou parcial desta
obra sem prévia autorização da editora

Impresso no Brasil – *Printed in Brazil*
2-07-19-5.000-10.000

Vaidade
Um manancial de ilusões

ROBERTA TEIXEIRA DA SILVA DITADO POR ANGELUZ

"Quando nos despirmos do que nos torna vaidosos, mais fácil encontraremos o caminho que nos levará à redenção."

Sumário

Agradecimento 9

Reflexão 11

Capítulo I – A ascensão – início do século XX 13

Capítulo II – Reencontro.. 27

Capítulo III – Conhecimentos são tesouros 37

Capítulo IV – O poder da oração 47

Capítulo V – Revelações esclarecedoras 59

Capítulo VI – Mediunidade ou esquizofrenia? 73

Capítulo VII – Amor impossível...................................... 87

Capítulo VIII – O passado vem à tona 101

Capítulo IX – Gabriel, o servidor cristão 115

Capítulo X – Uma união ambiciosa.................................. 123

Capítulo XI – Ilustre visita 133

Capítulo XII – Constante aprendizado 147

Capítulo XIII – O matrimônio 155

Capítulo XIV – Por trás das aparências 167

Capítulo XV – A morte é apenas o final de uma lição 179

Capítulo XVI – A decadência 193

Capítulo XVII – Um mero descuido 205

Capítulo XVIII – Enfim, a verdade................................... 221

Capítulo XIX – Um chamado urgente 235

Capítulo XX – Doutrinação 247

Capítulo XXI – O amor rompe fronteiras 261

Capítulo XXII – O baile 273

Capítulo XXIII – Uma nova chance 283

Capítulo XXIV – Vaidade, um manancial de ilusões 293

Agradecimento

Dedico esta obra a todos os servidores do bem que, de algum modo, contribuem ou já contribuíram para a divulgação desta maravilhosa doutrina dos espíritos, que consola corações aflitos e liberta consciências.

"A maior caridade que podemos fazer pela doutrina espírita é sua divulgação." (Chico Xavier/Emmanuel)

Reflexão

"[...] Aqueles que mais se elevaram numa existência, mas que se deixaram dominar pelo orgulho e pela ambição, são conduzidos até o último lugar numa existência seguinte.

Não procure, pois, os primeiros lugares na Terra, nem se coloque acima dos seus semelhantes, se você não quiser ser obrigado a descer. Procure, contrariamente a isso, o lugar mais humilde e mais modesto, porque Deus saberá dar-lhe um lugar mais elevado no céu, se você o merecer."

(Allan Kardec, O Evangelho segundo o Espiritismo, capítulo VII, item 6.)

CAPÍTULO I

A ascensão

Início do século XX

Na floresta, Aline corria rapidamente, mas sem rumo certo.

Pretendia apenas sair daquele lugar no qual, por um infortúnio do destino, acabara presa.

Não sabia ao certo o que encontraria adiante, mas, como estava sendo perseguida, não podia perder tempo com simples pensamentos.

Tinha de agir rápido, antes que os malfeitores dessem por sua ausência.

Era noite alta, e os perigos de uma floresta, àquela hora, eram os mais tenebrosos, mas preferia correr o risco de virar alimento de animais a permanecer sob o poder daqueles homens indignos e frios.

Em frente a um casebre, um pouco mais distante do acampamento que lhe servira de cárcere privado, avistou uma senhora que recolhia roupas estendidas no varal.

Mais do que depressa tentou gritar e, mesmo estando quase afônica, a menina perdida constatou que foi o suficiente para que a mulher a avistasse e lhe oferecesse abrigo seguro.

Após aceitar o convite da boa senhora, a moça, um pouco mais recomposta, acomodou-se na sala simples, decorada com móveis de alvenaria, e se prontificou a responder às perguntas da anfitriã, que, curiosa, interrompeu o silêncio:

– Antes de tudo, vou me apresentar. Meu nome é Quitéria, a seu dispor. Ora, menina, não sabe que é muito perigoso andar sozinha a esta altura da noite em uma floresta cheia de animais sedentos e famintos? Por acaso está perdida?

A garota, um pouco mais refeita, após esboçar um sorriso de agradecimento àquela que a auxiliava, respondeu, um tanto temerosa e com certa dificuldade:

– Eu... estou... fugindo...

A dona da casa, denotando uma reação de surpresa, logo questionou:

– Mas o que houve? Qual é seu nome? Sabe o endereço ou contato de algum parente? Precisamos avisar que está bem, pois sua família deve estar muito preocupada.

Sem conseguir se recordar de seu passado, a jovem não sabia ao certo como se chamava. Tinha apenas uma vaga lembrança de ter escutado uma conversa entre aqueles homens que repudiava, referindo-se à sua pessoa com o nome de "Aline".

Logo respondeu, duvidosa:

– Acho que é... Aline?

Quitéria, que acolhera a jovem moça em sua casa, desconfiava de que a menina pudesse ter sido sequestrada, pois suas vestes finas e os cabelos compridos, bem tratados, denunciavam que provavelmente pertencia à nobreza.

Sem demonstrar suas suspeitas à jovem, Quitéria encerrou o diálogo:

– Minha filha, desculpe minha indelicadeza em lhe fazer tantas indagações. Percebo, pelo seu semblante, que está muito assustada e cansada. Minha casa está à vossa disposição. Aqui estará segura. Meu marido, um homem muito conhecido aqui na região, descansa em nosso quarto, mas saiba que a qualquer sinal de perigo ele protegerá esta casa como se fosse um soldado. Fique tranquila e durma bem. Amanhã conversaremos melhor.

Aline, mais calma por não ter de responder a nenhuma outra pergunta, aceitou de bom grado a oferta de uma noite de paz e descanso.

Estava sem a memória devido a um golpe de coronhada que um dos homens maldosos lhe aplicara, mas acreditou que aquela senhora era uma alma boa.

Por certo, com um pouco de calma, logo se lembraria de seu passado e de sua família.

Após se recolher, Quitéria começou a pensar em como tirar proveito daquela moça.

Precisava descobrir sua identidade para, então, negociar com a família dela um bom dinheiro para devolvê-la, afinal de contas, pensava, ela livrara a menina de perigos e merecia tal recompensa.

Sempre muito pobre, Quitéria nunca tivera nenhum tipo de luxo.

O que mais desejava era ser igual às damas ricas da sociedade, que exibiam vestes voluptuosas e joias valiosas.

Seu marido, a quem nunca amara, para ela não passava de um homem bronco, sem educação e que só pensava em seu trabalho na fazenda dos patrões, a alguns quilômetros dali.

Moravam em um casebre localizado em uma vila próxima a uma floresta erma e fria, pois fora o único imóvel que haviam tido condição de adquirir com a pouca renda que ganhavam.

Vaidade UM MANANCIAL DE ILUSÕES

O sol já havia emitido os primeiros raios quando Quitéria começou a fazer o café.

Moía o pó para em seguida passar os grãos em um filtro de pano, com muita calma.

Seu marido, João, aguardava que o café fosse coado para, então, dirigir-se à fazenda onde prestava serviços.

Qual não foi sua surpresa quando se deparou com Aline, que, assustada ao vê-lo, correu de volta para o quarto.

– Quem está aí? – perguntou o dono da casa, já com a mão na espingarda que nunca deixava de carregar.

Quitéria, que se assustara com o grito do marido, distraiu-se e acabou deixando a água quente queimar sua mão.

– Mas que diacho! – ela esbravejou em voz alta.

Aline, muito assustada, escondeu-se debaixo da cama para evitar que aquele homem a visse novamente.

João, não satisfeito, foi até a cozinha e, muito nervoso, abordou a mulher:

– Quem é aquela garota que vi rapidamente na sala?

Quitéria não respondeu.

Mais nervoso ainda, o homem perguntou de novo, quase perdendo a paciência:

– Quem é a menina, *muié*?

– Ora, marido... é apenas uma garota que estava perdida na floresta – respondeu, para ganhar tempo. – Sabe como é: meninas vêm com namoradinhos para estas bandas e depois se arrependem, com medo dos castigos dos pais...

Não muito convencido, o homem, que já estava atrasado, bebeu rapidamente o café e bateu a xícara com força, como se quisesse dizer que não aprovava o fato de a mulher ter acolhido uma desconhecida em sua casa.

Mas, antes de sair, João avisou:

– *Ara! Num* quero mais *vê* essa *minina* quando eu *chegá*. Entendeu, *muié*?

Quitéria acenou com a cabeça positivamente enquanto pensava: "Ufa, agora tenho de pensar rápido em como usar esta garota para ganhar moedas de ouro da nobreza".

Após se certificar de que o marido deixara a casa, a senhora chamou por Aline, que percebeu a ausência do rústico homem e apareceu.

Quitéria, tentando ser convincente e acolhedora, convidou:

– Sente-se, filha, venha tomar café. Tem pão que fiz agorinha mesmo. Precisa se alimentar, senão ficará doente.

– Obrigada, dona Quitéria. Estou realmente com muita fome!

– Mas, agora que as coisas acalmaram, o que foi que houve com vosmecê? Por que e de quem fugia ontem à noite?

A garota, que saboreava o pão quentinho, empalideceu por alguns minutos ao se lembrar dos homens que a haviam sequestrado.

Um sobressalto invadiu-lhe o peito, e uma apatia se instalou em sua aparência.

Ela não poderia permanecer mais tempo naquela casa, pois logo aqueles bandidos a localizariam.

Tentando arquitetar a melhor resposta, Aline começou a narrar:

– Eu... não me lembro muito bem... mas, quando acordei de uma forte pancada na cabeça, me vi em um acampamento nojento com dois homens disfarçados, que riam e gracejavam da minha situação. Um falava alto que ia me matar, enquanto o outro dizia que abusaria da minha inocência... Mas eles beberam muito e, por isso, acabaram pegando no sono. Achei melhor fingir que ainda estava desmaiada para que não percebessem minha intenção de fuga.

Fez uma pequena pausa e prosseguiu:

– Assim que me certifiquei de que dormiam pesado, corri muito, e foi quando a encontrei. Agradeço o auxílio e a hospedagem, mas é necessário que eu parta logo, para que eles não me encontrem aqui, pois são homens perigosos; estão armados e podem machucar a senhora ou seu marido caso descubram que me acolheu.

Quitéria ouvia atentamente a menina e cada vez mais se convencia de que sua família era abastada.

Se não fosse isso, o que aqueles homens tão perigosos estariam pretendendo com o sequestro daquela garota franzina?

Não queria que a jovem partisse, pois com ela iria embora sua única chance de riqueza.

Mas, por outro lado, temia aqueles homens, que poderiam machucá-la caso descobrissem que dera abrigo à vítima deles.

Um pouco confusa, a dona da casa ponderou, tentando fazer com que a hóspede mudasse de atitude:

– Vosmecê não acha que se fugir será pior? Não tem cavalo, e seus sapatos estão a ponto de se desfazer. Não irá longe e, fatalmente, será descoberta. Aqui também não é seguro, mas meu marido trabalha em uma fazenda cujos donos são muito ricos. Quem sabe eles não necessitam de uma serviçal? Garanto que os homens a quem tanto teme não se atreveriam a enfrentar o senhor Guarrido e seus inúmeros capatazes.

A menina, pela primeira vez, expressou um brilho no olhar. Dona Quitéria era uma boa mulher e estava com a razão. Sabia que não conseguiria fugir por muito tempo e resolveu aceitar a oferta:

– Senhora, não tenho muita opção e por isso aceito seu favor. Mas precisamos ir até a fazenda rapidamente, pois os bandidos devem estar muito próximos destas terras.

A senhora, que era bastante astuta, já tinha em mente uma história muito boa sobre a moça para contar à dona da fazenda, o que podia lhe garantir uma ótima renda.

Após um longo caminho a pé, Quitéria e Aline finalmente chegaram à fazenda que pertencia ao barão do café, o sr. Guarrido.

O portão que dava acesso às terras era imenso, guardado por muitos capatazes armados.

Após tocarem o sino, foram recebidas por uma velha criada de nome Salete, que desejou saber da parte de quem eram as senhoras e o que desejavam.

– Sou Quitéria, esposa de João, que trabalha como capataz do doutor. Esta é Aline, minha afilhada. Gostaríamos de falar com a governanta para oferecer-lhe os serviços de empregada da rapariga, que foi expulsa de casa porque fugiu com o namorado, que a abandonou. Ela não tem onde morar, comer ou dormir. Comigo não pode ficar, porque meu marido não permitiria. Então, para que não fique à mercê da própria sorte, vim pedir esse favor.

A criada, que foi tomada de compaixão pela menina, resolveu que deixaria as moças entrarem:

– A senhora Guarrido não cuida pessoalmente de empregados. Mas vou deixá-las aos cuidados da senhora Cleonice, nossa governanta. É ela quem decide se quer ou não mais criados. Podem entrar, mas pelos fundos. Empregados nunca entram pela porta da frente.

Aline olhava a casa da fazenda com admiração.

Quanto luxo havia em um só cômodo: lustres de cristal, móveis de madeira maciça, quadros maravilhosos, decoração com peças de artesãos e até ouro nos detalhes.

Já Quitéria não se continha de inveja. Como gostaria de viver ali, naquele palácio...

Mas tinha um plano em mente e logo iria se dar muito bem.

Imediatamente após a saída da criada, Aline se virou para a companheira e indagou, um tanto desconfiada:

– Por que a senhora contou mentiras à empregada? Não sou sua afilhada e não me recordo de ter-lhe dito que fui expulsa de minha casa.

Já esperando pela pergunta, Quitéria, muita esperta, respondeu:

– Ora, o que queria que eu dissesse? Que foi sequestrada e não tem para onde ir? Quer mesmo que saibam de sua real história? Que insensatez a sua! Nunca lhe acolheriam em tal situação. Era bem capaz que a entregassem de bandeja aos bandidos. Deixe comigo e não me contrarie, para seu próprio bem – rematou com firmeza.

– Entendo dona Quitéria, tem razão. Ficarei quieta – respondeu a jovem, cabisbaixa.

Vaidade UM MANANCIAL DE ILUSÕES

Alguns instantes se passaram e ingressou na sala uma mulher altiva e sisuda.

Olhou as duas da cabeça aos pés, mas sem demonstrar o menor interesse.

Tratava-se de Cleonice, a empregada de confiança da sra. Guarrido. Na sua ausência, ela agia como se fosse a dona daquela fazenda.

Sem muitos rodeios, dirigiu-se a Quitéria, a quem já conhecia, e, ríspida, indagou:

– O que faz aqui, mulher? Seu marido já não lhe falou que dona Patrícia Guarrido não gosta que familiares de empregados frequentem esta fazenda?

Fingindo submissão e respeito, a interpelada respondeu:

– Desculpe-me o atrevimento, senhora, mas é que o motivo que me traz a sua ilustre presença é muito grave. Tenho ao meu lado a minha afilhada, Aline. Ela lava, passa e cozinha. Seus pais a expulsaram de casa porque se envolveu em um namorico e, para completar, seu namorado a abandonou.

A velha relanceou o olhar para a governanta e, novamente com os olhos baixos, prosseguiu a falsa narrativa:

– Vim até aqui porque estimo muito minha menina e não queria que ficasse à mercê da própria sorte. Sabe como é... Lá em casa o João nunca a aceitaria como hóspede, já que o que ganha não é suficiente sequer para nos sustentar...

E, pronta para dar o bote, indagou à criada, esperançosa:

– Por acaso não necessita de uma empregada?

Silente, Cleonice fitou a jovem, agora com mais vagar.

Mexeu em seus cabelos e os cheirou.

Depois olhou seus dentes e logo passou a mão em seu corpo, como a se certificar de se a garota era gorda ou magra.

A menina ficou incomodada com aquela situação constrangedora. Sentiu-se em uma feira, onde as pessoas tocam os produtos para ver se prestam para a compra.

Segurou as lágrimas e engoliu o choro.

Após o exame, Cleonice considerou:

– Na verdade, não necessitamos de empregados, pois já os temos em grande número.

Silenciou brevemente e prosseguiu, olhando para Quitéria:

– Mas dona Patrícia tem uma filha que necessita de cuidados e companhia. E sua afilhada, apesar de desnutrida e malcheirosa, aparentemente serve para a função. Pode ficar.

Aline sentiu um grande alívio. Não imaginava que Quitéria fosse tão generosa!

Porém, sua alegria durou pouco, pois, após a saída de Cleonice, a mulher que havia lhe inspirado tão boa impressão logo se revelou e disse em tom austero:

– Olha aqui, garota, nada é de graça! Se a coloquei dentro deste palácio, não foi por acaso. Corri tanto risco não por bondade, e sim por vaidade! Vai ficar aqui e ganhar a confiança da "patroa". Terá de se esmerar para receber presentes e me dará tudo o que ganhar, absolutamente tudo. Se não fizer cumprir direitinho minhas ordens, eu a entregarei aos bandidos a quem tanto teme. Lembre-se de que do mesmo jeito que a coloquei aqui dentro posso colocá-la para fora, entendeu?

Aline estremeceu.

Não era possível que tivesse acabado de se livrar de bandidos para encontrar outra aproveitadora do mesmo nível.

Muito decepcionada e sem outra escolha, a garota apenas murmurou:

– Está feito. O que eu conseguir de valor será seu.

– Ótimo! E, para todos os efeitos, é minha afilhada.

– Mas e seu marido? Ele me viu em sua casa e...

– Com ele, eu me entendo – interrompeu a velha gananciosa. – Agora vá lá para dentro, antes que Cleonice mude de ideia.

Quitéria estava radiante. Enfim um golpe de sorte havia acontecido em sua vida.

Não sossegaria enquanto não descobrisse a que família Aline pertencia.

Com a menina perto dela, ganharia tempo para investigar e "negociar", tão logo quanto possível, a devolução de seu bibelô por uma farta quantia de ouro.

Vaidade UM MANANCIAL DE ILUSÕES

Aline ficou nos fundos da casa por um longo tempo, aguardando o desenrolar de seu destino.

Tentava sem êxito se lembrar de seu lar, de sua família.

A única coisa que lhe vinha à mente eram os dois homens e o golpe em sua cabeça.

Aflita, precisava pensar em como fugir daquele lugar, pois não queria ficar nas mãos de Quitéria, que se revelara uma mulher má e fria.

Antes que pudesse refletir mais, Cleonice entrou no recinto e, sempre arbitrária, ordenou:

— Preparei um quarto da ala de empregados para vosmecê. Tem sorte, porque a empregada que ali dormia morreu de peste. Agora o aposento é todo seu. Tem banheira, para que possa se higienizar, mas já aviso que a água é fria. Tem uniforme, calçado e lenço. Não deve ficar com essa cabeleira solta, porque a patroa não permite. Não deve olhar, em hipótese nenhuma, para os olhos dos patrões, nem de seus filhos. Responda apenas ao que lhe perguntarem. Nem mais, nem menos. Se não obedecer às regras, está fora daqui. Entendido, moça?

— Sim, senhora.

— Ótimo. Providencie o banho e a troca de roupas rapidamente que lhe passarei as funções que deve realizar com a filha de dona Patrícia. Esteja aqui novamente em trinta minutos.

— Sim, senhora.

Aline se dirigiu até o quarto reservado para si.

O ambiente era fétido; cheirava a doenças e remédios. A pouca luz escondia os insetos e a sujeira daquele lugar.

Muito assustada, pensou: "O que fiz para ter um destino tão cruel? Onde será que estão os meus? Quem sou eu de fato?"

Tirou os trapos do vestido de seda que ainda trajava e constatou que o tecido era fino e, apesar de tanto tempo com ele, ainda cheirava a alvejante de boa qualidade.

Seus cabelos, longos e finamente tratados, demonstravam que não poderia ser uma moça de origem pobre.

Vagamente, algumas lembranças apareciam, mas nada que fizesse sentido.

Tratou de se banhar e vestir o uniforme no prazo dado pela governanta. Não queria perder o emprego e reviver aqueles momentos de terror com os bandidos a quem tanto temia.

No momento aprazado e devidamente vestida, Aline se colocou à disposição de Cleonice, que novamente a mediu de cima a baixo.

Sem perder tempo, a governanta determinou:

– Vamos aos aposentos de Brenda, a filha dos donos da fazenda. Vou apresentá-la à menina e em seguida passar suas funções.

Logo as duas subiram dois lances da escada toda feita em mármore que dava acesso aos aposentos da filha mais nova de dona Patrícia.

Aline estava curiosa para saber o que a menina tinha e por que era mantida prisioneira pela própria mãe.

Cleonice abriu a porta do quarto com um gesto respeitoso, deparando-se com Brenda, que aparentemente dialogava sozinha.

A menina tinha problemas mentais, por isso os pais a escondiam da sociedade. Não queriam essa vergonha para a família.

Por outro lado, o filho mais velho, Maurício, era motivo de orgulho. Ambicioso e com tino para os negócios, por certo sucederia o pai como barão do café.

Aline, que nada entendia, foi esclarecida por Cleonice, que, quase cochichando, revelou:

– Brenda sofre de distúrbios mentais. Fala sozinha. Não obedece aos pais e é revoltada. Não se comporta como uma dama da sociedade. Pelo contrário, prefere ser o escárnio e a vergonha desta família. Nenhuma empregada até hoje conseguiu dominar sua rebeldia. Seu serviço não será fácil. Terá que fazer companhia para a menina, dar-lhe comida e limpar seus vômitos, que são constantes.

A mais nova serviçal da casa estava com medo. Como poderia cuidar de alguém se não tinha nenhum tipo de experiência nesse sentido?

Olhando a garota, Aline percebeu que possivelmente teriam a mesma idade.

Cleonice, que desejava sair logo dali, tratou de chamar Brenda, para que conhecesse a mais nova cuidadora:

— Senhorita Brenda, com licença. Vim anunciar que a partir de hoje terá uma babá de sua idade...

A menina, que até então ignorava que a outra empregada que dela cuidava havia desistido do ofício, virou-se com rapidez na direção de Cleonice. Logo seu olhar cruzou com os olhos baixos de Aline e, inexplicavelmente, pela primeira vez, simpatizou com uma empregada.

— Ora, que ótimo, Cléo! Parece que é uma boa menina... Como ela se chama? — questionou a jovem adolescente, curiosa.

— Ela se chama Aline, minha senhorinha, e está a vossa disposição.

— Aline? Olá, sou Brenda, a ovelha negra da família real — falou com sarcasmo —, a vergonha do ilustre barão Guarrido — concluiu no mesmo tom irônico.

A moça, que se lembrou das primeiras ordens da governanta, apenas respondeu:

— Muito prazer em conhecê-la.

Cleonice, que já havia cumprido sua tarefa, chamou Aline e a admoestou:

— Não dê trela para Brenda. Lembre-se de que é serviçal aqui e ponha-se sempre em seu lugar.

— Sim, senhora Cleonice, não esquecerei suas ordens.

— Excelente. Agora, mãos à obra.

Aline então adentrou o quarto da menina, que conversava com as paredes. Pensou: "Que comportamento estranho! Ela fala como se houvesse mais gente aqui dentro".

Brenda, que agora estava a sós com sua mais nova cuidadora, tratou de dialogar com a moça:

– Então, Aline... é Aline seu nome, não é? Nossa, vosmecê é tão bela para uma serviçal... Se meu irmão a vir, vai gostar! Ah, cuidado com ele. Trata-se de um rapaz muito bom, mas ainda iludido com o dinheiro e as questões do amor; é muito mulherengo e sem escrúpulos. Ora, vosmecê deve estar esperando que eu a apresente ao meu amigo, não é? Que falta de educação a minha... – e, virando-se para o lado, prosseguiu: – Orlando, esta é Aline, nossa mais nova companhia. Ai, ai, ai... Diga "oi" para ela e não seja mal-educado – completou a jovem, que permanecia com os olhos fixos no lado esquerdo de sua cama, como a falar com alguém que ali estivesse.

Aline empalideceu.

Com quem falava a garota se, além das duas, não havia mais ninguém naquele quarto?

Sentiu compaixão pela menina que, tão jovem e rica, tinha a mente doente.

Não queria parecer deselegante nem causar má impressão, por isso resolveu fingir que enxergava o "amigo" de sua mais nova patroa e respondeu:

– Tudo bem, senhorita Brenda. Deixe o... senhor Orlando, não é? Vai ver ele é tímido...

Brenda ficou feliz.

Aline era a primeira, das incontáveis serviçais que por ali haviam passado, que a levara a sério.

Porém, mal sabia ela que Orlando realmente existia, mas não porque a jovem patroa era esquizofrênica, como os médicos a tinham diagnosticado, e sim porque a garota tinha a faculdade de ver e falar com espíritos desencarnados – atributo que, naquela época, não era muito conhecido, aceito nem compreendido pela sociedade.

As pessoas que assumiam e manifestavam a mediunidade eram tidas como loucas ou feiticeiras, sendo motivo de vergonha para qualquer família, principalmente aquelas

Vaidade UM MANANCIAL DE ILUSÕES

que ocupavam um lugar de destaque na nobreza, como era o caso do clã dos Guarrido.

Brenda não tinha controle de suas faculdades mediúnicas, pois não era esclarecida sobre a questão.

Além do mais, os fortes medicamentos que tomava não a deixavam livre o suficiente para entender e dominar, com consciência, o fenômeno do qual era portadora.

Orlando, que na verdade era o espírito protetor de Brenda, fazia-se presente para que sua assistida não se sentisse tão só, pois toda a sua família a ignorava.

A menina não podia frequentar reuniões sociais, ir a bailes, fazer amigos e tampouco compartilhar refeições com os seus. Permanecia prisioneira, e tudo de que precisava era fornecido exclusivamente pelos empregados.

Raramente ela recebia a visita da mãe, pois a baronesa vivia sob constante ameaça do marido caso resolvesse assumir a menina doente perante a sociedade. Por isso, a matrona evitava vê-la, para não cair na tentação de gritar ao mundo que tinha uma filha e que ela merecia seu amor e seu afeto, assim como o primogênito.

CAPÍTULO II

Reencontro

Já passava da meia-noite quando enfim Brenda adormeceu.

Aline a observava, compadecida.

Enquanto permanecera em sua companhia, a menina não tinha parado de conversar com ela e o suposto "Orlando". "Mas o que será que a família de Brenda temia quando decidiu excluir a própria filha da entidade familiar, em vez de buscar tratamento adequado?", pensava intimamente.

Não tinha a menor ideia.

Assim que se certificou de que a moça deixara de suspirar ou se assustar enquanto dormia, desceu as escadas na ponta dos dedos, para evitar ser vista pelos patrões.

Não desejava ser pega de surpresa, ainda mais àquela hora da noite.

Ao começar a descer o segundo lance dos degraus, ouviu alguém pigarrear e observou que, à medida que se aproximava, um cheiro forte de nicotina, que lembrava mais

Vaidade UM MANANCIAL DE ILUSÕES

um tipo de charuto, invadia o ambiente e se alastrava por toda a sala.

Aline se incomodou com o odor forte e, por um momento, obteve uma rápida recordação de que em algum momento sentira aquele cheiro; mas, ainda que forçasse a memória para tentar obter um quadro mais completo, não conseguia se recordar.

Tomou mais cuidado ainda para não ser vista, quando foi surpreendida por Cleonice, que, inexplicavelmente, mantinha-se acordada àquela hora.

– O que está fazendo aqui, garota? – disse, em tom de represália. – Não lhe falei para dar a janta à senhorita Brenda e logo depois se recolher aos seus aposentos?

A menina corou de vergonha. Após respirar por um segundo, respondeu com medo:

– Desculpe-me, dona Cleonice. Brenda não me deixava sair... Ficou conversando tanto e pediu que eu a esperasse adormecer. Pelo jeito, ela teme ficar sozinha no escuro...

Antes que a mais nova empregada terminasse, a governanta protestou, contrariada:

– Olha aqui, mocinha, saiba que eu sou sua patroa direta. Brenda é louca, mal sabe o que fala! Por isso, quando eu disser que deve fazer algo, deverá cumprir a ordem e pronto. Se não colaborar, será daqui para a rua! Fui clara?

Aline engoliu a raiva que sentiu daquela mulher autoritária e, disfarçando os verdadeiros sentimentos, concluiu:

– Estamos entendidas, senhora. O que fiz não vai se repetir. Será que posso me recolher agora?

– Deve ir. Amanhã às seis horas da manhã deve estar pronta para servir o café aos patrões, pois tenho um compromisso muito sério, e as outras criadas têm afazeres diversos. Como a senhorita Brenda só se levanta depois das oito horas, terá tempo suficiente de servir o desjejum e deixar a cozinha limpa até eu chegar.

– Sim, senhora – foi o que Aline conseguiu dizer. Estava exausta.

Com a correria dos últimos acontecimentos, mal tivera tempo de refletir sobre tudo o que lhe ocorrera.

Entrou em seu aposento e sentiu muito nojo daquele ambiente. Precisaria de um tempo para higienizar aquele lugar. O espaço não era tão ruim e, com algum capricho, ficaria agradável.

Aline sempre fora uma menina muito caprichosa e organizada. Não gostava de sujeira nem de desordem. Era educada e requintada, embora não se recordasse de onde aprendera aqueles hábitos de nobreza.

Orlando, o espírito guia de Brenda, observava a mais nova criada e por ela fazia uma prece. Afinal, estava certo de que finalmente sua tutelada e Aline iriam aparar arestas que tinham restado de uma vida pretérita.

Aquela família carregava consigo uma mancha escura de traição e desencontros, e Aline, embora pertencesse materialmente a outro clã familiar, tinha uma tarefa espiritual a ser cumprida junto a Brenda.

A vida muitas vezes nos surpreende com circunstâncias pelas quais não imaginávamos passar, mas que por algum propósito nos servem de lição para o próprio desenvolvimento.

Pensativo e quieto, o espírito de Orlando também observou Maurício, o filho mais velho de Guarrido, o atual barão do café.

Era um rapaz fútil, embora carregasse consigo um grande jeito para os negócios. O pai dele se orgulhava disso e não escondia que o primogênito, dentro em breve, seria seu sucessor.

O rapaz estava na sala, sozinho, fumando seus charutos. Pensava em como seria a reunião de fazendeiros que teria logo pela manhã, na qual, pela primeira vez, representaria seu pai. Estava radiante, e um brilho de orgulho se colocava em seus olhos, levemente castanhos, de modo a abrilhantar ainda mais a pele alva de sua face.

Olhou para o relógio e achou melhor se recolher. Afinal, já passava da uma hora da madrugada.

Vaidade UM MANANCIAL DE ILUSÕES

O dia nem havia raiado quando Aline se levantou.

Sentia muitas dores nas costas porque ficara sem coragem de se deitar naquela cama contaminada de bactérias, preferindo dormir no chão gelado.

Vestiu o uniforme e foi logo para a cozinha preparar o café.

Encontrou com Salete, a criada que a recebera antes de Cleonice, e ela a ajudou a localizar os itens de que necessitava para preparar a refeição.

Assim que colocou a toalha fina na mesa, pôde ouvir passos que vinham da direção das escadas. Avistou um rapaz belo, jovem e vestido com fina alfaiataria. Carregava em seu bolso um lenço e alguns charutos. Pensou: "Hum, deve ter sido este moço que estava na sala ontem à noite... Será o herdeiro dos Guarrido...?"

Antes que pudesse concluir seu pensamento, ouviu uma voz rouca, nada educada:

– Vamos, criada, sirva logo o meu café. Não vê que estou atrasado para uma importante reunião de negócios?

Aline, que ficou nervosa com tal abordagem, segurava o bule com as mãos trêmulas. Aproximou-se do rapaz, cabisbaixa e temerosa. Colocou o café na xícara e, sem saber o que fazer, precisou perguntar:

– Senhor, bom dia. Gostaria de tomar leite também?

O rapaz, impaciente, esbravejou:

– Ora, empregada, esqueceu de como gosto do meu café?

Aline, que não gostara nem um pouco do tom daquele homem, respondeu, agora mais enérgica:

– Sou nova aqui, meu senhor. Desculpe pelo mau jeito. Comecei a trabalhar nesta casa ontem de tarde e não tive tempo de verificar como prefere tomar seu desjejum.

Maurício não aprovou o jeito de aquela empregada falar e, com certa violência, levantou-se de seu lugar e, pela primeira vez, encarou-a.

Quando viu se tratar de uma moça bonita e jovem, logo se desarmou.

Maurício era muito namorador e adorava ter casos com raparigas, principalmente as empregadas, que não lhe negavam carinhos nem atenção.

Após disfarçar o interesse súbito na moça, sentou-se novamente, recobrou a educação e disse:

– Bom, está desculpada. Eu prefiro que coloque leite, por favor.

Aline não entendeu nada. De uma hora para outra, o moço ríspido e mal-educado tornara-se um cavalheiro.

Obedeceu à ordem calada.

Quando voltou da cozinha, para onde se dirigira a fim de pegar mais café, viu que Maurício já havia saído.

Sentiu-se aliviada, mas não por muito tempo.

Viu quando um homem, que aparentava ter uns cinquenta anos, descia acompanhado de uma bela mulher que, ao contrário dele, aparentava ter no máximo uns trinta e cinco. Logo deduziu que se tratava do senhor e da senhora Guarrido, barão e baronesa do café.

A mais nova serviçal sentiu certa falta de ar, mas resolveu que não iria se entregar mais ao temor, afinal, o máximo que poderia acontecer era ser expulsa da casa.

Serviu o casal com muito cuidado e delicadeza.

Ia se afastando da mesa quando escutou uma voz doce de mulher:

– Olá! Sim, vosmecê mesma... Não a conheço. Por acaso é uma empregada nova?

Aline, com muito respeito e mantendo-se cabisbaixa, lembrou-se de quando Cleonice a advertira sobre como deveria se comportar diante dos donos da casa e, com um monossílabo, respondeu:

– Sim.

– Quem a contratou?

– Senhora Cleonice.

– E para que, se temos tantos empregados?

Vaidade UM MANANCIAL DE ILUSÕES

– Para cuidar de vossa filha, minha senhora.

– Brenda? Mas a empregada que cuidava dela foi embora outra vez?

– Acredito que sim, senhora.

– E quando começou nesta casa?

– Ontem de tarde.

– Já conheceu a minha filha?

– Sim.

– E o que achou dela?

– Uma menina muito bonita e doce.

A baronesa tinha os olhos marejados. Recordou-se da filha e sentiu muita vontade de abraçá-la. Porém, a dama conteve suas emoções e prosseguiu o diálogo com Aline, indagando-lhe:

– E vosmecê, tem um nome?

– Aline.

– Sou a baronesa Patrícia.

– Uma honra conhecê-la.

Guarrido, que não tinha muita paciência para esse tipo de diálogo, tratou de tomar seu café e saiu sem sequer olhar para Aline ou se despedir da mulher.

Patrícia, embora tivesse um semblante amargurado e cansado, ainda conservava uma beleza estonteante.

Seus cabelos, claros e ondulados, caíam sobre os ombros brancos e delicados. No entanto, uma estranha apatia assombrava tamanha delicadeza.

Percebendo que a governanta não estava em casa, perguntou à criada em tom de sussurro:

– Aline, pode me acompanhar aos aposentos de minha filha, por favor?

– Claro, senhora.

As duas subiram as escadas, e Aline percebeu que a patroa tomava muito cuidado para não ser vista pela criadagem.

Abriram a porta do quarto de Brenda bem devagar, mas a menina ainda dormia.

Patrícia, que não conseguiu segurar as lágrimas, beijou-lhe a face, enternecida.

Aline, que não conteve a curiosidade, deixou escapar uma indagação:

– Desculpe-me a intromissão, nobre senhora, mas não costuma visitar a menina com frequência, não é?

Patrícia se admirou com a audácia da criada recém-chegada, mas, ao invés de repreendê-la, desabafou:

– Sim, Aline. Infelizmente tenho pouco contato com minha menininha, mesmo estando com ela dentro da mesma casa. Meu marido não permite que eu me aproxime, sabe? Diz que minha presença a agita ainda mais e faz agravar seu estado.

Vendo que a baronesa queria conversar sobre o assunto, Aline prosseguiu:

– Mas o que ela tem?

– Os médicos dizem que é esquizofrenia. Ela vê e fala com pessoas que não existem. Tentamos todos os tratamentos, mas nada adiantou. Agora meu marido resolveu que a deixaria em casa, sob o efeito de medicamentos fortes. Se ela ficar internada, é capaz de a notícia se espalhar e envergonhar nossa família.

Aline ouvia atentamente. Quanto mais a senhora falava, mais sua curiosidade se aguçava.

Enquanto a mãe velava o sono da filha, continuou:

– Senhora, ontem passei a noite com ela e me pareceu ter lucidez. Apenas conversa com um homem chamado...

– Orlando – completou a baronesa. – Sim, ela diz que ele fica com ela o tempo todo.

– A senhora sabe de quem poderia se tratar?

– Nem imagino – suspirou a baronesa. – Se eu soubesse, ao menos poderia ajudar minha filha...

Interromperam a conversa quando ouviram o ranger da grande porta de madeira da sala.

Era Cleonice, que chegava à casa.

Um tanto nervosa, a baronesa ordenou:

Vaidade UM MANANCIAL DE ILUSÕES

– Vamos, Aline, saia daqui rapidamente, ou Cleonice não a perdoará se souber que ficou comigo durante tanto tempo, ainda mais se nos pegar juntas. Vá!

Prontamente, Aline se preparou para sair do quarto, quando Patrícia ainda a orientou:

– Não desça pelas escadas, pois irá de encontro a ela. Siga até os meus aposentos, entre lá e vá em direção a uma estante. Atrás dela há uma porta, que se trata de um atalho que leva até a cozinha. Siga pelo túnel.

– Sim, senhora.

Aline então tratou de obedecer à patroa e seguiu às pressas rumo ao seu quarto.

Ouviu quando Patrícia, muito esperta, entreteve Cleonice, para que ela não percebesse sua ausência da cozinha em pleno horário de trabalho.

Aline então aproximou-se da estante e percebeu que atrás do móvel havia uma única porta. Abriu-a devagar e viu que o caminho era escuro.

Entrou no túnel, sentindo muitos arrepios e calafrios. Pensou: "Meu Deus, que tipo de lugar é este? Estou com medo daqui".

As escadas eram estreitas, e ela descia com receio de cair. Foi quando viu um fio de luz em sua direção e percebeu que havia chegado ao fim da passagem. Abrindo a porta, constatou que saíra exatamente na cozinha.

Sem tempo para pensar, foi logo surpreendida por Cleonice, que lá também havia acabado de chegar:

– Serviu o café aos patrões, como mandei?

– Sim, dona Cleonice.

– O que espera? Prepare o desjejum de Brenda e vá servi-la. Já.

Aline cumpriu a ordem e subiu, pela segunda vez, aos aposentos de Brenda, que agora estava acordada.

Bateu à porta e a própria menina veio recebê-la com um sorriso no rosto.

– Olá, Aline, estava te esperando...

– Bom dia, dona Brenda.

– Ora, não me chame de "dona Brenda"; temos quase a mesma idade – disse a assistida, gracejando.

– Como quiser.

A menina, que comia com rapidez, aparentemente não demonstrava ter nenhum tipo de transtorno, pois se mantinha lúcida e alegre.

Aos poucos, Aline se afeiçoava a ela como se fosse sua própria irmã.

O espírito de Orlando, que a tudo acompanhava, estava satisfeito em ver a tutelada em tão boa companhia.

Era certo que Aline e Brenda tinham um compromisso a saldar de outra existência, mas Aline era uma moça muito justa e benevolente, e Brenda só teria a ganhar tendo ela por companheira.

Precisava arrumar um jeito de intuir Aline para que ela fosse buscar explicações aos fenômenos que ocorriam com Brenda e ensinar-lhe a controlar suas faculdades mediúnicas. Só assim a menina rica teria chances de salvar a mãe, antes que acontecesse uma tragédia.

CAPÍTULO III

Conhecimentos são tesouros

Era noite alta quando Aline se desvencilhou de seus afazeres junto de Brenda.

Naquele dia estava exausta, pois a menina, muito carente, não havia parado de falar um minuto, roubando-lhe toda a sua carga energética.

Mas, apesar do cansaço, a jovem criada sentia-se feliz. Uma simpatia gratuita era o sentimento que tinha por Brenda, como se já conhecesse seu jeito e sua alma simples, que denotava o frescor da juventude e a inocência de uma criança.

Seus aposentos já não estavam mais sujos, pois, com jeitinho, conseguira a permissão de Cleonice para pegar alguns produtos de limpeza e, enfim, higienizar o quarto.

Salete, a criada mais antiga da casa, também contribuíra para a mudança daquele ambiente frio e sinistro quando lhe dera um colchonete, a fim de tornar seu repouso um pouco mais confortável.

Não foi difícil adormecer.

Aline sentia-se livre e caminhava feliz por um jardim verde e florido. Ao longe, avistava uma figura feminina de rara beleza que, ao vê-la, abriu os braços, a sorrir.

Sem titubear, Aline correu ao encontro daquele abraço, mas infelizmente não conseguia tocar a bela mulher por força de uma barreira magnética, que a impedia de prosseguir. "O que está acontecendo?", questionava-se, confusa. "Por que não consigo ir até minha mãe?", perguntava-se mais uma vez, inconformada.

Entristecida, a jovem ouviu uma voz masculina que, de modo muito brando, esclareceu-lhe:

– Querida Aline, a ventura de se reencontrar com sua mãe não tardará. O abraço tão almejado será trocado, sim, mas não neste momento. Vocês são almas simpáticas, que se amam, porém esse reencontro só será possível após o término de sua tarefa: um dever que se dispôs a cumprir desde antes de renascer neste mundo material.

– Mas... quem é vosmecê? O que está fazendo ao meu lado? – indagou a jovem, assustada.

– Sou Orlando, o guardião de Brenda – respondeu a entidade iluminada.

– O quê? Como assim? O senhor existe mesmo? Não é possível; a loucura da menina passou a me contaminar... – aduziu Aline, transtornada.

Orlando sorriu e contemplou a jovem com ar de respeito e ternura. Com o intuito de lhe esclarecer a confusão, respondeu, solícito:

– Sim, Aline, eu existo. Ah, Brenda não é louca. Muitos confundem a faculdade mediúnica de Brenda com loucura, mas lhe garanto que desta doença minha assistida não se faz portadora.

– Faculdade mediú... o quê? – perguntou a jovem, sem entender nada.

Preservando a altivez e o foco, Orlando elucidou, carinhoso:

— Aline, Brenda não é esquizofrênica. Ela é portadora de mediunidade, que se trata de um fenômeno em que uma pessoa encarnada consegue ver e/ou ouvir espíritos desencarnados. Melhor explicando: Brenda consegue ver e falar com pessoas que já "morreram" para este mundo, mas que ainda continuam "vivas" em outra dimensão, entendeu?

Aline estava pálida. Assustada com tudo o que estava acontecendo consigo e temendo enlouquecer, fez menção de correr dali, quando amavelmente foi contida por Orlando, que lhe instruiu:

— Precisa dizer a Salete sobre nosso encontro. Diga que Orlando esteve com vosmecê e revelou que Brenda é portadora de mediunidade. O restante, descobrirá com o tempo.

— Quero que vá embora — disse Aline, muito apavorada e chorosa.

Orlando, que respeitou a vontade da jovem desmemoriada, desapareceu como poeira ao vento.

O barulho do despertador estridente assustou Aline, que acordou aos sobressaltos, um tanto confusa. "Será que sonhei com tudo aquilo? Mas era tão real!", considerava intimamente. "Então, será que Orlando existe mesmo?", questionava de novo a si mesma, duvidosa.

O que sentia é que precisava falar com Salete o quanto antes e, quem sabe, descobrir alguma coisa muito importante a respeito de sua tutelada Brenda.

Após colocar o uniforme, Aline se prontificou a arrumar a mesa para o café antes mesmo de Cleonice ordenar.

A governanta, admirada ao ver a mesa posta pela jovem criada, foi tomada de um íntimo contentamento, que logicamente fez questão de disfarçar:

— Nossa, vejo que a jovem serviçal acordou com as galinhas e com muita vontade de trabalhar... — aduziu em tom sarcástico.

Vaidade UM MANANCIAL DE ILUSÕES

– Sim, dona Cleonice. Achei que, como eu havia acordado cedo, gostaria que adiantasse o preparo do café – justificou Aline.

– Fez muito bem – asseverou a governanta. – Gosto de empregadas que sabem seu dever sem que eu tenha de ficar o tempo todo lhes lembrando. Mas agora basta; pode deixar que sirvo os patrões. No momento preciso que vá até o aposento de Salete e veja como ela se sente, pois me parece que desde ontem a serva não se encontra em bom estado de saúde.

"Nossa, que grande chance terei de conversar com Salete", pensou Aline, contente.

– O que está esperando, rapariga? – perguntou Cleonice, austera. – Vamos, faça o que lhe mandei.

– Sim, senhora.

Aline, sem perder tempo, dirigiu-se apressadamente aos aposentos de Salete.

Com a educação que lhe era particular, bateu à porta, mas não obteve nenhuma resposta.

Preocupada com o silêncio da colega, Aline verificou que havia uma discreta abertura, e foi quando decidiu que entraria no recinto, porém bem devagar, para não assustar a companheira de ofício.

À medida que ingressava nos aposentos da serva, a jovem verificou que havia muitos quadros com fotos e livros espalhados e abertos, todos de um tal de Allan Kardec. "Allan Kardec?", considerou. "Que nome mais estranho esse!"

Foi tirada de seus pensamentos por uma voz fina e frágil:

– Quem está aí? Por favor, Cleonice, é vosmecê?

– Salete, sou eu, Aline. Vim até aqui porque a senhora Cleonice pediu que verificasse se está melhor de saúde – respondeu a moça, que se aproximava do leito da colega.

Ao chegar perto de Salete, Aline não gostou do que viu: a companheira de trabalho suava muito e tremia de frio. Embora estivesse quente lá fora, a criada estava totalmente envolvida por pesados cobertores.

Sem demonstrar o medo que sentia ante um quadro que parecia grave, a menina, tentando ser gentil, aduziu:

— Salete, o que posso fazer para ajudá-la? Parece-me que não está nada bem.

— Menina, vosmecê é muito iluminada. Posso ver isso em sua alma. Olha, *fia*, a vovó aqui não vai durar muito. Vejo em volta deste lugar aparentemente escuro e gélido muitas luzes que me rodeiam, como a me convidarem a uma nova alvorada de paz.

— Não diga isso, Salete, por favor. Vou chamar um capataz da fazenda para que vá até a cidade comprar-lhe medicamentos...

Sem deixar a menina terminar, a enferma, devidamente assistida pelo espírito de Orlando, asseverou em tom enigmático:

— Carece não, querida... Minha hora de ser livre chegou. Mas, antes, preciso lhe revelar algumas coisas...

A enferma não conseguia falar muito rápido devido às fortes crises de tosse que a tomavam, cada vez mais frequentes.

Aline, mesmo tendo convivido tão pouco com Salete, sentia muita tristeza em constatar que de fato o quadro dela era muito grave.

Após a pausa forçada, Salete retomou a fala com certa dificuldade:

— Sou sozinha neste mundo; não tive filho e não tenho mais pai nem mãe. No entanto, tenho uma grande herança que gostaria muito que ficasse com vosmecê. É tão jovem ainda e, com o que vou lhe dar, poderá ter uma vida melhor e mais branda.

Curiosa, Aline tentava imaginar o que uma senhora tão pobre teria de tão valioso e por que ela fora escolhida como herdeira.

Sem tempo para conjecturas e sentindo o derradeiro momento cada vez mais próximo, a criada prosseguiu:

— Está vendo os livros que tenho aqui?

Aline consentiu com a cabeça, enquanto passeava os olhos por eles.

Vaidade UM MANANCIAL DE ILUSÕES

A criada retomou:

– Pois então, eles são meu maior tesouro. Sabe, *fia*, bons livros são como luzes que conseguem dirimir qualquer tipo de escuridão. E vosmecê precisa, mais do que eu agora, entender o que se passa em nossa vida. Allan Kardec foi um escritor francês que trouxe pra gente uma doutrina escrita pelos espíritos, aqueles que morreram, mas que na verdade vivem em um outro plano. Por favor, fique com eles. Leia os livros e entenderá muitas coisas, principalmente o aparente "mal" que assola nossa querida Brenda.

Expressando muita dificuldade ao falar e notando que Salete já não conseguia mais fazer nenhum tipo de esforço, Aline respondeu, demonstrando confiança:

– Pode deixar, dona Salete. Ficarei com os livros e os estudarei. Mas prometa que não se entregará, por favor. Olha, vou rapidinho falar com Cleonice e já volto com um chá de mel e agrião para acalmar essa tosse. Logo ficará novinha em folha.

Salete então despediu-se:

– Tudo bem, *fia*, pode ir. Espero o seu chá.

Aline, que estava alegre por ver algum ânimo em Salete, correu para dentro do casarão a fim de obter a autorização de Cleonice para a compra de medicamentos para a colega.

Afoita, a jovem nem percebeu que sua correria despertou o interesse de Maurício, que passava pela sala naquele exato momento. Curioso, o moço passou a seguir-lhe os passos, sem que ela notasse.

Obtendo a autorização desejada da fria governanta, Aline se decepcionou quando chegou aos aposentos da enferma com o chá que havia lhe prometido, posto que constatou, com muita tristeza, que a velha serva tinha sucumbido à doença e falecido há poucos instantes.

Muito triste, a garota se pôs a chorar.

Maurício, que a havia seguido, não entendeu muito bem o motivo pelo qual a rapariga sentia tanto a morte de uma criada com quem sequer tivera tempo de conviver. Ele sim estava triste, afinal, Salete fora a ama que dele havia cuidado durante toda a sua infância.

Atrás do verniz social de moço rico e sem escrúpulos, adormecia um caráter bom. No entanto, para que essa bondade chegasse, era preciso que sua vaidade cedesse espaço no momento oportuno.

Deste modo, após os céleres minutos em que cedeu à benevolência interior se esvaírem, o "barãozinho", como era costumeiramente chamado pelos capatazes, não desperdiçou a oportunidade de se aproximar de Aline, que havia despertado seus interesses masculinos desde o dia em que ela, impetuosa, servira-lhe a primeira refeição do dia.

Sob o pretexto de estar triste com a morte da serva que o tinha criado, o rapaz chegou mais perto de Aline, que até aquele instante não lhe havia reparado a presença, e a surpreendeu.

— Realmente é muito triste a morte de Salete — afirmou Maurício, aparentando desolação.

Aline, que se assustara com a abordagem e a proximidade do patrão, apenas respondeu em um murmúrio:

— Sim. Era uma boa alma.

— Sabia, criada, que Salete cuidou de mim? Sinto muito sua partida — afirmou o filho do barão, que prosseguiu com uma pergunta: — Aliás, como é seu nome mesmo?

— Aline, senhor.

— Aline não é nome para uma criada — perquiriu o interlocutor, um tanto jocoso.

Após notar certo constrangimento da menina com o gracejo inconveniente, Maurício tratou de rapidamente desfazer o mal-entendido e, ao mesmo tempo, ludibriar os sentimentos da jovem, fazendo-se de bom moço:

— Desculpe-me, Aline. Não fui feliz em minha observação. Mas, como ia dizendo, Salete era minha babá, e faço questão de dar-lhe um funeral digno. Falarei com mamãe e ela providenciará as honras que Salete merece.

Admirada com a atitude do menino rico, Aline sorriu para ele, sem querer.

Percebendo que suas investidas estavam dando certo, o rapaz ia prosseguir com o diálogo, mas foi subitamente interrompido por Cleonice, que, estranhando o sumiço de Aline, fora verificar o que havia ocorrido.

Ao se deparar com os dois sozinhos nos aposentos de Salete, que estava morta, a governanta se indignou e, em tom severo, arguiu:

– Aline, o que falei sobre conversas com os patrões? Senhor Maurício, me desculpe pela atitude da criada. Ela é nova e burra também, pois não entendeu que não deve, em nenhuma hipótese, dirigir-se aos donos desta casa...

Interrompendo-lhe a fala, Maurício esbravejou, contrariado:

– Cleonice, eu é que não permito sua intromissão no meu diálogo. Enquanto eu falar, deve escutar. Eu dizia a Aline que Salete era para mim uma grande pessoa e que, por essa razão, providenciaria para ela todas as honras de um funeral. Foi vosmecê que, muito mal-educadamente, assustou-nos com sua aparição repentina.

Cleonice tentou conter a revolta e a vergonha por ter sido repreendida na frente de sua subalterna. Sem se deixar abater, a governanta respondeu, agora em tom ameno:

– Perdoe-me, senhor. Providenciarei o que ordenou quanto ao enterro de Salete. No entanto, chamarei os empregados da limpeza para que se desfaçam destes quadros e livros inúteis, a fim de liberar espaço para a criada que lhe suceder.

Aline, sem se dar conta da gravidade de sua atitude e impulsionada por uma força maior do que a própria vontade, protestou:

– Não, dona Cleonice, por favor. Salete pediu que eu ficasse com os livros. Não os jogue fora, eu lhe imploro.

Sem esboçar nenhum tipo de sentimento aos apelos de Aline, Cleonice aproveitou a oportunidade para dar o troco à menina atrevida na frente de Maurício:

– Não poderá ficar com os livros, eis que são inúteis e ocupam muito espaço.

Maurício, querendo ganhar a confiança da moça, uma vez que sua beleza aguçava seus sentidos mais primitivos, aproveitou o ensejo e, mais uma vez, ordenou, contrariando a governanta:

– Aline, eu a autorizo a ficar com os livros. Se Salete os deu, são seus por direito.

– Agradeço, senhor, mas não posso...

Cleonice, que entendeu bem o recado e tratando de obedecer ao patrão mimado, mal deixou a rapariga terminar e reconsiderou, visivelmente contrariada:

– Pois bem. Se quer estes livros sujos e velhos, pode ficar com eles.

Dito isso, Cleonice se retirou do recinto junto com Maurício, deixando Aline sozinha para retirar o que quisesse dos aposentos da serva que acabara de deixar o mundo material.

Sem que ninguém percebesse, o espírito de Orlando estava ali presente e fora o responsável por atrair Maurício, pois sem ele não teria conseguido que Aline enfim tivesse acesso às obras espíritas e pudesse ajudar Brenda.

Salete, por sua vez, foi desligada do corpo por espíritos benfazejos e encaminhada para tratamento em uma colônia espiritual próxima dali.

Aline pegou os livros e os guardou em seus aposentos, ansiosa para saber o que de tão importante aquelas obras tinham e em que poderiam auxiliá-la.

Mais um dia findo, rezou por Salete e agradeceu-lhe intimamente pelo presente.

CAPÍTULO IV

O poder da oração

Brenda amanheceu inquieta e rebelde.

Por um motivo desconhecido, recusou a comida e repetia a mesma frase, inúmeras vezes, aos gritos:

– Não me mate! Não me mate! Vosmecê não tem esse direito. Não, por favor!

Com os olhos fechados, a bela jovem suava e babava, como se estivesse dominada por um pesadelo sem fim.

Patrícia, que a tudo ouvia, permanecia inerte e aflita, pois o marido não a deixava intervir nas crises de loucura da filha.

O médico já havia sido chamado, mas demoraria a chegar, pois estava em uma cirurgia, sem prazo para terminar.

Cleonice, sempre impassível, designou que Aline ficasse junto a Brenda até que fosse assistida pelo médico.

A criada, muito amedrontada, pediu permissão para levar consigo um dos livros que tinham sido de Salete, intitulado

O Evangelho segundo o Espiritismo, e a governanta, sem nenhuma objeção, autorizou.

Quando entrou no quarto, Aline se deparou com uma cena devastadora: Brenda, totalmente descontrolada, batia a própria cabeça na parede para se ver livre das forças que a incomodavam. Muito penalizada com a situação da menina, Aline pediu a Deus que a inspirasse e conseguisse conter o desespero de Brenda.

O espírito de Orlando, auxiliado por um outro desencarnado, intuiu a criada para que abrisse o livro em busca de uma prece, a fim de que o ambiente fosse minimamente limpo de vibrações menos felizes e assim favorecesse a intercessão dos bons espíritos na garantia do socorro a Brenda.

Aline percorria com certa pressa as folhas do livro, com o único propósito de buscar uma palavra de consolo à sua tutelada.

Muito inspirada pelo Plano Superior, abriu em uma página que tinha uma oração e repetiu em voz alta aquelas palavras, mesmo sem entendê-las direito, mas com muita fé:

– "Meu Deus, de infinita bondade, dignai-vos suavizar o sofrimento de minha querida Brenda, se assim for de vossa vontade. Bons espíritos, em nome de Deus Todo-Poderoso, eu vos suplico para ampará-la em suas aflições. Se para o seu benefício espiritual, essas provas não possam ser diminuídas, fazei-lhe compreender que elas são necessárias para a sua evolução espiritual. Dai-lhe, então, a confiança em Deus e no futuro, o que tornará essas provas menos amargosas. Dai-lhe, assim, a energia espiritual para não cair no desespero, o que a faria perder o fruto de seus sofrimentos e tornaria a sua situação futura ainda mais dolorosa. Envolvei-a no meu pensamento de ânimo e de fraternidade e que, assim, eu possa ajudá-la a sustentar a coragem de que necessita para esta hora de aflição. Graças a Deus."[1]

Após o término da sentida oração por Aline, Brenda saiu de seu transe e abriu os olhos.

---

[1] Allan Kardec, *O Evangelho segundo o Espiritismo*, "Preces pelos encarnados – por quem está aflito."

O espírito de Orlando e mais alguns outros benfeitores espirituais conseguiram, com a ajuda da fervorosa prece da cuidadora de Brenda, desvencilhar a menina da energia de outros irmãos menos felizes, que se aproveitavam de sua mediunidade aguçada para perturbar-lhe a mente fazendo cobranças, pedidos de ajuda e até com a imposição da visão de suas formas-pensamento, que continham cenas cruéis das quais haviam sido vítimas enquanto encarnados.

Aline, quando percebeu que a garota tinha retomado a consciência, ficou aliviada e abraçou-lhe a fronte, enxugando-lhe o suor.

Brenda, que não se recordava do que havia sucedido, estranhou seu estado e, olhando para o semblante assustado de sua cuidadora, asseverou, juvenil:

— Eu e minhas crises... Aline, foi a primeira vez que me viu desse jeito, não é? Desculpe se a assustei. Infelizmente, ainda não consigo conter estes impulsos desvairados e mal me recordo do que houve...

— Está tudo bem, Brenda — consolou a jovem empregada. — O importante é que se recuperou.

— Estou com fome — disse a menina, sorrindo. — Será que poderia buscar algo para eu comer?

— Claro — respondeu Aline, sempre gentil. — Eu mesma prepararei um lanche bem gostoso e...

Interrompida pelo som de passos, Aline se calou. Ambas foram surpreendidas pela baronesa, que adentrou os aposentos da filha vagarosamente.

— Ora, mas Brenda está melhor — constatou com alegria. — O que fez para que ela retomasse a consciência sem a ajuda de medicamentos, Aline?

Antes que a criada respondesse, Cleonice também ingressou no recinto, acompanhada do senhor Guarrido e do médico de Brenda.

Sem saber o que fazer, Aline se distanciou do leito da tutelada, enquanto o médico examinava a garota.

Perplexo com a súbita melhora de Brenda, o profissional da medicina declarou:

Vaidade UM MANANCIAL DE ILUSÕES

– Olha, apesar de saber que as crises de minha paciente, quando ocorrem, são demasiadamente fortes, vejo que Brenda, pela primeira vez, conseguiu superar o surto e não teve sequelas. Sinceramente, não há necessidade de administrar os calmantes. O que posso fazer é deixar algumas doses prescritas, caso a crise volte e eu não possa vê-la a tempo. Porém, advirto que tais medicamentos devem ser administrados somente se forem mesmo necessários, pois, do contrário, o corpo se acostuma, e as drogas não mais atenderão aos fins a que se destinam.

E, virando-se para a jovem, indagou:

– Como se sente, Brenda?

– Agora estou melhor. Na verdade, melhorei quando Aline chegou aqui. Não sei o que ela fez, doutor, mas minha crise simplesmente passou.

O médico e os familiares da garota, assim como Cleonice, olharam para Aline com olhos desconfiados, como a quererem mergulhar em seu íntimo para obter a resposta acerca do modo como conseguira, sozinha, dominar uma crise de tamanhas proporções.

Porém, o orgulho e a vaidade de todos, com exceção apenas da baronesa, não admitiam que uma simples criada, aparentemente pobre e ignorante, fosse capaz de tamanha façanha.

Perguntar-lhe o que fizera seria o mesmo que valorizar-lhe o feito, o que nenhum deles queria. Logo, resolveram em seu íntimo que permaneceriam curiosos, em nome do orgulho.

Cleonice, que fez questão de ressaltar sua autoridade, considerou:

– Bom, seja lá o que for que Aline tenha feito, não fez mais do que a própria obrigação. Afinal, a família a quem serve paga-lhe moedas para desempenhar bem suas tarefas – e, dirigindo o olhar aos presentes, convidou, soberba: – Vamos nos retirar, então?

O médico e o sr. Guarrido não recusaram a oferta, enquanto Patrícia, contrariando o marido, asseverou, impetuosa:

– Podem ir. Ficarei um pouco mais com Brenda e Aline.

Para disfarçar o homem autoritário que era e não deixar má impressão ao médico, o barão do café fingiu concordância, embora intimamente tenha se irritado pela desobediência da esposa.

Após todos deixarem o quarto, Patrícia, visivelmente comovida e um tanto descontraída, perguntou o que todos queriam saber:

– Aline, primeiro quero lhe agradecer por ter conseguido conter a crise nervosa de minha filha. Não há tesouro no mundo capaz de pagar tanta generosidade. Mas, antes de recompensá-la pelo que fez, me diga: como conseguiu?

A jovem empregada, que era observada pela baronesa e por Brenda, que também aguardava uma resposta, corou de vergonha. Respirou fundo e, com simplicidade e honestidade, respondeu:

– Senhora, nada fiz. Quem fez algo foi Deus. Quando entrei aqui, Brenda estava entregue a um tipo de surto, e seu estado era bastante devastador. Foi quando decidi abrir um livro que ganhei de Salete, a empregada que se foi, e nele achei uma linda prece. Repeti com muita fé as palavras que lia, e Brenda, enfim, despertou e retomou a consciência de si mesma.

Admirada com o relato sincero da jovem, Patrícia comoveu-se. Nunca nenhuma empregada conseguira dominar Brenda como Aline havia feito.

Vendo que a criada era especial, Patrícia pediu que ela lhe mostrasse o livro, o que foi feito com presteza.

Ao examinar a velha obra, a matrona não demonstrou muito entendimento sobre seu conteúdo, mas admitiu que aquela criada poderia ter "poderes" especiais. Decidiu que, a partir daquele dia, não a deixaria mais sair daquela casa, pois era a única pessoa que, além dela própria, demonstrara ter sincero interesse pela sua filha.

Após a resposta dada por Aline, Patrícia achou melhor não permanecerem mais falando do assunto, para evitar uma possível reincidência de Brenda. Assim, mais tranquila, a baronesa entrevistou a jovem criada:

– Aline, por que veio trabalhar conosco?

A moça, que logo se lembrou de dona Quitéria, resolveu que não falaria a verdade, pois ainda não sabia se podia confiar na patroa. Além do mais, se aquela velha senhora aproveitadora soubesse de sua intenção, não tardaria a arrumar uma maneira de entregá-la de novo àqueles homens maus.

Respirou fundo e respondeu, com certa intranquilidade:

– Sou afilhada de dona Quitéria, esposa do senhor João. Fugi de casa a pedido de um namorado que, com o intuito de se aproveitar de minha inocência, levou-me a uma floresta erma. Todavia, ao experimentar minha recusa a seus apelos, ele me deixou ali, perdida. Daí não tive coragem de retornar ao lar, de onde certamente seria expulsa ou teria a honra lavada com sangue...

– Que história! – interrompeu Patrícia, surpresa. – Mas continue...

– Foi quando me lembrei de que próximo à floresta era o local onde Quitéria, quer dizer, minha madrinha morava e resolvi lhe pedir auxílio. Comovida com minha insensatez juvenil, ela procurou Cleonice para oferecer meu trabalho em troca de um lar, pois com ela eu não poderia morar, já que seu marido não aprovaria a ideia.

Terminada a narrativa improvisada, Brenda e Patrícia se entreolhavam, admiradas.

Para quebrar o silêncio, foi a vez de Brenda falar:

– Mas e o seu namorado? Nunca mais soube dele?

Um tanto sem graça, Aline deu continuidade à sua invenção:

– Não... nunca mais quis vê-lo. Por causa dele, estou longe de meus pais e...

Novamente interrompida, Patrícia, curiosa, interveio:

– Mas seus pais sabem que está aqui, não sabem? Porque, se não souberem, eu mesmo farei questão de avisá-los. Não deve se esconder deles sem ao menos dar-lhes chance de dizer o que pretendem fazer em relação à sua insensata atitude. Porém, fique tranquila que não a deixarei ir embora. Preciso de vosmecê aqui mais do que nunca.

As palavras da baronesa trouxeram um pouco de conforto a Aline quanto a não permitir que fosse embora. Por outro lado, inspiraram-lhe certo temor, pois não queria ser propriedade daquela família. Tinha sua liberdade, sua vida, uma memória a resgatar, e disso não abriria mão.

Percebendo que a jovem criada não respondera à sua pergunta, a baronesa chamou-lhe a atenção com delicadeza:

— Aline, tudo bem? Desculpe-me se invadi a sua privacidade apenas para satisfazer minha curiosidade. Depois do que fez hoje, a última coisa que desejo é chateá-la. Vamos mudar de assunto. Quero lhe dar um presente; por favor, venha comigo.

Aline não gostou da atitude da baronesa, pois não rezara por Brenda para obter favores de ordem material. Com certo atrevimento, Aline declinou do convite, demonstrando insatisfação e desconforto:

— Desculpe-me, senhora, mas não posso aceitar a oferta. Como bem observou Cleonice, ganho moedas para exercer meu ofício de modo honroso. Fiz apenas meu trabalho e nada mais.

Muito admirada com a atitude daquela jovem, Patrícia a respeitou ainda mais. Nunca uma criada comum se negaria a um mimo, sobretudo a uma joia, que era o que ela lhe daria caso tivesse aceitado a oferta. Relevou o fato ante a juventude da garota, que, para ela, soava como um certo tipo de orgulho juvenil.

Para não contrariar a moça, que se mostrou muito convicta em sua decisão, a baronesa, humildemente, desculpou-se, enquanto se despedia da filha com um beijo carinhoso em sua testa:

— Aline, não quis ofendê-la, posto que minha intenção era apenas retribuir-lhe o gesto de carinho. Cada um oferece o que tem, não é? Vosmecê nos oferece afeto e generosidade, enquanto eu, uma dama da sociedade rica e vazia, apenas tenho bens materiais a oferecer. De fato, sua atitude com minha filha hoje não tem preço. Mas saiba que terá minha eterna gratidão. Fique em paz e obrigada.

A humildade de Patrícia conquistou a admiração de Aline, que passou a respeitá-la ainda mais.

Após a saída da baronesa, Brenda e Aline conversaram e riram, deixando que a juventude lhes assumisse a alma.

Em seus aposentos, Patrícia sentia-se incomodada por não poder retribuir a atitude da jovem, quando então teve uma ideia: "Ora, se Aline não quer aceitar meu presente, eu respeito; mas não vou deixar de lhe retribuir apenas porque é orgulhosa. Sendo afilhada de dona Quitéria, darei a joia à sua madrinha, para que a guarde e a entregue à menina quando atingir a maioridade. É isso mesmo o que farei".

Apressada, tocou o sino, e um dos criados apareceu quase na mesma hora.

— Pois não, dona Patrícia, em que posso servi-la?

— Chame João, o capataz de meu marido. Preciso falar-lhe com urgência.

— Sim, senhora — obedeceu prontamente o criado.

Minutos depois...

— Senhora baronesa, mandou me chamar?

— Sim, João. Por favor, poderia me levar até sua esposa?

Admirado, o capataz questionou:

— Mas *a mó de que* a dona quer ir ter com Quitéria?

A baronesa, altiva, replicou:

— E desde quando dou satisfação a empregados?

Após a resposta, João se manteve em silêncio e, contrariado, levou a patroa de charrete até sua casa.

Chegando ao destino, Patrícia dispensou o capataz e bateu palmas.

Ouvindo que alguém batia, Quitéria, um tanto revoltada, foi atender. E qual não foi a sua surpresa...

– Baronesa... A que devo a honra? Não me diga que aconteceu algo a João!

Patrícia, que olhou Quitéria de cima a baixo, respondeu:

– Tranquilize-se, dona Quitéria. Seu esposo acabou de me deixar aqui e com ele está tudo bem. Por acaso, não me convida a entrar?

Sem jeito pela casa pobre e simples, Quitéria enxugou as mãos molhadas no avental, enquanto olhava a patroa do marido com inveja, querendo, por um momento, estar ali em seu lugar.

Disfarçando os sombrios sentimentos, a dona da casa convidou a baronesa para adentrar o recinto humilde.

A senhora do café, sem muita cerimônia, exibia um saquinho nas mãos e estendeu os braços para que Quitéria o pegasse.

– Abra – ordenou a baronesa.

Após abrir o embrulho, Quitéria se deparou com um anel cravado de brilhantes, todo envolto em ouro puro. Surpresa, a invejosa sentiu o corpo todo tremer e tentou entender, ainda confusa:

– Mas... que bela joia! O que me daria a honra de...

Interrompendo a dona da casa, Patrícia mudou o semblante e explicou, bem séria:

– Esta joia é minha e agora a estou dando à sua afilhada, Aline. Ela fez algo muito bom hoje, que, antes que me pergunte, digo-lhe que não é do seu interesse. Para retribuir o gesto, ofereci a ela uma recompensa e, como deve conhecer a afilhada que tem, de tão orgulhosa, não aceitou. Assim, entrego-lhe este embrulho para que, como madrinha, guarde a joia com responsabilidade e a dê à menina assim que completar a maioridade.

Quitéria não se cabia de alegria. Finalmente tiraria o pé da lama. Sua intuição estava certa: Aline seria sua mais nova mina de ouro.

Vaidade UM MANANCIAL DE ILUSÕES

Fingindo bondade e honestidade, Quitéria deixou escapar, de propósito, falsas lágrimas para comover a baronesa. E conseguiu.

– Calma, dona Quitéria, não precisa se emocionar assim... Ora, não sabia que estimava tanto Aline. Olha, fique certa de que lá em casa ela será muito bem tratada. Não deixarei nada de mal acontecer a ela, eu prometo – falou a baronesa.

Vendo que conseguira o efeito que queria, Quitéria agradeceu, fingindo comoção:

– Obrigada, dona baronesa. Não sabe o bem que fez à minha querida afilhada. Ela é orgulhosa e teimosa; ignora que por ser pobre jamais terá condições de estudar e um dia se formar. Por isso, agradeço o presente e guardarei a joia para que, no futuro, possa cobrir parte das despesas que ela terá com a universidade...

Deixando a baronesa curiosa, de forma proposital, Quitéria interrompeu a narrativa, motivando Patrícia a perguntar:

– Ora, Aline nunca me falou que tinha intenção de estudar. Bom, também não tivemos tempo de conversar. O que ela pretende seguir?

– Ela quer ser "doutora", sabe? Talvez médica...

– Médica? – indagou a baronesa com espanto. – Profissão ousada para uma mulher. Mas não é que ela leva mesmo jeito? Bom, então este anel sequer dará para cursar uma faculdade. Pode deixar, dona Quitéria; vamos combinar o seguinte: todo mês virei aqui e lhe deixarei uma joia ou moedas, a fim de que garanta os estudos à sua afilhada. Agora preciso ir – rematou a bela senhora.

Quitéria abriu a porta para a madame, que já era esperada por João um pouco mais à frente da casa. Ao fechar a porta, a velha senhora estava radiante. Finalmente, tinha ganhado na loteria.

Mais do que nunca precisaria manter Aline em poder daquela família, para que pudesse gozar incansavelmente dos prazeres que o dinheiro poderia comprar.

Mas Quitéria não agia sozinha.

Com pensamentos e sentimentos materialistas e mesqui-
nhos, mal sabia que, constantemente, atraía a companhia
de espíritos que se compraziam na vaidade e na futilidade, a
fim de lhe sugarem as energias emanadas pela satisfação de
efêmeros desejos.

CAPÍTULO V

Revelações esclarecedoras

Um pouco fatigada com a situação que acabara de vivenciar com Brenda, Aline, agora em seus aposentos, decidiu que iria adormecer, sem continuar a leitura dos livros que ganhara de Salete, pois seu cansaço físico era maior do que a vontade de prosseguir com a leitura.

A poucos passos do leito da jovem criada, o espírito de Orlando a velava em seu sono, agradecendo, mais uma vez, o concurso da garota para conter a crise em que sua tutelada se envolvera horas atrás.

Nossas boas ações são nosso socorro nas estradas desconhecidas que levam à evolução.

Ao lado do espírito de Orlando estava o espírito de Beatriz, uma linda senhora que também velava o sono de Aline. Orlando, ao vê-la, sorriu e com ela iniciou uma conversação:

— Como se sente, senhora Beatriz? Está mais resignada diante de sua mais nova condição?

Vaidade UM MANANCIAL DE ILUSÕES

A bela mulher, que mesmo desencarnada ainda conservava a beleza física que guardara na última existência na carne, com lágrimas no olhar, respondeu, um tanto desanimada:

– Estou mais conformada; no entanto, muito temerosa com a situação de minha filha. Aline não iria suportar se recordar do que viu minutos antes de ser raptada. Não consigo nem pensar no que poderia ter ocorrido se aqueles homens conseguissem levar a efeito a ordem maquiavélica advinda de seu próprio pai...

Fez uma breve pausa e prosseguiu, tomada de uma intensa carga emotiva:

– O coronel Eustácio jamais se esquecerá do que fez a nossa família. Hoje vive com grande fortuna e ascensão, mas mal sabe ele que a morte é uma ilusão e que da justiça divina não escapará.

Percebendo a mágoa implícita nas palavras de Beatriz, Orlando, sempre muito ponderado, contemporizou, solícito:

– Sim, senhora, a morte não passa de um véu que se levanta diante de nossos olhos. Mas nem por isso devemos desejar o mal daqueles que um dia nos feriram. Não sabemos ainda a extensão de nosso patrimônio negativo de débitos perante nossos semelhantes e, por isso, não nos cabe o julgamento. O coronel por certo colherá as sementes que jogou no solo da vida, quando for o momento. Agora a tarefa que nos cabe é o auxílio a duas almas que necessitam do reajuste para, enfim, encontrarem a libertação por meio da consciência tranquila e do dever cumprido.

Beatriz logo mudou o semblante ao observar, enternecida, a filha que dormia com tranquilidade no leito desajeitado e frio. Um pouco triste, asseverou:

– Quem diria que Aline, uma moça tão fina e rica, viria parar neste lugar tão sujo e indigno? Meu Deus, por que merece uma sorte tão ruim se, ainda tão moça, nada fez que justifique tal castigo? – indagou a bela mulher, indignada.

Orlando, que a ouvia com toda a paciência, elucidou, com amor:

ROBERTA TEIXEIRA DA SILVA DITADO POR ANGELUZ

– Muitas vezes não entendemos o motivo de certos acontecimentos que nos surpreendem a caminhada, mas tenha a convicção de que o acaso não existe e que tudo está perfeito diante de Deus. Aline, em uma pretérita existência, não utilizou a riqueza de modo acertado e feriu seus subalternos com temperamento ríspido e mal-educado. Casada com Cirilo, um homem de grande fortuna, ela não foi capaz de ajudar a filha Alice, que julgava ser detentora de transtorno mental e psicológico. Por ser uma dama de alta categoria, acatou as sugestões do marido sem objeções e repugnou a menina, abandonando-a, ainda em idade juvenil, em um internato de loucos, onde acabou falecendo por desgosto e maus-tratos. Já nos dias atuais, nossa Aline, embora tenha nascido em berço de ouro, ainda muito jovem presenciou o sofrimento de ver o assassinato da mãe pelo próprio pai, sendo em seguida sequestrada por bandidos que iriam assassiná-la caso não fosse rapidamente auxiliada por nós aqui do plano espiritual, para que, intuitivamente, aproveitasse o sono dos malfeitores e corresse pela floresta em busca de ajuda.

O abnegado trabalhador do astral olhou para a amiga, que prestava muita atenção às importantes revelações, e prosseguiu:

– Por ter perdido temporariamente a memória, Aline teve que se despir, de forma compulsória, de toda a fortuna que possuíra um dia para ter a oportunidade de se reencontrar, na qualidade de serva, com aquela que um dia fora sua filha, Brenda, para então poder concluir a tarefa incompleta de auxiliá-la no controle de sua mediunidade ostensiva. E, como se não bastasse, reencontrar Cirilo, agora como Maurício, cujo amor, para sobreviver, terá que superar as barreiras das diferentes classes sociais, que um dia ela própria fez questão de cultivar.

Orlando parou de falar e fitou Beatriz, que não controlava as lágrimas.

Ela sabia que o benfeitor tinha razão e que tudo estava devidamente arquitetado pelo plano superior para o reajuste necessário. Mas, como mãe da menina, sentia medo de que

Vaidade UM MANANCIAL DE ILUSÕES

toda aquela organização fosse por água abaixo e que Aline acabasse sofrendo muito.

Percebendo os sentimentos maternais e o receio de Beatriz, Orlando prosseguiu, com muito mais clareza:

– Beatriz, a senhora e Aline eram muito amigas na pretérita existência, mas sempre foram invejadas por Isadora, que a todo custo tentava uma aproximação, com o fito de desfrutar do luxo e das riquezas que só o dinheiro proporciona. E sua ambição foi tanta, que a infeliz acabou por separá-las em razão de intrigas que inventou.

O espírito amigo estava muito sério e, após uma curta pausa, deu continuidade à narrativa:

– Isadora, com a atual vestimenta carnal de Quitéria, teve a chance de se redimir com Aline quando a encontrou perdida na floresta, mas, como ainda não se modificou internamente, mais uma vez se deixou levar pela ilusão da vaidade, vendo em sua filha uma oportunidade de ganhar dinheiro e riquezas. Mal sabe a velha senhora que com tal atitude apenas atrai para si maiores infortúnios morais.

Muito reflexivo, Orlando alertou:

– A vaidade não é boa conselheira. À semelhança de uma cobra silenciosa, opera-nos o bote quando menos esperamos. Seu veneno nos leva a devaneios e ilusões, encarcerando-nos em prisões de sofrimento das quais levaremos considerável tempo para nos desvencilhar.

Beatriz estava apreensiva. Já tinha certo pressentimento acerca de todos aqueles fatos, mas, a cada vez que ouvia falar deles, seu coração era tomado de angústia e dúvida.

Tentando disfarçar para si mesma as apreensões que represava e lançando um olhar de ternura para Orlando, a bela mulher disse, esperançosa:

– Orlando, eu lhe agradeço por estar auxiliando Aline. Vamos acompanhar os acontecimentos que se sucederão. Nossa conversa me deu muito mais confiança de que minha filha logo se inteirará dos fenômenos de que Brenda se faz portadora.

Em sinal afirmativo, o espírito do guardião demonstrava muita fé. Tinha a convicção de que não tardaria para que Aline desse início a sua grande missão de resgate e redenção junto a Brenda.

Do outro lado da pequena cidade, Quitéria mal cabia em si.

Finalmente poderia ir até o vendedor tecelão para encomendar-lhe um vestido de tecido nobre, que há muito tempo desejava.

Aquele anel de brilhantes doado pela baronesa viera mesmo a calhar.

Com ar de contentamento, a gananciosa mulher andava pelas ruas quando avistou uma movimentação estranha, em que dois homens muito suspeitos estavam sentados à sombra de uma árvore, um tanto revoltados.

Curiosa, a camponesa parou de andar e resolveu escutar a conversa dos rapazes:

— Não poderíamos tê-la perdido, Cristóvão — dizia o homem mais velho. — O que vamos falar ao pai da menina? — indagava, aflito.

O outro rapaz respondeu, apreensivo:

— Não sei. Penso que seja melhor contarmos logo a verdade, antes que o Coronel mande outros capatazes para nos matar. Passados tantos dias, creio que o patrão já desconfie do fracasso na missão a nós confiada.

— Será que isso é prudente? — replicou o mais velho com outra pergunta. — Não é possível que Aline tenha ido muito longe!

Quitéria, ao escutar o nome de Aline, escondeu-se ainda mais e permaneceu no local até que pudesse ao menos ouvir o nome do tal coronel.

Sabia que sua intuição não falhara e constatou que sua "tutelada" era, de fato, muito rica. "Provavelmente seu pai

Vaidade UM MANANCIAL DE ILUSÕES

mandou estes rapazes para tentar localizar a filha perdida", imaginou, sem sequer desconfiar de que se tratava dos próprios malfeitores que haviam raptado a menina.

Sem fazer nenhum barulho, a mulher ambiciosa continuou a escutar o diálogo entre os dois:

– Não sei não, Bento – disse Cristóvão. – O que acha de procurarmos mais um pouco antes de arriscarmos nossas cabeças na fazenda dos Amaral?

– Tudo bem – consentiu o outro –, mas vamos continuar a procurá-la só por hoje. Se até o final do dia não a encontrarmos, é hora de irmos e aceitarmos nosso destino. Afinal de contas, falhamos e vamos ter de pagar por isso de qualquer jeito – sentenciou.

Quitéria, percebendo que os homens se movimentavam, abaixou-se junto a uma pequena árvore para não ser vista. Decidiu então que deixaria o vestido para o dia seguinte e seguiria os homens, com o intuito de descobrir a que família pertencia a fugitiva rica.

Ambos os capatazes passaram o resto do dia à procura de Aline pelas redondezas, em vão. Vasculharam igrejas, vilarejos, e perguntaram por ela para as pessoas da região, que negaram ter visto uma menina com tais características.

Sem se darem conta, o tempo todo eram seguidos por Quitéria, que não se cabia de curiosidade.

Decepcionados com o insucesso da busca, Bento e Cristóvão resolveram tomar o rumo da fazenda que pertencia ao coronel Eustácio do Amaral. Depois de uma longa caminhada, os dois capangas chegaram ao destino e foram prontamente recebidos por Urbano, o capataz que liderava todos os outros.

Quitéria, com muita discrição, parou bem próximo ao portão da grande fazenda e pôde ler em uma placa, que ali estava fixada, a frase: "Fazenda do coronel Eustácio do Amaral".

Muito contente pela descoberta, a esperta senhora resolveu que por aquele dia pararia por ali, porque temia que um dos homens do coronel a pegasse em flagrante. Assim, logo partiu de volta à sua humilde casa na floresta, regozijando-se da descoberta preciosa que acabara de fazer.

Na fazenda, o clima estava tenso.
Urbano demonstrava muita raiva de Bento e Cristóvão, pois eram seus melhores homens e mesmo assim tinham fracassado. Sabia que de igual modo seria penalizado pelo coronel e, com muita contrariedade impregnada na voz, indagou aos homens:
– E então? O que houve? Pela fisionomia cabisbaixa de ocês, vejo que a missão não foi concluída. Onde está a filha do patrão?
– Não sabemos – respondeu Cristóvão. – Infelizmente, a menina se aproveitou de uma pequena distração nossa e fugiu.
– Fugiu? – esbravejou Urbano. – Uma criança franzina daquela foi capaz de enganar dois trogloditas feito ocês dois? O que acham que o coronel fará quando souber que a filhinha dele vive por aí e a qualquer momento poderá denunciar o que viu quanto à morte de sua mulher, Beatriz?
Bento e Cristóvão já sabiam que não viveriam por muito tempo para tentar explicar mais alguma coisa.
Infelizmente, assim foi feito.
No momento em que Urbano contou ao coronel Eustácio que seus homens não tinham conseguido acabar com a vida de Aline e que ainda a haviam perdido de vista, os dois rapazes foram friamente assassinados pelo próprio patrão e enterrados em covas rasas como indigentes.
Somos frutos de nossas ações, mas jamais desamparados por Deus. Aqueles homens tinham praticado o mal, mas o mal não faz parte dos homens. Temporariamente, até podemos nos desviar do caminho do bem, porém logo temos uma nova chance de retomarmos o rumo que nos leva ao Criador.
É uma questão de tempo e de escolha.

Aline, por ter conseguido dominar a crise de Brenda, ganhara um dia de folga de Patrícia.

Sem ter aonde ir, a menina passeava pelo jardim da fazenda e admirava as flores ali plantadas, quando foi subitamente surpreendida por Maurício, que, após retornar do escritório do pai, tinha de passar por ali para chegar ao casarão.

Muito interessado em conquistar a menina, o filho do barão, após cumprimentá-la, dirigiu-se a ela, bem galanteador:

– Ora se não é a nossa criada, ou melhor, Aline. Como tem passado? – indagou o belo rapaz.

A menina, que mais uma vez estava envergonhada diante do primogênito do barão, sentiu-se um pouco atordoada com a abordagem inesperada e respondeu educadamente:

– Senhor, estou bem, obrigada pelo interesse. Mas agora preciso ir, pois já está escurecendo...

Sem deixar a moça terminar de falar, o jovem pegou suas mãos e as acariciou.

Aline, ainda sem saber o que fazer, em um impulso, retirou as mãos do rapaz das suas e correu até seus aposentos, quase sem fôlego.

Maurício, que já estava acostumado com esse tipo de reação por parte das garotas, seguiu o rumo de casa satisfeito, imaginando que seria questão de tempo conquistar a empregada.

Em seu quarto, Aline ainda estava assustada com a ousadia de Maurício e, muito embora se sentisse atraída pela beleza do jovem, algo em seu íntimo a avisava de que não seria boa ideia envolver-se com um rapaz rico, posto já saber que um amor que nasce em diferentes classes sociais por certo estaria fadado ao fracasso.

Ainda com algumas horas livres, a menina resolveu que leria um dos livros que ganhara de Salete e pegou o exemplar com o título *O Livro dos Espíritos*. Ao manusear a obra com muito cuidado, devido ao estado crítico de suas páginas, verificou se tratar de um livro com perguntas e respostas. Pensou: "O que é espírito?", e logo achou a resposta: "Espírito é o princípio inteligente que habita o universo".[1]

Refletiu no que lera e, ainda mais interessada, prosseguiu com a leitura, até se deparar com um capítulo muito interessante que tratava da comunicação dos espíritos com os encarnados.

À medida que lia as respostas dos espíritos, lembrava-se de Brenda, percebendo que o comportamento da jovem muito se assemelhava com o que estava descrito naquele livro.

Decidiu que no dia seguinte conversaria mais abertamente com Brenda sobre o assunto e, quem sabe, poderia ajudá-la a entender o que de fato se passava com ela.

O espírito de Orlando, que agora se dividia entre a vigilância de Brenda e Aline, estava muito satisfeito com o interesse da menina pelas obras de Allan Kardec.

Logo pela manhã, Aline foi para o quarto de Brenda disposta a interrogar-lhe acerca de algumas questões sobre o que se passava exatamente em sua mente.

Chegando aos aposentos da jovem, foi prontamente recebida com alegria pela menina, que mal deixou a cuidadora se acomodar e logo foi perguntando, ansiosa:

– Diga, Aline, o que deseja saber sobre mim?

A criada, perplexa com a pergunta da tutelada, respondeu, mas com outra pergunta:

– Ora, como pode saber o que desejo?

Brenda, com um largo sorriso nos lábios, replicou:

– Porque sei de tudo, querida. Orlando é um rapaz muito fofoqueiro; ele já me contou que vosmecê irá me fazer algumas perguntas e que eu devo respondê-las direitinho.

Aline ficou com certo receio daquele comportamento estranho da menina. Mas, ainda assim, prosseguiu:

[1] Allan Kardec, O Livro dos Espíritos, pergunta n. 23.

Vaidade UM MANANCIAL DE ILUSÕES

– Tudo bem, Brenda, quero ver se sabe tudo mesmo. O que eu trouxe aqui em minhas mãos, escondido?

A menina pensou um pouco e, sem titubear, afirmou, convicta:

– Ora, vosmecê trouxe um livro!

Aline, que escondia o exemplar em uma sacola, ficou muito impressionada com a adivinhação da garota. "Será ela uma espécie de bruxa?", indagou intimamente.

Brenda, percebendo a surpresa da cuidadora, logo tratou de lhe explicar, com a inocência de uma criança:

– Não fique com medo de mim, por favor. Olha, não sou doente nem bruxa. É que o Orlando me diz as coisas, por isso sei de tudo. Ele vê com os olhos da alma e me conta. Não é nada de mais.

Aline começou a se interessar por aquele assunto e questionou:

– Brenda, como conheceu Orlando?

– Eu era bem pequena quando comecei a vê-lo – asseverou em tom melancólico. – Mas eu não via somente ele.

– Como assim? O que mais via?

– Eu via muita gente, Aline. Pessoas que choravam, gritavam, empregados da fazenda que morriam... Eles me pediam socorro, me assustavam, ameaçavam, me faziam enxergar seu sofrimento, e eu não suportava conviver com essas visões. Foi quando tive a minha primeira crise nervosa. Meus pais não sabiam lidar com isso e recorreram ao doutor Otávio, aquele médico que esteve aqui esses dias. Ele prontamente me diagnosticou com esquizofrenia e a partir daí passei a tomar fortes medicamentos. Mas nem por isso minhas visões cessaram. Eu me desesperei tanto, e foi quando pedi a Deus que me ajudasse. Nesse instante, Orlando apareceu...

A jovem fez uma pausa enquanto uma lágrima de tristeza invadia-lhe o rosto trigueiro.

Percebendo que sua assistida precisava desabafar, Aline fez um gesto para que ela continuasse a narrativa, e a menina obedeceu:

– Ele se apresentou como um grande amigo e pediu que eu o deixasse me acompanhar, a fim de me auxiliar a evitar as visões que insistiam em me enlouquecer. Daí em diante, passamos a conversar bastante, e hoje ele se transformou em meu melhor e único amigo, até vosmecê me encontrar. Não sei o que seria de mim se ele não tivesse aparecido. Provavelmente estaria internada em alguma clínica de loucos...

Aline, compadecida com o relato emocionado da jovem, sentia em seu íntimo que ela lhe contava a verdade e que não poderia ser louca apenas por ver pessoas que já tinham morrido. Afinal, como havia aprendido nos livros, verificou ser absolutamente possível que alguém que partisse deste mundo estabelecesse comunicação com aquele que tinha ficado. Só não sabia como explicar a Brenda a naturalidade de sua condição diante de fatos que para ela também eram novos, considerando-se que adquirira certo contato com eles há poucos dias, por intermédio das obras deixadas por Salete.

Após uma breve pausa, Aline retomou a conversa:

– Brenda, imagino o que deve ter sofrido e o que ainda sofre. Salete, antes de partir, deixou-me um legado muito valioso. Ela tinha em seus aposentos alguns livros de um escritor francês, que assinava como Allan Kardec, cujo conteúdo versa sobre a vida após a morte e a possibilidade de comunicação das pessoas que atravessaram o túmulo com aquelas que ainda permanecem neste mundo.

Brenda, ao ouvir a narrativa de Aline, ganhou um brilho em seus olhos que há muito se escondia pela solidão em que fora obrigada a permanecer. Sua esperança renascia e, sem saber muito bem o motivo, confiava naquela serva, que mais lhe parecia um anjo enviado por Deus.

Por alguns segundos, permaneceu com os olhos fixos em Aline, como a tentar entender aquele sentimento de afeto tão forte que já sentia por ela, desde o dia em que adentrara seu quarto pela primeira vez.

A serva, do mesmo modo, correspondia àquela ternura e sabia, de algum jeito, que precisava ajudar aquela garota tão inocente e sofrida.

Vaidade UM MANANCIAL DE ILUSÕES

O espírito de Orlando, acompanhado por Beatriz, que não se fazia visível a Brenda a fim de preservar Aline, a tudo assistiam, esperançosos.

Aline novamente quebrou o silêncio:

– Brenda, não conte a ninguém a respeito das nossas conversas, principalmente a Cleonice, que, se desconfiar de que estamos tão próximas, não hesitará em me colocar para fora de sua casa. Tive uma ideia sobre o que podemos fazer para conter suas visões ou crises: todos os dias, pela manhã, trarei os livros e, juntas, estudaremos para descobrir o que de fato acontece com vosmecê. O que acha?

A jovem rica pensou um pouco e respondeu:

– Acho ótimo. Mas devemos tomar cuidado não só com Cleonice, mas também com o barão, que parece fazer questão de me trancafiar neste quarto e esquecer que tem uma filha.

Ao dizer tais palavras, a menina chorou.

Compadecida, a criada a consolou em tom afável:

– Querida, tenha calma com seu pai. Ele é um homem ocupado, de negócios, e não deve ter tempo para se preocupar com essas coisas. O importante para ele será sua melhora, não importa como. Mas pode ficar tranquila que nada falarei a ninguém.

Ao terminar a frase, ambas escutaram um barulho de risos, que vinha da direção do quarto do sr. Guarrido. Sem entender, Aline perguntou para Brenda:

– Querida, acaso também escuta as vozes nos aposentos do barão?

A menina baixou os olhos e não respondeu.

Intrigada, a criada insistiu:

– Brenda, pode confiar em mim. Por acaso vosmecê sabe o que ocorre ali dentro?

A assistida fez um sinal afirmativo com a cabeça, mas nada respondeu.

Aline, percebendo que a garota não queria prolongar o assunto, respeitou sua vontade e achou melhor esquecer o ocorrido.

Para desfazer a tensão que ali se estabelecera, a jovem criada se despediu, sorridente:

– Bom, então estamos combinadas. Na hora do almoço, volto para lhe servir e conversaremos mais. Tenho certeza de que nós duas, juntas, vamos resolver essas suas crises e você terá uma vida normal, como qualquer menina de sua idade.

Brenda, agora mais animada, sorriu para Aline e falou:

– Não vejo a hora de vosmecê voltar. Vou esperá-la ansiosa.

Ao sair, Aline fechou a porta do quarto, mas ainda escutava sons que vinham do aposento do barão. "Mas que estranho", pensou. "Dona Patrícia saiu de casa, e o barão deveria estar em seu escritório. Quem está nos aposentos do casal?"

Não contendo a curiosidade, a criada se arriscou e resolveu que tentaria ouvir de quem eram aquelas vozes que tanto gracejavam ali dentro. Subiu o outro lance de escadas e, conforme se aproximava, mais alto escutava os sons. Parou a poucos metros do quarto e escondeu-se, com medo de alguém a ver.

Não demorou muito e conseguiu identificar a voz de Cleonice, que dizia:

– Ah, barão! Não sabe o perigo que corremos aqui em seu quarto a essa hora... Por favor, preciso me vestir para ir ter com os empregados. Sabe que a qualquer momento sua mulherzinha chegará e poderá nos pegar juntos...

– Deixe-a comigo, serviçal – respondia o barão, com voz rouca e grosseira. – Tem que fazer o que mando. Com Patrícia eu me entendo, mas agora ainda quero que me sirva com seu corpo – aduziu, sarcástico. E os dois gargalhavam alto, sem se preocuparem com mais ninguém.

Aline não acreditava no que ouvia. Cleonice e o sr. Guarrido estavam juntos, como amantes, no quarto que também era de dona Patrícia. Pensou ser extremamente perigoso continuar por ali e desceu as escadas correndo e suando muito.

Vaidade UM MANANCIAL DE ILUSÕES

Não queria ter descoberto um fato tão grave como aquele, mas infelizmente agora sabia de tudo. "Como Cleonice, empregada de confiança da baronesa, deixou-se envolver pelo patrão?", indagava intimamente.

Como conhecia a passagem secreta que havia dentro do quarto do barão, entendeu como Cleonice às vezes desaparecia da cozinha e, sem explicação, ali reaparecia com tanta rapidez. Certamente utilizava o túnel para chegar aos aposentos do sr. Guarrido sem que ninguém desconfiasse ou visse.

Apesar da descoberta, resolveu que nada contaria a ninguém, nem mesmo a Brenda, afinal, a vida privada daquela família não lhe dizia respeito. Estava de passagem por lá até recobrar a memória e não poderia se abalar ou se prejudicar por causa do que ouvira.

Decidiu que não mais seria curiosa e que dali em diante a única pessoa a quem ajudaria era Brenda, já que nutria por ela um sentimento real de afeto e amizade.

Imbuída desse ideal, foi até a cozinha preparar o almoço de sua assistida.

CAPÍTULO VI

Mediunidade ou esquizofrenia?

Na fazenda do coronel Eustácio do Amaral, as coisas não caminhavam bem.

Urbano, que mal acabara de enterrar os corpos dos dois homens assassinados pelo patrão, foi surpreendido por uma ordem:

– Capataz incompetente, me acompanhe – disse o coronel, impaciente. – Não podemos mais perder tempo. Preciso encontrar Aline antes que seja tarde.

– Sim, coronel – respondeu prontamente o servo. – Mas nada descobrimos sobre seu paradeiro. Cristóvão e Bento sequer indicaram onde estavam acampados com a menina...

Interrompendo o verdugo, Eustácio gritou:

– Não me fale daqueles imbecis que a uma hora dessas estão no inferno. Agora quero mesmo é achar Aline. Como você fará para encontrá-la eu não sei, mas dê um jeito de cumprir minha ordem ou terá um lugar a sua espera na cova rasa que acabou de abrir. Vá!

Tremendo por dentro, Urbano saiu da fazenda carregando consigo moedas, armas, munição e um medo enorme de falhar em sua missão e ter o mesmo destino daqueles que enterrara horas atrás.

Após caminhar alguns metros, lembrou-se de que perto da floresta havia um vilarejo pequeno, onde provavelmente a menina devia ter se escondido. Ela não poderia ter ido muito longe se estava apenas com a roupa do corpo.

Continuou caminhando e decidiu que, assim que chegasse à vila, compraria um cavalo, já que o patrão lhe entregara algumas moedas de ouro para oferecer como recompensa a quem soubesse de alguma notícia da garota.

Ao anoitecer, Urbano chegou ao destino e resolveu que pernoitaria em uma hospedagem. No dia seguinte, iniciaria as buscas à filha perdida do coronel.

Quitéria não conseguira adormecer, enquanto João roncava.

Estava entusiasmada com o fato de ter descoberto de onde era a tal menina sequestrada.

Mas essa informação ainda ficaria guardada por muito tempo, até que conseguisse várias moedas e joias da baronesa, oferecidas com o pretexto de pagar a futura faculdade de sua "afilhada".

Tão logo o dia amanheceu, Quitéria resolveu que visitaria Aline, com o intuito de lhe recordar o trato que tinham e fazer a garota perceber que estava sob seu poder.

E assim fez. Aproveitou que João havia saído antes de o dia raiar com o barão e foi até o casarão. Lá chegando, dirigiu-se diretamente ao encontro de Cleonice, que tratou de chamar Aline.

A menina, surpreendida pela visita e muito a contragosto, foi conversar com Quitéria nos fundos da cozinha:

– Diga o que quer, senhora, pois está atrapalhando o meu serviço.

Quitéria não se intimidou com o tratamento ríspido da menina e foi direto ao ponto, em tom ameaçador:

– Olha aqui, rapariga, vim apenas dar um aviso de "amiga": ontem mesmo vi dois homens forasteiros que conversavam sobre seu desaparecimento e queriam a todo custo encontrá-la. Se não fosse por mim, que guardo seu segredo, hoje estaria embaixo da terra. Saiba que eles rondam o vilarejo dia e noite em busca de alguma informação sobre seu paradeiro. Portanto, não dê bandeira por aí. Se quiser se manter viva, continue dizendo que é minha afilhada e prestando serviços nesta casa.

A menina empalideceu. Seria mesmo verdade o que aquela mulher lhe dizia?

Quitéria prosseguiu, dando ainda mais ênfase às palavras após perceber o pânico da garota:

– Se não acredita em mim, pague para ver. Dê as caras na vila e nunca mais viverá – rematou a velha, sarcasticamente, e saiu.

Aline, assustada com a advertência de Quitéria, deixou cair um prato de cristal que segurava. O barulho chamou a atenção de Maurício, que aguardava no salão da casa um dos empregados para levá-lo ao escritório. Curioso, o rapaz foi até a cozinha e se deparou com Aline, que chorava. Interessado em aproveitar a vulnerabilidade da moça, perguntou, muito gentil:

– Ora, Aline, por que chora?

A menina, que estava ajoelhada pegando os cacos, ouviu a voz do rapaz e sentiu o coração palpitar. Sem demonstrar os sentimentos, contudo, apenas respondeu com os olhos baixos:

– Não é nada, patrão. Só estou com medo da represália de Cleonice por ter quebrado um prato de cristal – disfarçou. E, antes que terminasse de falar, ambos foram surpreendidos pela chegada da governanta, que, austera, asseverou:

— Ora, ora, temos um cristal caríssimo aos pedaços por aqui. Aline, infelizmente terá que pagar a louça e trabalhará de graça por pelo menos seis meses — falou a chefe das empregadas em tom irônico.

Maurício, que não gostara da maneira como Cleonice se dirigira a Aline, em um impulso, replicou:

— Mas quem disse que foi Aline quem estilhaçou a louça?

Cleonice, estranhando o comportamento do filho do patrão, respondeu, agora mais contida:

— Não se zangue, senhor Maurício, mas é que pensei não haver mais ninguém aqui quando escutei o som do cristal a se quebrar.

— Pois pensou ou escutou errado — contrariou o rapaz. — Eu estava aqui e deixei o prato cair quando fui devolvê-lo a Aline — e, olhando fixamente para os olhos da moça, como a suplicar-lhe em pensamento que não o contrariasse, indagou à jovem: — Não foi isso o que ocorreu, Aline?

A garota, entendendo o olhar firme do patrão, decidiu obedecer-lhe:

— Sim, senhor.

Cleonice ficou com o rosto avermelhado de raiva. Sua experiência não a deixava se enganar. Percebeu que o filho do patrão, por algum motivo, defendia a moça, e não gostou nada do que viu.

Sem deixar transparecer as desconfianças mais íntimas, a governanta se redimiu, contrariada:

— Bom, se foi assim, peço desculpas a Aline pela confusão. Agora, criada, volte ao trabalho.

Obedecendo à ordem, a menina rapidamente saiu da cozinha, enquanto Maurício, ainda confuso com seus sentimentos, tomava a charrete que o levaria rumo ao escritório do pai.

Urbano decidiu que iniciaria as buscas pela filha do coronel nas redondezas próximas a uma floresta.

Bateu à porta de um casebre bem rústico e, após alguns minutos, apareceu uma velha senhora que, estranhando a presença de um forasteiro naquelas bandas, atendeu pela janela, temerosa:

– Pois não, o que deseja?

Urbano, fingindo boas intenções e com uma falsa história em mente, educadamente respondeu:

– *Tarde*, senhora! Sou empregado de um coronel muito conhecido por aqui e que tem uma filha que é louca, *num* sabe? A *minina* fugiu durante uma crise e se perdeu, coitada. Por acaso a senhora teria visto pelas redondezas uma garota de um pouco mais de quinze anos, cabelos compridos, pele clara e que atende pelo nome de Aline?

Quitéria estremeceu. Tinha acabado de chegar à sua casa depois de encontrar Aline e não sabia o que dizer ao capanga. Estava em um dilema, porque, se dissesse a verdade, mesmo que exigisse uma vultuosa quantia de dinheiro em troca, aquele rapaz poderia enganá-la e, ao ter a informação, matá-la. Por outro lado, manter a menina sob o poder da família Guarrido renderia-lhe somente algumas moedas por mês, mas por enquanto não corria o risco de morrer.

Sem chegar a nenhuma decisão, a mulher resolveu que esconderia a verdade daquele empregado, pelo menos até ter um pouco mais de tempo a fim de pensar em um engenhoso plano para extorquir as duas famílias.

Fingindo que nada sabia, a interpelada respondeu, evasiva:

– Infelizmente não me recordo de ter visto nenhuma jovem com tais características por aqui, não senhor. Já procurou na cidade?

– Não, senhora, ainda não. Mas é pra lá que eu vou – finalizou Urbano, algo desapontado. E agradeceu, sem perder mais tempo ali.

Quitéria estava nervosa com a situação. Afinal, um coronel tão poderoso quanto aquele logo acharia a menina, e ela poderia ser penalizada por ter inventado que era sua madrinha.

Vaidade UM MANANCIAL DE ILUSÕES

Mas uma coisa a intrigava: por que aquele capataz dissera que Aline era louca e não lhe contara a verdade sobre o rapto? Será que havia sido para preservar a imagem da família e não levantar suspeitas que culminassem na morte da menina pelos sequestradores?

Essa era uma questão que a perturbava.

Aline não estava bem após a visita de Quitéria. Sentia-se desprotegida, com muito medo de ser encontrada pelos homens que a haviam raptado.

Sua memória não voltava, e ela não sabia que rumo tomaria na vida. Não poderia permanecer ali por muito tempo. Precisava saber de onde viera, com quem morava e onde era sua casa. Sua família devia achar que ela tinha morrido depois de tantos dias longe.

Esses pensamentos afogavam-lhe o coração, quando viu que era hora de servir o almoço a Brenda. Pelo menos nos instantes que passava na companhia da menina sentia uma leveza e uma paz espiritual.

Brenda abriu a porta dos aposentos antes mesmo de Aline bater.

A criada, um tanto admirada, serviu-lhe a comida fresca e, após se satisfazer, a filha do barão iniciou a conversa:

— Aline, trouxe os livros?

— Sim, estão na sacola.

— Orlando pediu que a gente pesquisasse sobre mediunidade. Acho que é isso...

Aline retirou da bolsa um livro que ainda não havia lido, intitulado *O Livro dos Médiuns*.

— Deve ser este aqui — respondeu, mostrando a capa para Brenda. Animada, a jovem se apressou a folhear as páginas e interpretou a leitura em voz alta: — "Mediunidade é a faculdade de se comunicar com os espíritos. Todas as pessoas são médiuns, em maior ou menor intensidade."[1]

Brenda ouvia atentamente a amiga, mas sem entender direito o que tudo aquilo significava.

O espírito de Orlando, percebendo a dificuldade de compreensão das garotas, resolveu auxiliá-las. Envolvendo sua protegida, por seu intermédio, esclareceu o tema:

– Mediunidade é o termo utilizado para definir a faculdade inerente a toda criatura encarnada de se comunicar com o mundo espiritual. Todos os seres encarnados são médiuns, em maior ou menor grau. A comunicação com o invisível é condição própria, natural do encarnado e ocorre desde os mais remotos tempos. Viver e morrer é uma questão de ponto de vista, já que o espírito vive além do corpo de carne.

O amigo espiritual tomou um pouco mais de fôlego e, muito concentrado, retomou a explicação, ainda se utilizando do aparelho mediúnico de Brenda:

– Além deste mundo, existem inúmeras dimensões de vida formadas por matérias diversas e povoadas por espíritos dos mais variados graus. Por essa razão, não foi à toa que Jesus disse: "Há muitas moradas na casa de meu pai". Após a morte física, a vida continua em sua mais sublime forma, mas em outro plano. E a mediunidade possibilita a comunicação, através do médium, entre esses dois mundos.

Aline estava admirada com a explicação de Brenda, que fora sutilmente aureolada por uma forte luz, visível até para a cuidadora da menina.

Vendo que Aline compreendia e aceitava aquelas explicações, o espírito de Orlando, ainda se utilizando da aptidão mediúnica de Brenda, prosseguiu com o diálogo, agora se dirigindo especialmente à criada:

– Aline, se observar com os olhos da alma, verá que Brenda não está sozinha. Não tenha medo. Sinta a energia de amor que emano a você. Sim, sou eu, Orlando, e venho lhe dizer que confie em Deus, pois logo recuperará a memória perdida e

---

[1] Allan Kardec, *O Livro dos Médiuns*, item n. 159.

poderá ir em busca de sua essência. Não está desampara-da, pois olhos invisíveis que a amam observam-na e rogam por vosmecê em orações ao Mais Alto. Siga confiante, pois a vida é ampla e nada acontece sem a permissão de Deus. Ajude Brenda, e verá que será muito mais auxiliada.

A jovem serva não acreditava no que acabara de ouvir. Nunca havia comentado com ninguém daquela casa sobre a perda de sua memória. Como explicar então a ciência de Brenda quanto a um fato guardado a sete chaves?

Teve a certeza, enfim, de que Orlando sempre existira e de que Brenda jamais estivera louca. Seu coração falava por si, e não havia outra explicação lógica para o fenômeno que acabara de presenciar.

Percebendo que Brenda estava cansada, Aline a convidou a se deitar e tomar um pouco de água.

Mais refeita, a assistida, um tanto temerosa, indagou:

– Aline, não me lembro bem do que eu disse alguns mo-mentos atrás, mas depois do que ocorreu hoje não acha que sou louca também, não é?

– Claro que não, Brenda – respondeu a cuidadora, cari-nhosa –; pelo contrário. Acredito em vosmecê e vou ajudá-la a provar que o que tem é algo natural e está longe de ser uma doença da mente.

Animada com a resposta, Brenda deixou-se envolver pelos afagos de Aline e adormeceu.

O espírito de Orlando, mais tranquilo com o auxílio de Aline, conversava com Beatriz sem que as duas jovens se dessem conta:

– Então, senhora Beatriz, veja que progresso obtivemos esta tarde. Nossas pupilas logo entenderão os fenômenos mediúnicos de Brenda e finalmente ela poderá viver livre, como espera há pelo menos duas reencarnações.

Beatriz estava alegre com o feito daquela tarde e um pouco mais tranquila. Resolveu perguntar a Orlando sobre a dife-rença entre esquizofrenia e mediunidade.

Com muito gosto, o benfeitor iniciou a exposição do tema com uma importante introdução:

– Olhe, Beatriz, não vou negar que a mente humana ainda é um universo desconhecido por nós. Não raras vezes, algumas criaturas se deixam levar pela loucura e se encarceram em prisões mentais vigiadas por pensamentos doentios e perniciosos. Sabemos que todas as doenças físicas são resultado de desequilíbrios adquiridos primeiramente no espírito. A esquizofrenia,[2] que também se origina a princípio no campo mental espiritual, é classificada e exteriorizada na matéria como um tipo de transtorno da mente que leva o indivíduo a um estágio de loucura, porquanto passa a conviver, ver, ouvir e falar com pessoas que não existem.

Beatriz estava muito admirada com o conhecimento de Orlando e procurava absorver todos aqueles ensinamentos tão preciosos.

O protetor de Brenda percebeu o interesse da amiga e deu prosseguimento ao raciocínio, demonstrando muita propriedade:

– Os esquizofrênicos criam na mente uma ideia fixa de que ouvem vozes ou creem estar o tempo todo acompanhados por determinados indivíduos, e enlouquecem. Na realidade, essas "pessoas" ou "vozes" são fruto de seu inconsciente, eis que esses indivíduos costumam se culpar por erros cometidos no passado e tais sentimentos destrutivos de autopunição acabam tomando a forma de pessoas ou vozes invisíveis que os perseguem e atormentam.

Fez uma breve pausa e prosseguiu, agora com o intuito de responder diretamente à pergunta de Beatriz:

– O fato de o portador de esquizofrenia "ver" ou "falar" com criaturas que os outros não enxergam o torna "louco" diante dos olhos das pessoas "normais". Esses doentes necessitam, sim, de tratamento e devem ser medicados para o controle da doença e a manutenção da mínima qualidade de

---

[2] Para melhores elucidações acerca da esquizofrenia na visão espírita, indicamos o estudo das obras de André Luiz, psicografadas por intermédio de Francisco Cândido Xavier, notadamente a intitulada *No Mundo Maior*.

vida, não só deles, mas da família a que pertencem também. Já no caso da mediunidade, a semelhança com a esquizofrenia reside no fato de que os médiuns também falam ou veem indivíduos que geralmente os outros não enxergam, mas a diferença é que os seres que são vistos pelos médiuns de fato existem, embora não no mesmo plano físico. Além disso, tal atributo, via de regra, não prejudica a qualidade de vida de seu portador, que, logo após o final do transe mediúnico, restabelece a consciência, diferindo do que ocorre com o esquizofrênico, que vive praticamente o tempo todo atormentado e desequilibrado.

E concluiu:

– O médium, por possuir sensibilidade mais aflorada do que outras pessoas, consegue ver e/ou ouvir os espíritos, seres que se encontram temporariamente separados dos encarnados apenas porque deixaram o corpo físico. Por isso os médiuns, em um primeiro momento, não são "loucos", mas os "loucos" podem ser médiuns.

Beatriz estava um pouco confusa com aquela resposta e prosseguiu, interessada:

– Mas por que os "loucos" podem ser médiuns?

– Porque a loucura, por si só, também tende a abrir uma porta para a outra dimensão, e aquele ser, com a mente descontrolada e invigilante, passa a conviver com as lembranças de equívocos cometidos nesta ou em outras vidas, ou de pessoas que prejudicou, podendo atrair para si espíritos desarmonizados que se afinem com ele. Nessa simbiose, os pensamentos do desencarnado, também em desequilíbrio, podem se fundir com os do encarnado, criando imagens mentais doentias e sem sentido e, em uma situação mais grave, um quadro de obsessão. Portanto, nessa situação, o intercâmbio mediúnico ocorre em razão da vulnerabilidade do portador de distúrbios mentais, podendo se transformar em uma perturbação. Já no caso dos médiuns, como eu disse, em um primeiro momento, estes não padecem de transtorno mental só porque veem, ouvem ou falam com os espíritos, mas, do mesmo modo, se não utilizarem a mediunidade dentro dos preceitos de Jesus ou não procurarem ao menos estudar e entender a seriedade do fenômeno, podem sim vir a adquirir transtornos mentais graves.

– Agora estou começando a entender o que quer dizer – aduziu Beatriz. – Então, se Brenda não entender o que ocorre consigo, poderá de fato enlouquecer?

– Sim, certamente – replicou Orlando. – A ignorância acerca de sua mediunidade e da naturalidade desse fenômeno pode levá-la à loucura. Isso porque não é fácil para o médium que desconhece o que se passa com ele ver e ouvir a imagem de espíritos que lhe suplicam auxílio, por toda a parte, sem diferenciar se estão ou não neste mundo. Muitas vezes, são vistos à maneira pela qual desencarnaram, ou seja, cheios de chagas, sangue e ferimentos, o que assusta o medianeiro. São espíritos sofredores e na maioria das vezes ignoram que não vivem mais na carne; estes, quando percebem que alguém os vê, atormentam a pessoa pedindo socorro até que ela os auxilie.

– Nossa, pobre Brenda – suspirou a amiga espiritual. – Mas isso acontece com ela desde sempre?

– Sim, Beatriz, exatamente. Ainda menina, minha assistida via espíritos sofredores que clamavam por ajuda, projetando em sua mente imagens de mortes, doenças, desesperos, o que a levava a ter crises nervosas e, como já sabe, ser diagnosticada como esquizofrênica.

– E o que ela deve fazer para evitar visões tão perturbadoras? – indagou a interpelada, curiosa.

Orlando prontamente elucidou:

– O estudo e o conhecimento sobre a mediunidade é o primeiro passo para ajudá-la a compreender o que se passa, controlar suas visões e aprimorar suas faculdades, o que garantirá que tenha uma vida normal, como qualquer garota de sua idade. O segundo passo, e não menos importante, que Brenda precisa alcançar para que tenha uma mediunidade equilibrada é procurar manter uma boa conduta moral, o que lhe possibilitará ser um bom instrumento da espiritualidade para promover auxílio aos irmãos menos felizes que desencarnaram. Jesus disse: "Conheça a verdade, e a verdade vos libertará".

Após uma pausa, Beatriz fez outra pergunta a Orlando, demonstrando muito interesse em prosseguir com aquele proveitoso diálogo:

– Mas o que o levou a cuidar de Brenda? Por acaso ela se trata de alguém que conhece de uma outra vida?

O benfeitor, pela primeira vez, ficou um pouco envergonhado diante da pergunta, mas logo esclareceu:

– Sim, conheci Brenda em sua vivência passada, ainda antes de ela ser abandonada pela mãe no internato de loucos. Eu era filho de Isadora e cortejava Alice, que era o nome de Brenda na outra vida. Mas minha mãe insistia que a jovem era louca e que esse amor não poderia vingar. Infelizmente, ela foi abandonada pela mãe antes que eu a pedisse em casamento. Ninguém sabia, mas nos poucos meses em que ela permaneceu internada eu a visitava às escondidas, para lhe fazer companhia, pois, além de amá-la, ficava penalizado com sua solidão. E, antes de partir, ela me fez prometer que cuidaria dela em uma outra vida, se isso realmente existisse. E eu prometi. Hoje cumpro com muito prazer essa promessa.

Beatriz estava surpresa com a revelação do espírito amigo e, ao mesmo tempo, encantada com o amor que ele sentia por Brenda.

Querendo saber mais, continuou com o interrogatório:

– E você nunca contou a ela sobre seus sentimentos, já que ela pode vê-lo?

– Prefiro que ela não saiba de nada, pois poderia criar uma expectativa e piorar sua situação ao invés de ajudar – respondeu com muita segurança o interlocutor.

Estranhando a resposta, o espírito da mãe de Aline retrucou:

– Ora, não compreendo em que sentido a prejudicaria, pois creio que ela se alegraria sabendo que a vida continua e que seu amor de outrora a acompanha.

Orlando, muito sensato, mais um vez aproveitou a pergunta apropriada da amiga para deixar um importante alerta:

– Pode até ser, Beatriz, mas essa descoberta também poderia pôr tudo a perder para Brenda. Já pensou se ela descobrisse quem sou e para ficar comigo tirasse a própria vida? Isso jamais seria benéfico; pelo contrário, nos afastaria por muito tempo. Todos temos um propósito quando reencarnamos, uma proposta de evolução. Se renascêssemos com a certeza de que a vida continua após a morte, quem garante que por muito pouco não daríamos cabo da própria existência material apenas para nos vermos livres dos pequenos problemas que nos afligem?

Beatriz refletiu por alguns instantes sobre as ponderações do benfeitor, porém, ainda não muito convencida, elaborou algumas questões:

– Ora, mas não temos livre escolha? Deus não estaria sendo injusto em nos obrigar a um esquecimento de nossas faltas, posto que tal condição não facilitaria o cometimento de ainda mais fracassos do reencarnante na matéria?

Muito convicto, Orlando trouxe os esclarecimentos pertinentes:

– Não, Beatriz, é o oposto. Deus nos agraciou com o véu do esquecimento não só de existências pretéritas, assim como da continuidade da vida fora do plano físico, justamente porque não temos maturidade espiritual suficiente para con-vivermos com tais verdades sem recorrermos ao desespero e à fuga. Veja que o esquecimento do passado é uma bênção, enquanto sua lembrança poderia facilmente ser transfor-mada em um verdadeiro cárcere.

Fez uma pequena pausa e continuou:

– E, quanto à sua afirmação de que "temos livre escolha", em que pese ser verdadeira, isso não significa que podemos dispor de nossa vida. O suicídio, ao contrário do que a cria-tura desesperada imagina, não é a solução dos problemas, mas a criação de outro ainda maior, eis que, quando o sui-cida constata que ainda vive mesmo depois que violentou e

Vaidade UM MANANCIAL DE ILUSÕES

atirou o corpo físico à morte, percebe que todo o sacrifício foi em vão e que nessa condição nada poderá fazer para acabar com sua dor, pois ela não morreu com o corpo, uma vez que advém do espírito.[3]

Beatriz estava admirada com a sabedoria de Orlando. Recém-desencarnada de modo abrupto, ainda tinha muito a aprender em sua nova vida e estava disposta a isso.

Encerrado o diálogo, Beatriz meditava sobre tudo o que acabara de ouvir, enquanto Aline cochilava, deitada no ombro de Brenda, que também estava adormecida.

---

[3] Allan Kardec, O Livro dos Espíritos, pergunta n. 944: *"O homem tem o direito de dispor da sua própria vida?* Resposta: Não; somente Deus tem esse direito. O suicídio voluntário é uma transgressão dessa lei".

CAPÍTULO VII

Amor impossível

Urbano não estava conseguindo localizar a filha do coronel em nenhum canto daquele vilarejo. Não entendia como uma moça tão jovem, em tão pouco tempo, conseguira se esconder em um local tão difícil. "Bento e Cristóvão mereceram a morte", pensava. "Foram imprudentes ao beberem demais e deixarem a menina fugir livremente."

O que seria dele caso também não conseguisse encontrar a filha do patrão?

Não desejava morrer sem ter vivido. Não havia casado nem construído família, dedicando praticamente toda a sua juventude aos caprichos do coronel Eustácio. Era contra sua vontade permanecer cativo aos interesses dele por mais tantos anos.

Acreditava que, se encontrasse a garota, enfim seria reconhecido pelos seus préstimos e agraciado com a liberdade de viver a própria vida.

Vaidade UM MANANCIAL DE ILUSÕES

A despeito de ter havido a abolição da escravatura há alguns anos, na prática, os coronéis ainda escravizavam os empregados, subjugando-os com ameaças e castigos caso deixassem de lhes oferecer seus serviços. Urbano era um desses homens escravizados pelo coronel e desejava, a todo custo, desvencilhar-se do encargo de chefe dos capatazes para poder usufruir de sua liberdade.

No fundo, sentia pena de Aline, que, em razão de um descuido, acabara tendo a infelicidade de presenciar um crime que vitimara a mãe em tão tenra idade. Mas sabia que, se sucumbisse em sua missão, era sua vida que acabaria terminando precocemente e, entre a dele e a da menina, preferia viver.

Cavalgou por alguns quilômetros, quando avistou um homem rústico, acompanhado de outro finamente trajado. Ambos estavam perto de outros homens, que pareciam fazendeiros.

Resolveu abordar aquele que parecia o empregado e, chegando perto dele com o cavalo, asseverou:

– *Ara*, o amigo por acaso mora nas redondezas?

João, que aguardava o barão terminar o charuto com outros fazendeiros, olhou para o homem que o abordara com certa desconfiança e respondeu grosseiramente:

– Pra que que o *sinhô* quer saber?

Urbano, já habituado com a falta de educação dos subalternos, permaneceu simpático e satisfez a curiosidade do interpelado:

– Não carece se aborrecer, homem. Também sou empregado como vosmecê e estou encrencado, precisando muito de ajuda.

O capataz do barão, ao ouvir a resposta, desarmou-se.

Percebendo que fora compreendido, Urbano prosseguiu:

– Pois então, meu nome é Urbano e trabalho na fazenda do coronel Eustácio do Amaral. Preciso saber se viu ou ouviu falar da aparição de uma moça, muito jovem, que atende pelo nome de Aline.

João ficou pensativo e logo se lembrou daquela garota que a esposa havia abrigado em sua casa por uma noite. No entanto, como a vira muito rapidamente, não se recordava das características físicas dela, tampouco sabia seu nome. Concluiu não se tratar da filha de um coronel, porque, se assim fosse, não estaria em uma floresta, perdida e sozinha. Além do mais, Quitéria havia lhe dito que a jovem era uma rapariga oferecida e que havia sido expulsa de casa por ter fugido com o namorado.

De fato, não se tratava da mesma pessoa.

Estranhando a demora da resposta, Urbano novamente indagou, afoito:

— O que houve, homem? Lembrou-se de algo?

João então se recordou de que há alguns dias uma rapariga bem jovem havia sido contratada por Cleonice e resolveu contar o fato ao colega:

— Na verdade, *sinhô*, eu *tô* me recordando aqui que uns dias atrás uma *minina* bem jeitosinha e jovem começou a *trabaiá* na casa do meu patrão, *num* sabe? *Si ocê quisé*, vá até a fazenda amanhã que deixo *ocê* vê ela. Procure por João, na fazenda do senhor Guarrido.

Urbano teve as esperanças reacendidas quando ouviu a narrativa daquele empregado. Contente com a pista, agradeceu o colega. No dia seguinte, iria até o endereço a fim de constatar se essa menina tratava-se de Aline sob o disfarce de uma empregada.

Ao chegar em casa, João ficou intrigado com a abordagem daquele capataz e pensou se de fato tinha feito a coisa certa quando lhe pedira que o procurasse na fazenda. De qualquer sorte, pelo sim ou pelo não, já estava feito.

Fumava alguns cigarros quando notou que Quitéria estava demorando para lhe servir o jantar. Contrariado pela fome que sentia, bradou:

— Ande logo com essa comida, estou varado de fome.

— Ora, marido, não se afobe que está quase pronta – respondeu a dona de casa, bem desgostosa com a vida que levava.

Enquanto o feijão cozinhava, imaginava quanto poderia transformar sua vida quando enriquecesse com o caso de Aline. Iria adquirir vestidos pomposos, joias preciosas, galanteios de rapazes mais jovens... Tudo aquilo com que sonhara durante a juventude inteira finalmente seria seu.

Precisava com urgência arquitetar um jeito de extorquir aquelas famílias milionárias. Afinal de contas, pensava, qual era o mal que estaria fazendo ao tirar apenas um pouquinho do muito que tinham?

Enquanto sonhava acordada, seu marido a tirou dos devaneios, novamente aos berros:

— Quitéria, não ouviu o que falei? Cadê a janta?

Mais do que depressa, ela apagou o fogo e pôs a mesa, saindo em seguida e deixando o marido sozinho a devorar rapidamente a comida. Depois de satisfeito, o capataz se dirigiu à mulher, que já se preparava para dormir:

— Quitéria, o que foi feito daquela rapariga que encontrei dias desses nesta casa, logo pela manhã?

A velha senhora tremeu por dentro. Por que razão o marido resolvera tocar nesse assunto após tanto tempo? Resolveu que seria melhor responder logo para não deixá-lo desconfiado:

— Ara, marido, foi como lhe falei: a menina fugiu com o namoradinho e depois não teve cara de voltar para casa. Eu fiquei com pena de ver uma garota tão jovem à mercê de uma floresta perigosa, tarde da noite, e lhe ofereci abrigo. O resto ocê já sabe, ou seja, de manhã, após tomar café, ela partiu, e eu não soube mais dela – disfarçou, tentando imprimir um ar de verdade e desprezo em seu relato.

João, que se convenceu com a história inventada pela mulher, deu-se por satisfeito, deitando-se na cama e roncando alto, para desespero de Quitéria, que, inutilmente, tentava adormecer.

No dia seguinte, bem cedo, Urbano deixou o cavalo preso a uma árvore e esperou em frente à fazenda dos Guarrido, após ter batido o sino que ficava na entrada.

Naquela manhã, como sempre, Aline acordou antes de Cleonice e já estava na cozinha preparando o café. Ouviu quando o sino tocou, mas deixou que um capataz do barão fosse atender o chamado.

Lá fora, João recebeu pessoalmente o mais novo colega e o convidou para que entrasse, com o fito de que constatasse ou não se a mais nova cuidadora da filha do barão se tratava mesmo da filha do coronel.

Enquanto os dois adentravam pela saleta, Aline, que ainda estava na cozinha, sentiu uma pontada no peito, algo que a impediu de prosseguir com os seus afazeres. Resolveu então sentar-se um pouco para ver se aquele mal-estar passava.

Cleonice, que já estava a postos, percebeu o mal súbito da garota e resolveu socorrê-la, antecipando-se para evitar que a baronesa se aborrecesse caso soubesse de sua omissão.

Antes que Urbano pudesse chegar à cozinha, João encontrou com Cleonice, que o advertiu, altiva:

– João, nem pense em levar amigos para tomar café a esta hora, porque estou com um problema com uma das meninas e não quero que cause alvoroço.

– Mas o que houve? – questionou o capataz, curioso.

– Nada que seja de seu interesse – replicou a governanta. – E agora saia daqui, porque preciso ter com a baronesa com urgência – ordenou.

Os rapazes então se retiraram da casa, e Urbano ficou de voltar depois de alguns dias.

Aline, mais refeita da dor que a consumira por alguns instantes, voltou a ganhar cor e a recobrar o ânimo, para alegria de Patrícia, que já estava pedindo um cocheiro para levar a jovem ao pronto-socorro.

A baronesa, percebendo a melhora da menina, retirou-a da cozinha e a levou para o jardim. A sós com Aline, a senhora do café asseverou, amorosa:

Vaidade UM MANANCIAL DE ILUSÕES

– Querida, que susto nos deu! Não quero nem imaginar o que poderia ter acontecido se algum mal a acometesse. Está melhor mesmo? Não quer ir se consultar com o doutor Otávio?

– Não senhora, agradeço. Agora me sinto plenamente restabelecida. Devo voltar para meus afazeres – respondeu a garota, agradecida.

A baronesa refletiu por alguns instantes e, após uma breve pausa, indagou:

– Aline, não gostaria de ser minha dama de companhia nas horas vagas, após ministrar cuidados a Brenda? Seria minha criada exclusiva e não precisaria mais se submeter às ordens de Cleonice.

A menina fitou a patroa com muita alegria. Não suportava mesmo as grosserias da governanta e, depois que descobrira a traição dela com o barão, tinha ficado com tanto nojo, que mal conseguia olhar em seus olhos.

Por outro lado, receava aceitar a oferta e estreitar ainda mais os laços com aquela família, pois ficaria mais difícil se desvencilhar deles quando recobrasse a memória e resolvesse partir em busca de suas verdades.

A baronesa, percebendo o semblante preocupado da garota, deixou que ela pensasse e desse a resposta dentro de alguns dias, para ter calma e decidir o que mais lhe agradasse. Aline agradeceu a gentileza, despediu-se de Patrícia e saiu rumo ao quarto de Brenda.

Maurício, que aguardava ansioso a garota voltar à casa, não se conteve ao ver Aline, que mais do que nunca, naquele dia, esboçava o frescor da juventude aliado a uma beleza particular.

O rapaz, embora mulherengo por natureza, sentia por aquela criada algo que nunca havia experimentado com nenhuma outra mulher e precisava conquistar-lhe o apreço a qualquer custo. Assim que a viu adentrar o salão, correu ao seu encontro, enquanto a empurrava para um canto da casa.

A menina, muito assustada, quis gritar, mas o moço colocou as mãos em sua boca para que nenhum tipo de som escapasse naquele instante. Assim que controlou os impulsos da garota, falou, sussurrando em seus ouvidos e mantendo a boca da menina fechada pela pressão das mãos:

– Não tenha medo de mim, por favor. Não quero que chame atenção de ninguém, por isso a peguei desse jeito. Já deve ter percebido que quando a olho não consigo conter meu desejo. Estou muito apaixonado, Aline. Fique comigo. Prometo que por vosmecê deixarei de lado toda a minha vocação de namorador, para entregar-lhe meu coração.

E prosseguiu, cada vez mais sedutor:

– Dê-me uma chance. Não precisa responder agora. Pense na minha proposta e, caso me aceite, é só me chamar e irei aos seus aposentos para acertarmos nosso namoro.

Após a declaração de Maurício, Aline sentiu a alegria aquecer sua alma, como se um sol lhe invadisse o peito. Porém, ao mesmo tempo, algo naquele lindo rapaz não lhe inspirava confiança, e isso a deixava um pouco temerosa. Além do mais, sabia que um homem que estava prestes a ser o mais novo barão jamais se casaria com uma criada; o senhor Guarrido nunca permitiria tal afronta.

Decepcionada, a garota fez um gesto para que Maurício a deixasse falar, e ele obedeceu.

A jovem criada, após se recompor, olhou nos olhos do moço com muita ternura e, depois de uma breve pausa, considerou, esboçando notável sensatez:

– Agradeço o carinho que sente por mim, senhor Maurício, e digo que é recíproco. Mas infelizmente sei do meu lugar e não quero problemas com esta família, que me acolheu em um momento tão delicado. Saiba que o estimo muito e por isso mesmo sei que o melhor é se consorciar com alguém da nobreza, que possa lhe acompanhar o *status*. Sou uma simples criada, e desse posto nunca me desvencilharei, embora tenha orgulho de ser quem sou.

Olhando fixamente nos olhos do filho do barão, a humilde moça intimamente lamentava por aquele amor natimorto e, um tanto desapontada com a situação, tratou de tirar as esperanças do rapaz de uma vez por todas:

– Infelizmente creio que um relacionamento entre nós em tais circunstâncias abalaria sua família e nos machucaria muito. Porém, não vou negar que sinto uma estima muito grande pelo senhor e quem sabe um dia não poderemos ser amigos?

Maurício estava admirado com a atitude de Aline, que se mostrava muito superior a qualquer tipo de vaidade ou ambição que uma empregada comum certamente teria. Não tinha palavras para dizer àquela garota, porque sabia, em seu íntimo, que a razão estava com ela. Sua família jamais permitiria que tivesse um relacionamento sério com uma criada.

Resolveu atender ao bom senso da menina e, após lançar-lhe um olhar muito amoroso, considerou:

– Vosmecê me surpreendeu com uma atitude tão sensata. Meu lado masculino chora porque meu desejo não será atendido, enquanto meu lado humano diz que estou diante de alguém muito honesta e íntegra, e por isso devo respeitá-la. Aceitarei e levarei a sério seu convite quanto a nossa amizade. Sinto-me só, e poder ser seu amigo muito me alegrará.

A criada sorriu para o barãozinho e subiu as escadas com pressa, pois estava atrasada para ver sua querida assistida.

O espírito de Orlando estava muito apreensivo quanto aos últimos acontecimentos na fazenda. Se não fosse a dor física inusitada que projetara em Aline, muito provavelmente ela teria sido pega no flagra por Urbano, e todos os planos poderiam ir por água abaixo.

Era necessário que Aline recobrasse a memória para então reconhecer o empregado do coronel e, ao vê-lo, tentar se socorrer junto à baronesa, que por certo não lhe negaria ajuda.

No entanto, o benfeitor sabia que não poderia interferir no andamento natural das circunstâncias, cabendo-lhe apenas orar para que tudo corresse como deveria.

Beatriz, percebendo a agitação do amigo, que permanecia olhando para as duas meninas, resolveu dialogar com ele:

– E então, meu amigo, que aflição é essa que percebo em seus olhos?

Orlando sorriu e replicou, muito bondoso:

– Beatriz, sei que devia manter a fé, mas estou um pouco temeroso quanto ao destino de Aline, posto que ela está prestes a ser reconhecida pelo capataz de confiança do coronel.

– Urbano? – interrogou a interlocutora.

– Sim, ele mesmo. Por esses dias, ele conheceu João em uma estrada, que na oportunidade lhe contou que Cleonice havia contratado uma empregada nova e que ela poderia ser a tal menina que procuravam.

Após pensar um pouco, o belo espírito da mulher asseverou:

– Não se preocupe com Urbano. Conheci-o desde peque-no. Ele é fiel a Eustácio, mas não é como ele. Tem um bom coração e acredito que sua índole não o deixará cometer um ato de crueldade com Aline, que praticamente cresceu junto dele. Às vezes, meu amigo, os males servem para o bem.

Orlando se animou com o relato de sua mais nova amiga e, querendo saber de mais detalhes, perguntou:

– Desculpe, senhora Beatriz, sei que serei indiscreto, mas pode me contar com detalhes o que ocorreu em sua casa naquela noite em que Aline foi sequestrada?

Beatriz mudou o semblante jovial e seus olhos se nublaram em poucos instantes.

Percebendo a mudança de estado mental da companheira, Orlando, mais que depressa, desculpou-se, arrependido:

– Senhora, não precisa tocar no assunto. Não devia lhe invadir a privacidade.

Vaidade UM MANANCIAL DE ILUSÕES

Recobrando a compostura e a serenidade, o espírito da mãe de Aline voltou a sorrir e fechou os olhos, como se estivesse de volta àqueles momentos, para poder narrar os fatos ao amigo:

– Eustácio e eu vivíamos de aparências. Nosso casamento foi arranjado por nossas famílias a fim de que o patrimônio de ambas aumentasse. Nosso matrimônio teve todas as pompas da alta sociedade, mas nunca conseguimos nos entender como marido e mulher. Eustácio sempre teve casos extraconjugais, que eu fingia ignorar, para não sofrer ainda mais. A única coisa boa desse casamento foi o nascimento de Aline, que veio dar cor a minha vida entediante de dama da sociedade.

Fez uma breve pausa para recuperar as forças e prosseguiu, com muito sentimento nas palavras:

– Naquela noite, particularmente, eu estava muito nervosa, pois o coronel havia passado dos limites. Levara para nossa casa uma mulher e com ela trocara carinhos em nossos aposentos, ignorando que eu estava presente em nosso lar o dia todo. Não vi de quem se tratava; apenas pude perceber, pela silhueta da amante, que vestia um tipo de uniforme, nada mais. Muito brava, fui cobrar explicações de Eustácio, pois ele me expusera perante todos os empregados e a minha própria filha. Assim que entrei em seu escritório, vi que ele estava bebendo muito e, ao me ver, gargalhava sem controle. Foi então que tudo aconteceu...

Orlando olhava para Beatriz como a registrar seus mais íntimos sentimentos. Deixou que ela retomasse o relato no momento em que desejasse. No fundo, sabia ser melhor que ela falasse o que sentia para enfim dar um passo adiante e se livrar daquela mágoa que lhe assombrava o peito.

Passados alguns minutos de silêncio, Beatriz retomou a palavra com muita emoção:

– Eu estava muito ferida em meu orgulho de mulher. Não podia aceitar que as pessoas do meu convívio social rissem pelas minhas costas de minha desventura. Eu era uma dama, fina, bela e rica, e achava que uma irretocável posição social era o mínimo que o coronel poderia me dar, já que amor ele nunca fora capaz de me oferecer. Imbuída desses pensamentos egoístas, havia apanhado um punhal que ganhei de meu pai e, assim que vi Eustácio às gargalhadas, pulei contra ele e tentei golpeá-lo com a arma. Nesse momento, Aline, que tinha ouvido os gritos do pai, adentrou o escritório junto com Urbano, e foi quando o pior ocorreu.

Nessa altura da narrativa, o espírito de Beatriz soluçou, como se estivesse se esforçando para não deixar as lágrimas caírem.

Orlando percebeu a tristeza da amiga, mas deixou que ela prosseguisse, afinal, quando desabafamos, libertamos o espírito de um peso considerável.

Poucos minutos se passaram e Beatriz, recuperando a serenidade, retomou o depoimento, ainda emocionada:

– Eustácio havia conseguido tirar o punhal de mim com uma das mãos e prontamente o cravou em meu peito, levando-me ao desencarne quase de imediato, na frente de minha filha e de seu empregado. No entanto, enquanto eu ainda agonizava, pude ouvir Aline correr pelas escadas aos gritos enquanto Eustácio ordenava a Urbano que a perseguisse e a matasse, já que a menina a tudo assistira e, por esse motivo, ele corria o risco de manchar sua honra e ver desestruturado todo o seu patrimônio caso a filha o denunciasse.

Beatriz estava exausta e muito triste.

Orlando, compadecido, tomou as mãos dela nas suas e lhe disse com ternura:

– Minha querida, os erros fazem parte de nossa natureza ainda tão imperfeita. Todos somos passíveis de cometer enganos e injustiças. Certa feita, um grande espírito iluminado propôs a seguinte questão: "Quantos séculos podemos levar para se reconstruir um instante?"[1] Essa reflexão é muito profunda e cheguei à conclusão de que não importa tanto o tempo,

---

[1] Emmanuel/ Francisco Cândido Xavier.

mas sim o quanto aprendemos com as lições dolorosas que a vida nos impõe. Você agiu por impulso, por orgulho, e teve como resposta uma desencarnação precoce e violenta. Porém, esse infortúnio não pode ter o condão de escravizá-la para sempre a tais fatos, porque é filha de Deus e dotada de um poder inigualável: transformar os mais tristes acontecimentos em preciosas lições de amor e superação.

Enquanto Orlando falava, Beatriz o olhava com a esperança de que suas palavras pudessem diminuir um pouco o sofrimento que ainda sentia.

O benfeitor percebeu a íntima inquietude da amiga e, com o intuito de ajudá-la, prosseguiu, reflexivo:

– A vida não nos convida a sermos melhores quando o frescor da juventude e da ventura nos acompanha, mas sim quando chegamos ao outono dos acontecimentos, à desolação de uma solidão, de uma ocorrência inesperada que nos tira o chão. São desses momentos que a vida se aproveita para nos tornar mais fortes e nos capacitar, a fim de honrarmos a condição de filhos de Deus. Não estamos fadados à desventura, mas é nossa a escolha de como trilharemos as estradas tortuosas da vida. Temos em nossa consciência as leis divinas e devemos sempre nos pautar em suas determinações.

Orlando parou de falar por instantes para contemplar a amiga, que parecia reagir positivamente ao seu incentivo. Após a rápida interrupção, ele a advertiu, carinhoso:

– Não sofra por um equívoco que já faz parte de um passado que não pode ser alterado. Acenda a luz da esperança no porvir e faça sua parte na construção de uma estrada que a levará de novo à conquista de si mesma. Lembre-se de que mágoas, ressentimentos e rancores apenas retardam nosso progresso. Já a esperança, a fé e a ação nos convidam a marchar em frente, sabendo que novas oportunidades nos serão concedidas para harmonizar o que um dia desarmonizamos. Fique em paz agora.

Aquelas palavras edificantes de Orlando estabeleceram a calmaria no coração de Beatriz, que momentos atrás parecia ter sido sacudido por uma forte tempestade emocional.

Cada vez mais ela sentia que permanecer na companhia de um amigo tão bondoso e esclarecido já era uma concessão divina para que iniciasse a própria reconstrução moral.

CAPÍTULO VIII

O passado vem à tona

Brenda e Aline não paravam de estudar *O Livro dos Médiuns*. Todas as manhãs, as duas liam um capítulo da obra e refletiam juntas sobre o aprendizado ali contido.

Brenda estava convencida de que não portava nenhuma doença mental, e o espírito de Orlando a esclarecia sobre como poderia controlar os fenômenos mediúnicos, a fim de evitar as crises que chamavam a atenção da família.

Assim que acabaram a leitura daquela manhã, as duas moças trocavam impressões quando foram surpreendidas por gritos que vinham da direção dos aposentos do barão:

— Como pôde fazer isso comigo, Armando Guarrido? Justo eu, uma dama da sociedade, pacata e submissa? Não vou tolerar essa traição, ainda mais assim, diante de meus olhos!

Aline e Brenda se entreolharam, surpresas.

A criada pensou, temerosa: "Meu Deus, será que ela pegou Cleonice no flagra com o patrão?"

Vaidade UM MANANCIAL DE ILUSÕES

Brenda, ao contrário de Aline, mantinha-se serena.

Estranhando a passividade da menina diante de uma situação grave daquelas, Aline questionou:

– Ouça, Brenda, é a voz da sua mãe. Acaso não sente receio do que possa estar ocorrendo dentro daqueles aposentos?

A menina, muito séria, respondeu:

– Não me abalo mais com as crises nervosas de mamãe, Aline. Todos sabem que meu pai tem muitas mulheres por aí e não é a primeira vez que essas discussões ocorrem aqui. Minha mãe grita, meu pai finge escutar e, no final, tudo volta a ser como antes. A baronesa é uma mulher honesta, mas, apesar de tal predicado, não tem coragem de se separar de meu pai e deixar de ter o luxo que tem.

– Nossa, Brenda – repreendeu Aline –, não pode falar assim de sua mãe. Ela não deve ter escolha, só isso. Nossa sociedade não tolera mulheres que se separam. Sua mãe, se tomar essa atitude, além de ficar na miséria, terá a honra difamada aos quatro cantos. Ela precisa de ajuda.

Após dizer o que pensava a Brenda, Aline se sentiu muito mal e por um instante pensou já ter visto aquela cena em outro momento, mas, antes que pudesse concluir o raciocínio, perdeu os sentidos, para desespero de Brenda.

Porém, embora a criada estivesse desmaiada, seu inconsciente estava a pleno vapor, o que permitiu à jovem ter uma lembrança: viu quando, desesperada, adentrou os aposentos de um homem mais velho e rústico que, naquele momento, assassinava uma linda mulher. Lembrou-se então de que aquela mulher era Beatriz, sua mãe, e aquele homem, o coronel Eustácio do Amaral, seu pai.

Forçando um pouco mais as memórias, recordou-se ainda da ordem dada pelo seu pai a Urbano, para que acabasse com sua vida, tudo com o objetivo de evitar que contasse às autoridades sobre o assassinato que presenciara.

Aline acordou do rápido desmaio aos prantos, enquanto Brenda a sacudia com certa violência e desespero.

Mais aliviada com o recobrar de consciência da criada, Brenda, intuída pelo espírito de Orlando, dirigiu-se a ela com muito carinho:

— Pode confiar em mim, Aline. O que houve com vosmecê? Do que se recordou?

Muito nervosa, Aline resolveu que contaria a verdade a sua assistida, pois não aguentava mais esconder sua verdadeira história, ainda mais agora, que se lembrara dos pais e do assassinato da mãe. Assim, a menina respondeu, ainda trêmula:

— Brenda, a história que contei a sua mãe naquele dia não é real. Na verdade, até poucos minutos atrás, não sabia quem, de fato, eu era. Estava desmemoriada porque sofri um golpe na cabeça. Há algum tempo fui sequestrada, a mando de meu próprio pai, por dois rapazes e, no vacilo deles, consegui fugir. Corri sem rumo, e foi quando avistei Quitéria, que me ajudou e me recolheu em sua casa. Mas a velha senhora é astuta e percebeu pelas minhas roupas que eu era da nobreza. Por isso, inventou que eu era sua afilhada e me fez prometer que daria todo o dinheiro que ganharia aqui para ela, sob pena de me entregar de novo àqueles homens. Eu não tinha muita opção e resolvi aceitar. Agora, depois de ter ouvido os gritos de sua mãe com seu pai no quarto, lembrei-me de uma cena parecida ocorrida em minha própria casa, que culminou com o assassinato de minha mãe pelo meu pai...

Aline não conseguiu terminar a narrativa, pois ficou muito emocionada ao se lembrar da morte da mãe.

Brenda a abraçou e a deitou em sua cama, acariciou-lhe os cabelos e deixou que a criada ali permanecesse pelo tempo que quisesse. Resolveu que não perguntaria mais nada, apenas lhe daria forças. Tinha se sensibilizado muito com aquela narrativa e resolveu que ajudaria sua mais nova amiga no que precisasse.

Passadas algumas horas, Aline estava mais refeita.

Brenda, ainda muito inspirada por Orlando, prometeu, confiante:

— Querida, o que me contou ficará guardado comigo, fique tranquila. Apenas penso que por enquanto não deve contar a todos que recobrou a memória, principalmente porque seu pai a mataria se descobrisse. Além do mais, essa dona Quitéria parece ser bem perigosa. Por ora, creio que seu esquecimento a protegerá e, enquanto isso, nós duas estudaremos uma maneira de você desmascarar de vez essa aproveitadora e denunciar seu pai pelo crime que cometeu.

Aline pensou na ponderação de Brenda e decidiu que ela tinha razão. Não poderia agir por impulso, senão corria o risco de colocar tudo a perder, inclusive a própria vida.

O espírito de Orlando estava satisfeito com a solução sugerida por Brenda naquele instante. De fato, com Urbano por perto, o melhor seria Aline fingir que ainda não se lembrava de nada, para sua própria salvação.

Os gritos por fim cessaram no quarto do casal, e Aline viu, pelo buraco da fechadura, quando a baronesa saiu do cômodo com lágrimas nos olhos.

Penalizada com a situação da patroa, a jovem criada prosseguiu o diálogo com sua assistida:

— Brenda, não pode deixar essa situação entre seus pais perdurar por muito tempo. Já sabe que minha querida mãezinha foi morta em condição semelhante, numa discussão parecida com esta que acabamos de escutar. Por favor, ajude sua mãe a deixar de ter essa vida desgostosa e a se libertar de um casamento que não a faz feliz.

A angústia de Aline comoveu Brenda, que parecia estar mais sensível com as palavras da amiga.

Percebendo que a menina a compreendia, Aline prosseguiu:

— Não faça como eu, minha amiga, que, quando percebi a gravidade da situação de minha mãe, já era tarde demais. Pelo amor que tem por ela, salve dona Patrícia de um destino tão cruel.

ROBERTA TEIXEIRA DA SILVA DITADO POR ANGELUZ

Após respirar profundamente, Brenda respondeu, carinhosa:

– Fique tranquila, querida. Agora que está me ajudando a entender o fenômeno do qual sou portadora, creio que não precisarei mais de medicamentos fortes e controlarei minhas crises. Com isso, ganharei maior credibilidade perante minha família e possivelmente mamãe ouvirá meus conselhos.

– Fico feliz que tenha compreendido, Brenda, afinal, se não tive a oportunidade de salvar minha própria mãe, ao menos poderei ajudar a baronesa, a quem considero como tal – disse a cuidadora de Brenda, mais tranquila.

As duas meninas precisaram parar de conversar, pois os passos firmes que vinham da direção dos degraus não deixavam dúvidas de que era Cleonice quem dali se aproximava.

As garotas, ao notarem a proximidade da governanta, trataram de guardar o livro de estudo embaixo da cama e fingiram distância uma da outra.

Cleonice abriu a porta dos aposentos de Brenda sem bater e foi logo ordenando a Aline:

– Criada, não falei que poderia ficar aí sem fazer nada. Se já serviu a refeição de Brenda, pode me acompanhar. Estamos com inúmeros afazeres na cozinha e teremos uma visita ilustre no jantar. Maurício selará seu noivado com uma fina moça, afilhada de um famoso coronel. Tudo precisará estar do jeito que dona Patrícia deseja. Vamos, ande logo, menina lerda!

Aline sentiu um frio percorrer sua espinha lentamente. Estava certa sobre Maurício quando desconfiara de seu amor. Fora só dizer que não poderiam ficar juntos, que ele tinha ido correndo pedir uma moça rica e fina em casamento.

Brenda notou a tristeza de Aline, mas nada pôde perguntar a ela, que estava sob o olhar severo e vigilante de Cleonice.

A governanta e a serviçal desceram as escadas sem nada dizer. Aline pediu apenas para ir até seus aposentos lavar o rosto, o que foi autorizado por Cleonice, desde que fosse rápido.

A sós em seu quarto, Aline chorou muito. Lembrou-se da proximidade que tivera com Maurício dias atrás e das palavras de amor que ele lhe dissera. Pensou em como tinha se deixado iludir por um amor que, já sabia, não poderia acontecer. Mesmo tendo se lembrado de sua riqueza, ela jamais poderia revelar sua real identidade, pois corria o risco de ser facilmente encontrada por Urbano e morta pelo próprio pai.

Tratou de sufocar o sentimento de tristeza que lhe invadira o peito e se apresentou de novo a Cleonice. Estava pronta para trabalhar nos preparativos do grande evento da noite.

No momento aprazado, o senhor Guarrido e a baronesa Patrícia estavam finamente trajados e disfarçaram muito bem os últimos e agitados acontecimentos vivenciados, apenas para manterem as aparências perante os convidados e a criadagem.

Maurício, que trajava um terno de tecido fino, não disfarçava tão bem quanto seus pais, visto se notar que, apesar do noivado iminente, ele tinha um brilho triste no olhar.

Aline vestiu o uniforme oficial de criada e ficou responsável pela organização do serviço de bufê.

O espírito de Orlando, que estava junto de Brenda no quarto, ao observar a apatia da menina, acreditou que esta se devia a sua exclusão de mais um evento social em sua casa e logo tratou de a consolar amavelmente:

— Minha amiga, por que está com uma expressão tão tristonha? Não fique assim, pois agora que está estudando a mediunidade poderá controlar suas crises e logo estará junto de sua família.

Brenda sorriu para o amigo e respondeu, resignada:

— Eu sei, meu querido. Infelizmente, tenho que compreender que as coisas nem sempre acontecem do jeito que gostaríamos. Mas não estou assim porque não fui convidada a jantar com os outros, pois me acostumei com a solidão. Tenho receio do que pode acontecer com minha mãe caso essas discussões que ouvi junto de Aline, horas atrás, continuem entre ela e meu pai.

Muito tranquilo, o protetor espiritual da moça aduziu:

– Eu entendo seus sentimentos e concordo que pode, sim, fazer alguma coisa para evitar um mal maior. Mas por ora não adianta se preocupar com situações que ainda não ocorreram, posto que a preocupação em nada ajuda e apenas nos desgasta a mente. Por enquanto, estude e se aprimore no que concerne ao conhecimento e controle de sua mediunidade. Confie em Deus e no plano espiritual e, na hora certa, saberá o que fazer.

Brenda estava mais confiante com as palavras encorajadoras de seu amigo.

Após uma pausa, o espírito benevolente acrescentou:

– Creio que neste momento deva ajudar Aline, pois a notícia do casamento de Maurício a abalou profundamente.

Brenda, um tanto admirada com a informação, indagou, curiosa:

– Por quê? Acaso quer dizer que Aline está apaixonada pelo meu irmão?

– Eu diria que os dois estão apaixonados um pelo outro – respondeu Orlando, convicto.

– Mas Maurício não presta – protestou Brenda. – Sempre foi mulherengo, fútil e imaturo. Aline é tão fina, benevolente; não merece mesmo sofrer pelo meu irmão. De certo modo, esse casamento foi bom para que ela o esqueça de vez e não sofra ainda mais – sustentou a menina, com firmeza.

– Não pode ter certeza do que é melhor para os dois – rebateu o espírito amigo, com amorosidade. – É certo que Maurício teve seus dias de futilidades, mas posso lhe dizer que o sentimento que nutre por Aline é verdadeiro e poderá ser sua salvação.

– Por que então ele não recusou o casamento para viver esse amor? – indagou Brenda, um pouco confusa.

O amigo espiritual, sempre ponderado, bem esclareceu:

– Ora, não é difícil perceber que Maurício não consegue assumir perante todos o que sente por Aline porque sua vaidade não deixa. Em seu íntimo, ele questiona como poderia, na qualidade de sucessor do barão, casar-se com uma mera serviçal. É esse verdugo moral chamado orgulho que o impede de vivenciar esse amor.

Brenda se surpreendeu com a resposta de Orlando. Seria mesmo verdade que Maurício havia se apaixonado pela sua mais nova amiga? Lembrou-se de que Aline era rica e retomou a conversa com seu protetor:

– Orlando, se a questão é o dinheiro, Aline recordou que é filha de um coronel abastado; logo, os dois poderiam viver esse amor livremente por pertencerem à mesma classe social.

Orlando sorriu da ingenuidade de sua assistida e esclareceu, bondoso:

– Tudo poderia ser perfeito, mas não é, Brenda. Como você própria bem observou e sugeriu, Aline não pode revelar sua real identidade, pois isso poderia resultar em um atentado a sua vida. Portanto, para Maurício, ela sempre será uma criada, pelo menos até que as coisas mudem.

A assistida teve de concordar com a sensatez do amigo espiritual. De fato, se dissesse algo sobre a identidade de Aline, por certo ela seria encontrada pelo pai e sabe-se lá o que poderia acontecer.

Mas como poderia ajudar a amiga?

Pensou por alguns instantes e resolveu chamar Aline, fingindo não se sentir bem. Tocou a sineta que ficava ao lado de sua cama e logo foi atendida por uma das criadas, que chamou por Aline.

Prontamente, a cuidadora subiu aos aposentos de Brenda, preocupada com seu estado. Ao abrir a porta, viu que ela estava bem e indagou:

– Querida, mandou me chamar?

– Sim, Aline, preciso falar com vosmecê.

– Mas agora não posso, pois tenho que servir os convidados de sua família – respondeu a criada, receosa.

– É rápido. Por acaso está apaixonada pelo meu irmão?

Aline corou de vergonha e permaneceu calada, atônita com o inusitado da indagação.

Brenda insistiu:

– Sim ou não?

– Por que me pergunta isso, Brenda?

– Sim ou não? Responda, por favor!

Aline não titubeou:

– Tudo bem, Brenda, estou sim, mas sei do meu lugar. Peço, por favor, que não faça nada ou colocará minha vida a perder – suplicou a criada.

– Nada farei que a prejudicará, fique tranquila – prometeu a assistida. – Queria apenas ouvir de vosmecê. Agora pode ir, antes que Cléo note sua ausência. Não tema.

Aline apressou-se em descer as escadas e tratou de voltar aos seus afazeres, mantendo certa aflição por ter contado de seu amor por Maurício à amiga.

Os convidados começavam a chegar.

As festividades e os falsos elogios tecidos entre os presentes marcavam um desfile de vaidades, que se tornava mais evidente a cada taça de champanhe servida, simbolizando um brinde à futilidade, à riqueza e ao poder.

O barão se orgulhava de mostrar a todos os convidados a extensão de suas propriedades e enaltecia sua obsessão pelos bens materiais.

A baronesa, representando a perfeita dama da sociedade, escondia sua frustração e as misérias inferiores que guardava no íntimo, demonstrando uma falsa aparência de tranquilidade.

Maurício a tudo assistia, perdido em pensamentos e descontente por dentro pelo amor impossível que nutria por uma simples criada. Questionava a si mesmo como se deixara envolver tão fortemente por uma serviçal, a ponto de não desejar se casar com uma das mais ricas e belas mulheres de sua cidade. Seu orgulho conflitava diretamente com sua bondade, que estava ali, escondida em meio às ilusões materiais que só o dinheiro pode proporcionar.

Vaidade UM MANANCIAL DE ILUSÕES

Cleonice e Guarrido entreolhavam-se, cúmplices, enquanto a baronesa sequer desconfiava do romance tórrido que protagonizavam.

Aline desdobrava-se entre servir os convidados e atender a porta. Enquanto se dirigia à cozinha para abastecer a bandeja com canapés, sentiu a manga de sua blusa ser puxada e olhou ao redor, assustada.

Era Maurício, que fez um sinal a ela e, com um gesto, pediu que fosse até o jardim.

A menina obedeceu e caminhou até o local, quando viu o amado, que lhe pediu que se escondesse atrás de uma árvore.

Ao se aproximar da garota, Maurício sentiu o coração palpitar e disse sem rodeios:

– Aline, sei que deve estar com raiva de mim, mas saiba que não fui eu quem pediu para casar. Meus pais arranjaram este casamento e não posso me desvencilhar deste dever...

Interrompendo a fala de Maurício, Aline se opôs com muita firmeza:

– Sempre temos escolha, Maurício. Ninguém está apontando uma arma para sua cabeça a fim de que se case com alguém que não ama. É fato que deseja esse casamento, ainda que somente para manter o *status* social e sua fortuna.

Um tanto irritado com as palavras de Aline, ele contestou:

– Ora, não sabe o que fala. É pobre, nunca teve dinheiro na vida. Não tem ideia do que é ter luxo. Para quem é desprovido de fortuna, parace fácil abandonar tudo por um amor e deixar de ter certas regalias.

Aline ficou decepcionada com as palavras de Maurício e replicou, indignada:

– Pois é vosmecê que não sabe o que diz. O dinheiro não é tudo na vida. A vida, sim, é nosso maior bem, e devemos fazer dela o melhor que pudermos. Tem sua liberdade e pode optar pela forma como deseja terminar seus dias. Valores materiais são efêmeros, transitórios. Hoje é um rapaz rico, mas amanhã tudo pode mudar. Entretanto, o que não muda é nosso caráter, nossa retidão de conduta. Se me amasse de verdade, não pensaria em se casar apenas para satisfazer caprichos monetários seus e de seus pais.

O rapaz ficou ainda mais nervoso com o que ouvira. Antes que pudesse responder, contudo, escutou a voz de sua mãe a lhe chamar para receber a noiva, que havia acabado de chegar.

Aline, percebendo que Maurício estava vacilante, encorajou-o, mesmo com o coração triste:

— Vá, Maurício, siga seu destino. Esse amor que diz sentir por mim passará. É livre para seguir seu rumo, e eu seguirei o meu.

O rapaz fitou Aline, virou as costas e caminhou em direção à sala de estar, onde sua noiva o aguardava.

Aline observou Maurício se afastar até que adentrasse o casarão, enquanto segurava as lágrimas que insistiam em brotar. Por um momento, pensou que poderia ter-lhe dito a verdade sobre sua fortuna, mas logo viu que fez a coisa certa. Afinal, o amor não prescinde de bens materiais. Se ele a quisesse, a aceitaria como era, não importando que fosse uma simples criada ou a rica filha de um coronel.

Um pouco mais refeita, a jovem retornou às suas obrigações domésticas.

Brenda ouvia inquieta de seu quarto o tilintar de louças e vozes abafadas de todos os tipos, sem saber o que poderia fazer para evitar que aquele noivado fosse efetivado. Maurício e Aline se amavam e não achava justo que esse amor não pudesse ser vivido apenas pela diferença de classe social, que na verdade sequer existia.

Após refletir, tomou uma decisão: iria aparecer no salão de festas e se apresentar como a irmã do noivo. Certamente seu pai não a perdoaria, mas somente ela poderia fazer algo para evitar uma infelicidade ainda maior. O casamento de

Vaidade UM MANANCIAL DE ILUSÕES

seus pais fora fruto de conveniências, e não desejava que o irmão tivesse a mesma infelicidade de conviver com uma mulher que não amava.

O espírito de Orlando sabia da intenção de sua protegida, mas nada poderia fazer quanto à sua decisão. O livre-arbítrio é atributo individual de cada espírito e não cabe a ninguém nele interferir.

Beatriz, que também estava apreensiva pela filha, questionou, temerosa:

– Orlando, o que Brenda pretende fazer?

– Não sei, minha cara, mas infelizmente não posso impedi-la. Não podemos interferir na escolha de cada um. Podemos sugerir, intuir, mas interferir diretamente só em casos excepcionais, com autorização superior. Cada um é responsável pelos próprios atos e deve responder por suas consequências. Não se apavore; Brenda é inofensiva e age com amor. Não há o que temer – afirmou Orlando, confiante.

Beatriz, ainda não muito convencida, prosseguiu:

– Orlando, não sei mais o que fazer quanto a Aline. Quero muito ajudá-la, mas sinto que em nada posso auxiliar. Agora que ela recobrou a memória, estou um pouco mais tranquila por ela ter se recordado de mim, mas, de outra sorte, fico com medo de que seja capturada pelo pai e assassinada como eu fui.

O protetor de Brenda, percebendo a aflição de sua amiga, aconselhou, carinhoso:

– Beatriz, desde que se aproximou de mim, eu não lhe questionei nada. Sei que passou por uma desencarnação traumática, mas de nada lhe adianta permanecer ao lado de sua filha, pelo menos por enquanto. O ideal era que tivesse aceito o socorro do plano espiritual para que se recuperasse e entendesse melhor os fatos que se sucederam com vosmecê.

– Mas como poderia pensar em mim se Aline corria perigo? Como uma mãe pode seguir em paz sabendo que a filha está jogada à própria sorte?

A pergunta de Beatriz era previsível, e o benfeitor não tardou a responder:

– Eu entendo que queira ajudar sua filha e constatar que o coronel Eustácio responderá pelo seu assassinato, mas saiba que não pertence mais a este mundo material e que nada poderá fazer para mudar a ordem dos acontecimentos à sua volta. Aline não está abandonada, eis que Deus não desampara ninguém.

Percebendo que a amiga ainda não compreendia suas ponderações, Orlando sugeriu com muito carinho:

– Pense em você, Beatriz; no seu restabelecimento como espírito imortal. Estude sobre essa sua nova vida, porque senão estacionará no progresso moral e evolutivo de seu espírito.

– Mas por que você pode ficar ao lado de Brenda, enquanto eu não posso ficar com minha filha? – indagou a ex-dama, demonstrando certa contrariedade.

Muito paciente, o benfeitor esclareceu:

– Beatriz, não disse que não pode ficar ao lado de sua filha, apenas a adverti de que, se assim permanecer, além de nada poder fazer para alterar o curso natural das coisas, poderá sofrer ainda mais com tudo isso. Veja que, assim que desencarnou e tomou consciência de seu estado, você permaneceu ao lado de Aline por meio da atração e do apego que ainda tem ao plano material.

E, para não deixar nenhuma dúvida, o amigo espiritual continuou com a explicação:

– No meu caso, a situação é um pouco diferente, porque após minha desencarnação eu fui estudar, procurei adquirir conhecimentos, estagiei e trabalhei com afinco no plano espiritual para obter a autorização superior de acompanhar Brenda nesta encarnação, na qualidade de seu espírito protetor. Mesmo assim, não fico com ela o tempo todo, pois tenho diversos afazeres em uma colônia espiritual e ainda auxilio outros irmãos do astral em trabalhos mediúnicos aqui na Terra.

– Eu entendo, Orlando – respondeu a mãe de Aline, um tanto decepcionada. – Mas será que eu não posso mesmo fazer nada para proteger minha menina?

O protetor de Brenda, sem perder tempo, animou a amiga:

Vaidade UM MANANCIAL DE ILUSÕES

– Mas é claro que também poderá conseguir a dádiva de prestar um auxílio eficaz a Aline... Todavia, primeiro deverá aceitar sua condição de desencarnada e ter paciência para esperar o momento certo de intervir, caso seja necessário. Tenha em mente que nada nesta vida fica impune perante a justiça divina. Qualquer transgressão, por menor que seja, às leis de Deus será contabilizada e apenada, de acordo com a lei do retorno. Por ora, deixe que Deus cuide de sua filha e confie na Sua justiça. Tenho certeza de que se surpreenderá com os fatos que se sucederão.

E concluiu, muito convincente:

– Cuidar de si mesmo não é egoísmo, mas amor-próprio. Apenas se esse cuidado extrapolar os limites é que será considerado egoísta, e esse não é seu caso. Cuide-se para que no futuro possa cuidar de sua filha de modo eficiente. Vejo que está cansada, não é?

Beatriz, de fato, sentia-se exausta. Desde que tomara consciência de seu estado, não havia conseguido descansar. Aceitaria a sugestão de Orlando.

Às vezes, é preciso dar uma parada estratégica para obter o efetivo êxito em nossas aspirações.

CAPÍTULO IX

Gabriel, o servidor cristão

Brenda repensou por alguns instantes e decidiu que somente após o noivado chamaria Maurício para uma conversa. Caso resolvesse aparecer na festa repentinamente, no meio de todos, poderia criar um ambiente hostil e desagradável, sendo por certo castigada, sem conseguir seu intento.

Orlando estava mais tranquilo com a decisão de sua protegida, pois uma atitude impensada poderia levar muito tempo para ser corrigida. Ainda assim, o espírito amigo sentia uma ponta de tristeza por Aline. Expiando agora erros do passado, sofria pelo amor de Maurício, que, ainda mais anestesiado pelas facilidades que o poder transitório oferece, estava prestes a ficar noivo de uma mulher perversa e extremamente egoísta em troca de dinheiro e mais prestígio social.

Brenda, apesar de mais calma, ainda não estava convencida de ter de permanecer inerte ao que ocorria no salão de sua casa, sem nada poder fazer para evitar que seu irmão, do qual

– 115 –

Vaidade UM MANANCIAL DE ILUSÕES

sempre gostara, assumisse um compromisso tão sério com uma mulher que sequer conhecia. Foi então que decidiu utilizar sua mediunidade com extrema consciência: ajoelhou-se aos pés da cama e endereçou a Deus uma singela prece:

– Senhor da vida e da morte, eis aqui sua serva. Se sou mesmo uma intermediária do mundo espiritual, ajuda-me a utilizar essa faculdade para auxiliar meus irmãos, sem exageros ou soberba de minha parte. Que eu consiga me comunicar com espíritos de luz e a eles suplicar auxílio neste momento. Meu irmão está prestes a se entregar a um casamento vazio e sem futuro, mesmo amando minha melhor amiga. Ilumine, Deus de bondade, seu coração, ainda esquecido dos reais valores morais. Não o deixe tomar uma atitude que poderá levar à infelicidade não só dele, mas da mulher que a ele se unirá. E, se mesmo assim esse casamento acontecer, que então possam ao menos se respeitar. Quanto a Aline, que toda bondade que ela fez a mim retorne ao seu coração como um bálsamo consolador, trazendo-lhe da vida o amor que tanto esperou. Que assim seja. Graças a Deus.

Após a sentida oração, Brenda enxergou, com os olhos espirituais, uma grande falange de espíritos amigos que adentravam o espaço físico de seus aposentos, à semelhança de viajantes que chegavam de longe, trazendo a paz e um sorriso nos lábios.

Aquela visão magnífica fez a menina se emocionar, enquanto o espírito de Orlando dava as boas-vindas aos amigos fraternos.

Brenda, mais refeita da emoção, logo se dirigiu ao espírito que caminhava na frente dos outros e se apresentou, cordial:

– Boa noite, companheiros do astral, sou Brenda. Estou muito feliz com a visita de entidades tão iluminadas. Sejam bem-vindos.

Todo o quarto da menina estava aureolado por uma luz clara e suave.

O espírito amigo logo respondeu, muito amoroso:

– Brenda, agradeço a confiança. Sou Gabriel, um amigo espiritual e humilde servidor de Cristo. Toda oração, quando emanada por um coração sincero, é um chamado a ser atendido. No que podemos auxiliar?

A jovem médium se surpreendeu com a rapidez com que Deus a atendera.

Gabriel, notando sua surpresa íntima, tratou de lhe esclarecer:

– Não se surpreenda, minha amiga. Toda vez que endereçamos preces ao Pai, somos prontamente atendidos. Por ser médium, é mais sensível, e por isso enxergou nosso concurso auxiliador. Geralmente, as pessoas costumam pedir e, quando não conseguem identificar a resposta para seu desejo, acreditam que não foram ouvidas. Ignoram, porém, que ouvidos todos somos, mas o atendimento de nossas rogativas à maneira que desejamos depende sempre de nosso merecimento e necessidade.

Brenda estava radiante. Começou a enxergar a grandeza do plano espiritual de uma forma que nunca imaginara. Após contemplar mais um pouco os espíritos amigos, foi direto ao assunto que a incomodava:

– Amigos, hoje é um dia de muita apreensão nesta casa. Meu irmão está prestes a se comprometer com uma moça que não ama apenas para satisfazer desejos materiais. O mesmo ocorreu com meus pais, que hoje vivem desavenças de toda sorte. Para completar a tristeza, tenho uma grande amiga que sofre ainda mais com tudo isso, eis que nutre um amor verdadeiro pelo meu irmão, embora este a ignore por achar que ela pertence a uma classe social mais baixa. O que posso fazer para evitar todo esse mal?

Gabriel e Orlando entreolharam-se, serenos. Foi Orlando quem respondeu à indagação:

– Nossos amigos sabem de tudo o que ocorre nesta casa, pois são os protetores de todos os membros desta família. Gabriel é o amigo espiritual que assiste Aline nesta reencarnação.

Admirada com a revelação de seu protetor, Brenda respeitou ainda mais aqueles espíritos benfeitores.

Orlando, muito satisfeito com aquele encontro salutar, não perdeu tempo e passou a doutrinar a amiga encarnada, que demonstrava muita disposição em ouvir o que ele tinha a esclarecer:

Vaidade UM MANANCIAL DE ILUSÕES

– Brenda, sabemos muitas vezes que fazemos escolhas equivocadas, mas o importante é guardar a certeza de que sempre podemos ter outra chance. Entendemos sua preocupação com tais fatos, mas saiba, minha querida, que a cada um de nós foi dado o livre-arbítrio. Esse atributo não pode ser violado por terceiros, sob pena de prejudicar ainda mais aqueles que amamos. Maurício não está sendo coagido a se casar. Se assumir o compromisso, será por livre e espontânea vontade, atraindo exclusivamente para si o ônus de uma escolha equivocada.

Interrompendo a reflexão do amigo, a menina indagou:

– Mas não seria uma punição muito severa deixar a pessoa errar sem ao menos poder alertá-la?

– Justamente – respondeu o amigo invisível. – Por isso que o nosso trabalho é intuir aqueles que amamos a optarem pelo caminho que mais lhes trará benefícios.

E, entrando mais especificamente na problemática familiar que preocupava sua assistida, Orlando revelou alguns fatos muito importantes para que ela entendesse melhor:

– Aline e Maurício, em uma pretérita existência, tiveram a chance de vivenciar o amor, mas preferiram dar ênfase aos bens materiais. Por isso que hoje estão separados justamente em razão de acreditarem que não possuem o mesmo poder econômico.

Brenda pareceu não entender direito o que Orlando queria dizer com "pretérita existência" e indagou, interessada:

– Como assim? Quer dizer que vivemos outras vidas além desta? Meu irmão e Aline já se conheciam antes?

O benfeitor elucidou, amoroso:

– Sim, minha querida. Somos espíritos que vivem em um corpo, e não o contrário. Para crescermos espiritual e moralmente, precisamos retornar muitas vezes a este mundo de matéria e passar por situações diversas, que nos possibilitarão o aprendizado necessário para, um dia, alcançarmos a condição de seres perfeitos.

A menina ficou deslumbrada com o conhecimento que estava adquirindo e, ainda curiosa, questionou:

ROBERTA TEIXEIRA DA SILVA DITADO POR ANGELUZ

– Quer dizer que aqueles espíritos que eu vejo podem voltar um dia como bebezinhos, em um corpo novo?

– Exatamente, Brenda – confirmou Orlando. – Eles retornarão à vida corpórea até que completem o aprendizado e, assim, estejam aptos a alcançar mundos mais evoluídos do que este, assim como todos nós.

– Agora tudo faz sentido! Que bênção é a vida... Mas, com relação ao meu irmão e a Aline, não posso mesmo fazer nada? – indagou Brenda, um pouco inconformada.

– Sempre podemos fazer algo, minha querida – elucidou o amigo , mas sem interferir na escolha de cada um. Inclusive, nada do que conversamos aqui acerca da reencarnação passada de nossos amigos deve ser revelado a alguém. Ainda necessitamos do esquecimento transitório de nossas faltas para aprendermos a perdoar. Por enquanto, deixe fluir. Sei que há determinadas situações na vida que queremos de qualquer maneira fazer com que saiam de acordo com nossa vontade, mas não temos o controle de tudo. Nesses casos, devemos confiar na Divina Providência e deixar para a hora certa o momento de intervir.

Vendo que sua assistida estava meio desapontada, Orlando sugeriu-lhe:

– O que pode fazer é conversar com Maurício. Alertá-lo, como irmã que o ama, sobre as consequências de uma atitude impensada. E, se ainda assim ele não a ouvir, confie em Deus, que com certeza fará de uma escolha aparentemente incorreta um aprendizado para toda a vida.

Brenda gostou da sugestão de seu protetor. Aproveitaria aquela energia de amor projetada por aqueles espíritos benevolentes para ter uma derradeira conversa com o irmão.

E assim o fez.

Tocou a sineta, e logo foi atendida por uma empregada, que se comprometeu a chamá-lo.

Enquanto Brenda aguardava, Maurício adentrava novamente o salão de sua casa, para enfim conhecer a noiva prometida.

Vaidade UM MANANCIAL DE ILUSÕES

Ao se aproximar da farta mesa de jantar à qual a convidada mais importante da noite estava acomodada, vislumbrou na mulher uma infinita beleza, coroada por joias caras e modelada por um vestido azul-turquesa, todo enfeitado por rendas, em um tecido de pura seda.

Lembrou-se de Aline. Como desejava que fosse ela a estar ali, esperando que fizesse a corte para o matrimônio. Mas, infelizmente, sabia que o destino desse amor era ser enterrado para sempre em seu coração.

Antes que pudesse se aproximar da eleita, foi surpreendido no caminho por uma criada, que lhe deu o recado de Brenda. Pensou por alguns instantes e achou melhor conversar com a irmã em um outro momento, já que os pais da noiva aproximavam-se para as devidas e formais apresentações.

– Senhor Maurício, permita-me apresentar-me: sou Carlos, pai de Aneliz. Esta aqui é minha esposa, Bianca.

– Muito prazer, senhores. É uma honra receber tão nobre família em nossa casa – respondeu o aspirante a barão.

Após os cumprimentos, Maurício se dirigiu a Aneliz e beijou-lhe suavemente uma das mãos.

A bela mulher disfarçou a contrariedade com um ar de meiguice, eis que no fundo não gostava da ideia de ter de se casar tão jovem somente para atender a vontade dos pais.

As festividades prosseguiam, e o jovem casal não sabia o que dizer um ao outro, por estarem vazios de sentimentos.

Maurício, que queria desvencilhar-se um pouco daquela situação, pediu licença à noiva e resolveu ir ao encontro da irmã. Subiu as escadas com rapidez, para não ser visto pelo pai, que certamente ficaria irritado com tal atitude. Bateu à porta, e Brenda, que já não aguentava de ansiedade, abraçou-o demoradamente.

Um pouco surpreso com o gesto da irmã, Maurício se deixou levar pela emoção de poder estar com ela, já que o barão sempre impedia o contato de qualquer membro da família com a jovem "doente", como a ela se referia.

Sem perder tempo, Brenda fitou o irmão, que estava mais belo do que nunca, e desabafou, comovida:

– Como está lindo, querido! Há tanto tempo não o vejo! Sei que está prestes a ficar noivo, por isso o chamei aqui. Embora a distância física que papai nos impõe, sempre fomos unidos pelo coração, não é? E é em nome dessa união que lhe suplico, irmão: não se case apenas por dinheiro! Nossos pais são o maior exemplo de que um casamento sem amor, formalizado apenas por interesses materiais, está fadado ao fracasso. É tão jovem, assim como deve ser sua prometida noiva, por isso não jogue fora a liberdade que tem de escolher o próprio destino. Não traia a si mesmo. Sei que a vida toda gostou de namorar raparigas, sem compromisso, mas sinto que apesar disso há bondade neste coração. Entregue-se a quem verdadeiramente o ama. Não cometa um erro que poderá levar uma vida inteira para consertar.

As palavras de Brenda foram direto ao coração de Maurício, que, imbuído da energia dos amigos espirituais invisíveis ali presentes, deixou-se refletir sobre a advertência que acabara de ouvir.

Sabia que o caminho que estava escolhendo não era o correto, porque sentia uma energia ruim invadir-lhe os sentimentos quando pensava naquela jovem que desposaria, mas, ao mesmo tempo, tinha uma grande dificuldade de renunciar a todo o dinheiro e poder que aquele casamento por certo lhe traria.

Seus sentimentos estavam confusos, e a escolha era só sua.

Lembrou-se de quando era criança, quando nada o preocupava. Dos namoricos que mantinha com as empregadas e das broncas que levava da mãe por causa disso. Recordou-se ainda da beleza de sua genitora e das rugas precoces que adquirira em razão da infelicidade matrimonial e das traições reiteradas do pai.

Os espíritos amigos projetavam essas lembranças em sua memória com a intenção de que Maurício pudesse vislumbrar, ainda que inconscientemente, o espelho de seu futuro, caso levasse a efeito um casamento arranjado.

Por fim, o noivo fechou os olhos e viu a imagem de Aline com um olhar triste por não poder viver com ele um amor de verdade.

Neste momento, ele chorou.

Brenda, percebendo que de algum modo o irmão estava suscetível aos seus conselhos, prosseguiu, muito amorosa:

— Chore, meu querido, pois as lágrimas sinceras são como uma chuva libertadora de consciência. Não está obrigado a se casar; é o dono de sua vida e pode, sim, escolher a felicidade. Não tema pelo papai. Ele jamais o abandonaria apenas por recusar este casamento.

Maurício logo tratou de se recuperar. Mesmo com os apelos de Brenda, seu orgulho não lhe deixava alternativas a não ser se aprisionar naquele matrimônio. Mais refeito, olhou carinhosamente para a irmã e respondeu com uma falsa segurança nas palavras:

— Obrigado, minha querida, mas agora preciso ir. Vou aceitar meu destino.

Sem dar espaço para Brenda responder, ele saiu de seus aposentos, deixando a jovem imersa em uma tristeza profunda.

Quando não aceitamos as leis morais da vida por meio da prática do amor, somos convidados a experimentar dolorosas aflições até aprendermos a lição.

Maurício era aguardado pelos presentes a fim de selar o compromisso com Aneliz.

Sob a salva de palmas dos convidados, o jovem barão entregou o anel de noivado à sua prometida, que, embora contrariada, já se acostumava lentamente com a ideia de se casar com um rapaz rico e bonito, desde que isso não atrapalhasse seu desejo de viver certos prazeres extraconjugais.

Encerrado o jantar, Maurício se calou e foi direto aos seus aposentos para se deitar, pois estava com dor de cabeça e indisposição.

CAPÍTULO X

Uma união ambiciosa

Quitéria soube do noivado de Maurício pelo seu marido, João. Estava radiante com a possibilidade de ir à festa de casamento da nobreza.

Agora que sabia a verdadeira identidade de Aline, decidira que poderia negociar a informação com a família dela e ganhar dinheiro para se transformar na mais nova integrante da alta sociedade.

Sua ambição não tinha limites.

Assim que conseguisse o dinheiro que tanto queria, arrumaria um jeito de dar um sumiço no marido, para poder desfrutar sozinha de toda a riqueza.

Foi então que tomou a decisão de procurar o coronel Eustácio do Amaral. Tinha mandado fazer um vestido fino e com ele iria encontrar o fazendeiro. As moedas que ganhara da baronesa com o pretexto de custear os estudos de Aline haviam servido para que alugasse uma charrete, tudo para aparentar ao coronel que não era uma mulher qualquer.

O cocheiro parou em frente à fazenda, e a astuta senhora pediu que a aguardasse para levá-la de volta. Tocou o sino e logo foi recebida pela criada, que a anunciou ao coronel Eustácio do Amaral.

Quitéria não se aguentava de ansiedade, quando viu entrar na sala um homem altivo, com barba por fazer, que a fitou de cima a baixo. Embora Quitéria fosse mais velha e tivesse a beleza maltratada, soubera ficar apresentável ao rico fazendeiro, que a admirou com ar desconfiado. Rude, ele perguntou:

– O que uma dama desta estirpe quer com um velho coronel?

Quitéria, muito perspicaz, respondeu, fingindo inocência:

– Senhor, deixe-me primeiramente me apresentar: sou Quitéria, a seu dispor. Perdoe-me o atrevimento de vir até aqui, mas é que um de seus empregados me procurou para perguntar se vi vossa filha pelos arredores de um vilarejo, pois teria tido um surto e fugido.

O coronel estremeceu. O que aquela mulher sabia de Aline?

Fingindo tristeza, ele fez um sinal para que a mulher prosseguisse:

– Pois bem. Sei de uma menina muito jovem que está trabalhando na fazenda de um dos maiores barões do café, o senhor Guarrido. Parece que ela foi contratada recentemente, e nada se sabe sobre seu passado.

– Mas o que a levou a achar que esta criada pudesse ser minha filha? – questionou o coronel, um tanto grosseiro.

– Não estou diminuindo a nobreza de sua menina, mas será que, por medo de ser encontrada, ela não decidiu se disfarçar?

Aquela indagação fez o fazendeiro refletir. Até que tinha sentido Aline utilizar um disfarce para não ser encontrada. A demora de Urbano era um indício de que a menina não estava fugindo a esmo, senão certamente ele já a teria encontrado. Mas o que aquela estranha mulher pretendia?

Resolveu prosseguir com a conversa para tentar entender:

– E como sabe que ela está com medo de ser encontrada?

– Ora, porque seu capataz me disse que ela fugiu, e, quando se foge de algum lugar, é porque não se quer mais ficar ali – retrucou Quitéria, muito esperta.

– E o que deseja em troca de uma informação tão valiosa? – inquiriu o fazendeiro, muito ligeiro.

Os olhos da mulher se encheram de volúpia e, sem disfarçar, foi direta:

– Transformar-me em uma verdadeira dama da sociedade.

O coronel, estranhando a resposta, replicou, sedutor:

– Mas está tão elegantemente trajada que pensei que já fosse uma delas...

Ela não deixou por menos:

– Agradeço o galanteio, mas este vestido não é nada perto do que quero.

– Vejo que é bem ambiciosa – observou Eustácio, demonstrando contentamento em encontrar uma mulher tão inescrupulosa quanto ele.

Percebendo o olhar de desejo do coronel, ela respondeu o que ele queria ouvir:

– Não tenho limites para o poder. Aceita minha condição?

– Com muito prazer – respondeu o volúvel fazendeiro. E, sem deixar Quitéria reagir, Eustácio agarrou-lhe o corpo e beijou-lhe os lábios, levando-a aos seus aposentos.

Depois de algumas horas juntos, Quitéria, após se certificar de que o novo amante dormia tranquilamente, deixou-lhe entregue ao sono e colocou um bilhete no móvel ao lado de sua cama com os seguintes dizeres:

Senhor coronel, o que tivemos hoje foi bastante agradável e gostaria de retornar muito em breve. Mas infelizmente tenho um marido bronco, que mataria a nós dois caso desconfiasse desse relacionamento extraconjugal. Prometo entregar-lhe a menina se der um "jeito" em João. Procure-o na fazenda do barão Guarrido e faça com ele o que achar que deve ser feito.

Vaidade UM MANANCIAL DE ILUSÕES

Após escrever o recado, a golpista deixou a fazenda e retornou ao seu casebre, exultante de felicidade. A velha senhora mal podia acreditar no que havia acabado de acontecer e não via a hora de contar a Aline que encontrara seu pai para, enfim, ter a vida que sempre desejara, com luxos, riquezas e poder.

João muito em breve sairia de seu caminho, e ela seria livre para consorciar-se com o coronel e extrair dele todas as facilidades materiais com que sempre havia sonhado.

Assim que chegou à sua casa, tratou de tirar o fino vestido, para não despertar em João nenhum tipo de desconfiança. Vestiu-se como a velha pobre de sempre e, no dia seguinte, iria à fazenda contar a novidade a Aline, certa de seu triunfo total.

Encerradas as festividades daquela noite interminável, Aline se recolheu em seu quarto singelo. Estava exausta com os afazeres domésticos daquela festa sem fim e mal tivera tempo de se alimentar.

A menina sofria em demasia por aquele noivado repentino de Maurício e não queria mais sentir o amor que por ele nutria. Seu maior desejo era arrancar do coração aquele sentimento que teimava em ficar, mesmo sabendo que não havia nenhuma chance de vivê-lo.

Lembrou-se por alguns instantes de sua querida mãezinha, que sempre vinha socorrê-la nos momentos de aflição. Como gostaria de estar em seus braços, tal como quando era criança e enfrentava os medos e as decepções da infância.

Ao contrário do que gostaria, porém, viu-se completamente só em um quarto escuro e frio, sem perspectiva de nada. Não poderia sequer voltar ao próprio lar, pois corria o risco de ser morta pelo pai.

O que faria doravante? Não sabia o que a aguardava nos tempos vindouros. Somente a recordação da figura meiga de

Brenda enchia-lhe o coração de esperança, pois tinha pela menina um amor sincero.

Foi divagando nesses pensamentos que Aline pegou no sono.

Sem que ela desconfiasse, os espíritos de Orlando e de Gabriel velavam a garota triste, orando a Deus para que aconchegasse aquele coração sofrido e lhe amenizasse as dores do sofrimento.

Gabriel, após o término da sentida oração que fizera em silêncio pela tutelada, dirigiu-se ao amigo espiritual, fraternal e humilde:

– Orlando, sabemos que é muito doloroso para nós quando um assistido nosso se entristece com os percalços da vida, porém, ao contrário do que podem pensar, eles não estão solitários nem abandonados em seu caminho. Todos os encarnados, sem exceção, têm alguém deste "outro lado" que os ampara e fortalece, mesmo quando pensam ser a última e mais solitária das criaturas.

E, refletindo muito no que dizia, considerou, muito seguro:

– Nossa Aline precisa aprender a valorizar a família e a utilizar com sabedoria os bens materiais que lhe pertencem. A existência atual lhe trará uma grande oportunidade de aprendizado se ela souber tirar das dificuldades as lições valiosas que lhe são ofertadas. Ninguém nos disse que a tarefa seria fácil ou que os caminhos seriam de flores o tempo todo, mas o que não podemos ignorar é que, por mais árdua e tortuosa que nos pareça a caminhada, nestes momentos mais difíceis é que Jesus nos carrega em seus braços.

Mantendo a serenidade, o benfeitor concluiu suas importantes considerações:

– Temos que manter a fé sem nos esquecer de que toda ação que praticarmos será a bússola que determinará o rumo que tomaremos na vida. Bendita é a bênção da escolha, que nos oferece um manancial de oportunidades entregues por nosso Pai Criador a cada minuto de nossa existência. Por ora, deixemos que Aline descanse sob a proteção e o amparo de Deus.

Orlando estava comovido com as palavras do amigo. Ele sabia que nos momentos mais penosos é que Deus nos encaminhava maior auxílio a fim de nos manter confiantes e resignados ante os transitórios obstáculos que a vida muitas vezes nos impõe.

Aline perdeu a hora e se levantou rapidamente, assustada. "Meu Deus, dormi demais!", pensou. "Preciso ir até a cozinha, pois Cleonice deve estar muito brava." Arrumou-se em menos de dez minutos e tomou seu posto.

Para seu alívio, soube que a governanta havia saído cedo e assim teve tempo de arrumar o desjejum para a família sem que ninguém percebesse seu atraso.

O primeiro a descer foi Maurício, que aparentemente estava péssimo e com fisionomia cabisbaixa.

Aline, muito profissional, pegou o bule para lhe servir o café, quando o rapaz se lembrou de que fora por meio daquele mesmo gesto que tinha começado a se interessar pela menina. Antes que ela terminasse o serviço, o rapaz quebrou o silêncio:

– Bom dia, Aline, como está?

Monossilabicamente e sem olhar em seus olhos, ela lhe respondeu, formal:

– Estou ótima. Deseja mais alguma coisa?

O rapaz, percebendo sua indiferença, decidiu não dar mais prosseguimento àquela conversa. Somente balançou a cabeça em uma negativa, e Aline o deixou sozinho e retornou aos seus afazeres.

A baronesa Patrícia e o barão Guarrido juntaram-se a Maurício, e, sem perder tempo, o dono da casa dirigiu-lhe um comunicado em tom ríspido:

– Maurício, seu casamento com Aneliz está marcado para daqui a dois meses. Trate de se apressar, pois viajará ainda hoje para verificar o andamento dos negócios de nossas fazendas e tomar pé de sua parte nas terras, eis que, assim que se casar, terá de tocar tudo à sua maneira. Vou observar-lhe o feito para então ter confiança de que tem a capacidade de herdar todo o meu patrimônio e fortuna quando eu faltar.

Aline, que a tudo ouvira escondida na cozinha, não segurou as lágrimas de frustração.

O rapaz, contrariado e surpreso, contestou:

– Mas, barão, como agendou meu casamento sem antes me perguntar? Ao que sei, o compromisso do noivado era o único a ser selado neste ano, e o casamento seria marcado apenas para o ano vindouro. Por que o antecipou?

O barão do café não gostava de contrariedades e, engrossando ainda mais o tom de voz, respondeu, austero:

– Não deve questionar o que faço. Já devia saber que eu decido como as coisas acontecerão. Este casamento, antes de qualquer coisa, é uma união de interesses e fortunas. Não estou preocupado com o que sente ou acha. Se casará quando eu mandar e ponto-final.

Após terminar o discurso, Guarrido deixou a mesa, depois de ter jogado violentamente ao chão a xícara em que bebera o café.

A baronesa Patrícia permaneceu sentada e calada, enquanto Maurício saiu do recinto, demonstrando muita irritação com aquela situação.

Após a discussão que tivera com o pai, Maurício se sentiu muito mal. Desposar Aneliz em tão pouco tempo não fazia parte de seus planos. Secretamente, o futuro barão ainda nutria certas esperanças com Aline, mas, diante da proximidade de seu casamento, tudo caíra por terra.

Ele agora teria de visitar as propriedades do pai antes de se casar e por isso partiu em uma longa viagem, sem desconfiar do que ocorreria com relação à verdadeira identidade daquela que amava.

Aline, que tinha ouvido quando a louça se quebrara, tratou de limpar a sujeira com rapidez, antes que Cleonice retornasse.

Após o término da primeira tarefa do dia, a jovem criada fez o café de Brenda, tomou o livro de Allan Kardec nos braços e subiu aos aposentos da menina, que já a aguardava, ansiosa pelas novas lições.

Depois do desjejum, Brenda quis reanimar a amiga, que para ela não escondia sua frustração com o noivado de Maurício. Muito amorosa, asseverou:

— Aline, minha querida, saiba que estive com outros amigos espirituais a noite passada, e um deles vela especialmente por vosmecê. Não se entristeça com o rumo das coisas, pois tudo acontece para o nosso bem.

— Eu sei, Brenda. Se não fosse por vosmecê, acho que já teria ido embora daqui — confessou a jovem. — Não imaginava que amar fosse sinônimo de sofrimento — rematou Aline, entristecida.

Afagando-lhe os cabelos, Brenda prosseguiu com o diálogo:

— Minha amiga, não se torne amarga com as amarguras da vida, que são passageiras e servem apenas para favorecer nosso aprendizado. Confie em Deus, que tudo sabe, e deixe acontecer. Preciso muito de vosmecê aqui comigo. Seu amor, sua paciência e as lições espirituais que me trouxe me permitiram tornar-me uma menina saudável, sem aquelas crises horríveis que me acometiam antigamente. Hoje me sinto mais leve, e curada. Esse tal de "Allan Kardec" me salvou; agora sei que o que tenho é mediunidade e estou aprendendo a controlar o fenômeno aos poucos.

Aline esboçou um sorriso de satisfação ao ver como Brenda havia evoluído. Pensou em como bendita fora a hora em que Salete, à beira da morte, deixara-lhe os livros de herança.

Como somos ricos quando temos livros que podem trazer ensinamentos tão edificantes, capazes de iluminar a vida inteira de alguém!

As duas prosseguiram lendo as obras de Allan Kardec, quando foram surpreendidas por Cleonice, que entrou no quarto sem bater, esbravejando de raiva:

– Aline, venha comigo agora mesmo! Descobri tudo a seu respeito e levarei seu caso a dona Patrícia.

Brenda e Aline se entreolharam, assustadas.

A filha dos patrões repreendeu a atitude da criada:

– Cleonice, não fale assim com Aline. Respeite-a, pois não tem o direito de entrar em meu quarto sem bater! Ainda sou dona desta casa, embora não me veja como tal, e exijo que abaixe o tom de voz!

A empregada se surpreendeu com o jeito que a menina lhe falara e tratou de obedecer e se desculpar:

– Ora, senhorita Brenda, não foi minha intenção ofendê-la. Mas Aline é uma impostora e traiu a confiança de todos aqui nesta casa, inclusive a sua.

Sem deixar que a empregada terminasse, Brenda retomou a fala:

– Não me interessa saber nada sobre a vida particular de Aline. O que é importante, e que não podemos negar, é que desde que ela pisou nesta casa minha vida e minha saúde mudaram consideravelmente para melhor. Não tive mais crises e não vivo mais dopada por causa de remédios fortes. Ninguém tem o direito de falar nada de Aline.

Cleonice olhou para o quarto e viu os livros velhos de Salete abertos. Foi então que replicou, mais nervosa ainda:

– Dona Brenda, todos sabem que Salete gostava de bruxarias e magias. Era benzedeira e dizia que falava com almas de outro mundo. Vejo que Aline traz para a senhora os livros que ela lia e que está tentando seduzi-la com coisas do "diabo". Isso é muito grave e é mais um motivo para que ela seja expulsa desta casa – e, sem deixar que Brenda tivesse qualquer reação, Cleonice pegou as mãos de Aline à força, puxando-a

com violência, até que ela descesse as escadas e se sur-
preendesse com a presença de Urbano na sala, aguardan-
do-a ansioso e satisfeito por ter cumprido sua missão com
êxito.

CAPÍTULO XI

Ilustre visita

Aline, ao ver a figura de Urbano, desesperou-se, posto saber que, ao ser descoberta, sua vida estaria em risco.

Ainda sem ter ideia do que fazer, a jovem permaneceu cabisbaixa e calada, quando então o espírito de Gabriel, seu protetor, dela se aproximou e muito serenamente sussurrou-lhe aos ouvidos:

– Aline, não demonstre medo a Urbano, nem que o reconheceu. Por enquanto, continue fingindo que de nada se lembra e estará protegida.

As sugestões do amigo espiritual foram inconscientemente registradas pela menina, que as acolheu de pronto.

Urbano, que estava exultante de alegria, se dirigiu à Aline pela primeira vez e, disfarçando as verdadeiras intenções de seu patrão no intuito de enganar Cleonice e os demais presentes, exclamou:

Vaidade UM MANANCIAL DE ILUSÕES

– Não acredito que a encontrei, minha querida! Seu pai já não vive mais direito de tanta tristeza... Vamos para casa agora!

Muito perspicaz, Aline continuou olhando para Urbano e, fingindo ainda estar desmemoriada, retrucou meio sem jeito:

– Desculpe-me, senhor, mas não me recordo de sua feição. Para dizer-lhe a verdade, o que sei de mim é que sou uma pobre menina que se perdeu na floresta e encontrou a bondade de uma senhora que ali morava, tendo ela me auxiliado a chegar a esta fazenda e oferecer meus serviços em troca de alimento e abrigo. Não me recordo de nada, nem mesmo de quem sou...

Urbano e Cleonice ficaram surpresos com as palavras da menina.

O barulho de vozes na cozinha foi tanto, que a baronesa Patrícia resolveu descer para ver o que estava acontecendo. Assim que adentrou o local, seus olhos fixaram-se nos de Urbano, que lhe correspondeu o olhar com interesse.

Um pouco ruborizada pelo jeito que o capataz a olhara, Patrícia perguntou, enérgica:

– Mas o que está acontecendo aqui? Cleonice, explique-se, por favor!

A governanta não perdeu tempo em destilar seu veneno:

– Senhora, ia mesmo procurá-la. Hoje cedo este homem, que se apresentou como Urbano, bateu aqui na fazenda perguntando se eu conhecia alguma rapariga com as características físicas semelhantes às de Aline. Ele me contou que estava à procura da filha de um coronel muito rico que havia se perdido aqui nos arredores.

E, impondo mais crueldade a suas palavras, rematou:

– Deduzi que por certo a menina escondera isso da senhora e de todos desta casa de propósito, apenas para se esconder do próprio pai, por motivos nos quais nem quero pensar.

Patrícia estava surpresa. Não poderia imaginar que havia tratado a filha de um coronel como uma criada. Ao mesmo tempo, não queria que a menina fosse embora, já que, durante o período em que trabalhara em sua casa, houvera um progresso muito grande na saúde de Brenda. Pensou por alguns instantes e, dirigindo-se a Aline, com muita gentileza, perguntou-lhe:

— É verdade o que Cleonice diz, minha filha?

Aline então respondeu, com cautela em suas palavras, para que Urbano de nada desconfiasse:

— Senhora baronesa, não sei de minha vida, de minha história. Não contei a ninguém sobre a perda de minha memória, com medo de ser expulsa e ficar a esmo, perdida. Eu me lembro apenas de uma floresta, quando corria sem rumo e encontrei dona Quitéria, que, com muita bondade, acolheu-me em sua casa por uma noite. Depois ela procurou a senhora Cleonice e omitiu o fato de eu estar desmemoriada, afirmando que seria sua afilhada.

Fez uma pausa para pensar em como não comprometer Quitéria, que sempre a ameaçava, e continuou a narrativa:

— Mas ela não fez isso por mal. Tentou apenas me ajudar. Não sei quem sou nem de onde vim. Mas saiba que nesta casa encontrei pessoas que aprendi a amar, como a senhora e sua filha Brenda. Peço desculpas pelas mentiras, porém não tive a intenção de prejudicar ninguém. Iria lhe contar tudo; estava apenas aguardando uma oportunidade...

Antes que a menina pudesse concluir, Brenda entrou na cozinha e, sem perder tempo, saiu em defesa da amiga:

— Mamãe, por favor, acredite em Aline. Ontem mesmo, antes de ela ser chamada a cuidar dos afazeres da festa de noivado de Maurício, ela me confessou sua verdadeira história, ou seja, de que não se lembrava de quem era e que Quitéria apenas a havia ajudado da maneira que encontrara. Por favor, não a castigue...

Patrícia, um pouco confusa com o relato que acabara de ouvir, abraçou a filha querida e concluiu, sensata:

— Brenda, jamais castigaria Aline. O que ela fez por vosmecê não tem preço. É notável sua melhora depois que ela passou a lhe oferecer o carinho e o cuidado de que tanto precisa.

E, dirigindo-se diretamente a Urbano, ordenou:

– O senhor poderá dizer ao seu patrão que finalmente encontrou a filha perdida dele. Mas creio que a decisão de voltar ao lar pertença a Aline, pois aqui nesta fazenda há muito ela deixou de ser criada e passou a ser como uma filha para mim. – Com firmeza, acrescentou: – Agora, por favor, pode sair e só retorne daqui a uma semana, quando então Aline terá uma resposta para lhe dar.

O empregado queria protestar e levar Aline de uma vez, antes que ela fugisse de novo, mas algo naquela mulher estonteante freava-lhe os impulsos, como a conter-lhe qualquer tipo de ação menos feliz.

Urbano, sem ter muita escolha, agradeceu a todos e, cavalgando devagar, pegou o caminho rumo à fazenda do coronel Eustácio do Amaral, sem tirar dos pensamentos a baronesa mais linda que seus olhos já tinham enxergado.

Na fazenda dos Amaral, aquele bilhete de Quitéria deixou Eustácio ainda mais excitado. Nunca uma mulher houvera mexido com seus brios assim como aquela senhora.

Concluiu que, muito mais do que ter a filha de volta para poder assassiná-la e acabar com o receio de se ver atrás das grades, precisava desposar aquela mulher ambiciosa e vaidosa o mais célere possível.

Resolveu que ele mesmo iria atrás de Aline para poder conhecer o tal capataz de Guarrido e, em tocaia, dar-lhe o fim que merecia.

Foi surpreendido abruptamente pela presença de Urbano, que esboçava um sorriso de orelha a orelha, demonstrando todo o seu contentamento.

O empregado imaginava que, ao entregar a filha perdida ao patrão, estaria livre de seu encargo e, finalmente, poderia viver a própria vida.

ROBERTA TEIXEIRA DA SILVA DITADO POR ANGELUZ

Imbuído de tal certeza, Urbano contou-lhe a boa-nova:

– *Coroné*, encontrei vossa filha trabalhando de empregada em uma fazenda de um barão do café, a alguns quilômetros de suas terras. Eu vi a moça, mas ela está desmemoriada. Não me reconheceu e disse que se lembrava apenas de uma floresta, de uma senhora que a acolheu e lhe indicou a fazenda do barão para trabalhar. Ela só não veio comigo agora porque, por ordem da baronesa, que por sinal é formosa como ela só, foi determinado que a *minina* ficasse por lá mais uma semana, até decidir o que queria fazer da vida.

Fez uma pausa breve e prosseguiu, animado:

– *Dotô*, não acho que terá que *matá* vossa filha, porque ela já *num* se lembra de nada há meses e não oferece mais nenhum tipo de perigo.

O coronel sentiu uma leve ponta de alívio ao saber que a filha não se recordava de que ele fora o assassino de sua mãe. Apesar de já saber o paradeiro da jovem por meio de Quitéria, o patrão gostou de ter a confirmação da notícia pelo seu melhor funcionário.

O que não gostou foi do fato de a tal baronesa dar ordens ao seu empregado, mas viu naquela situação uma grande brecha para visitar os Guarrido e conhecer João, com o fito sórdido de se aproximar dele para acabar com sua vida.

Assim, sem esboçar nenhuma reação para não despertar a desconfiança de Urbano, o coronel respondeu:

– Fico muito grato por ter encontrado Aline, depois que aqueles dois idiotas a deixaram fugir. Se ela está mesmo sem memória, por enquanto não oferece perigo algum, e isso me dá certo alívio, pois matá-la me daria muito mais trabalho. Pode deixar que daqui a uma semana iremos juntos à fazenda do barão para agradecer pela acolhida de minha filha.

Urbano se surpreendeu com a calma do patrão, pois achou que ele lhe daria uma coça por não ter trazido a filha consigo naquela oportunidade.

Intimamente, o empregado estava contente por ter de retornar à fazenda, pois assim veria de novo a baronesa, que, a

– 137 –

partir de então, era a mais nova dona de seus pensamentos e de seu coração.

Após a partida de Urbano da fazenda, Patrícia, Aline e Brenda reuniram-se nos aposentos da jovem médium para uma derradeira e esclarecedora conversa.

Patrícia, sem rodeios, deu sua opinião sobre os fatos:

– Querida, não vou mais pedir explicações suas, pois entendi que não se recorda de nada, e isso me causa uma grande tristeza. Saiba que está à vontade para optar sobre o que fará de sua vida daqui para frente. Eu, como mãe, não posso negar que o certo seria voltar à casa de seu pai, que deve estar muito aflito com sua ausência. De outra sorte, não gostaria que fosse embora, pois eu me afeiçoei muito a vosmecê e Brenda também.

Aline ouvia as palavras de Patrícia e sentia as lágrimas escorrendo por sua face. Sabia que seu pai jamais lhe daria a oportunidade de escolher alguma coisa, e tinha certeza de que teria de voltar ao lar de qualquer jeito.

Brenda, sem conter o medo e a tristeza, suplicou:

– Aline, não me deixe, por favor. Sabe que preciso muito de vosmecê aqui comigo, uma vez que ainda não estou totalmente curada. Vosmecê foi a única pessoa que conseguiu fazer minhas crises cessarem de vez. Eu a amo muito...

Aline estava muito triste e ficou pior ainda quando viu Brenda naquele estado emocional. Sentia-se culpada por ter estreitado tanto os laços de afeto com aquelas duas mulheres.

Mas sentimentos apenas fluem, não podem ser evitados.

Tentanto manter a calma para encorajar Brenda, a jovem então se pronunciou, confiante:

– Dona Patrícia, Brenda, sabem que as amo como se fossem minha própria família – e, disfarçando para a baronesa, que ainda não podia desconfiar de que recobrara a memória, prosseguiu: – Não me recordo do temperamento de meu pai nem sei como ele reagirá ao saber que estou morando em outra casa, cercada de estranhos. Gostaria muito de ficar até o casamento de Maurício, pois não queria partir sem antes me certificar de que Brenda esteja em condições de saúde mais favoráveis. Todavia, não sei se meu pai concordaria...

A baronesa mal deixou Aline concluir e interveio, segura de si:

– Se quer ficar em nossa fazenda até o casamento de Maurício, assim será. Falarei pessoalmente com seu pai e não acredito que ele será deselegante com uma baronesa, não acha?

Aline estava satisfeita, pois estava convicta de que o coronel seria educado e, assim, teria ainda dois meses para estudar com Brenda e deixar a menina mais segura e mais forte quanto ao controle de sua mediunidade.

Após as palavras finais de Patrícia, cada uma das mulheres seguiu o próprio rumo, imersas em pensamentos íntimos.

Cleonice não gostou nada da atitude da baronesa com relação a Aline. Na verdade, nunca simpatizara com aquela rapariga e agora sabia o motivo. Seu sexto sentido não falhava.

Queria dar um jeito de expulsar a menina daquela casa o quanto antes. Isso porque, além de constatar que a garota mentira sobre sua verdadeira história, por várias vezes surpreendera Maurício endereçando olhares apaixonados a ela e não tinha dúvida de que o filho do barão estava muito interessado naquela "criada".

Mesmo agora, que sabia que a ex-serviçal até poderia ter posses, não queria que sua presença ameaçasse o casamento de Maurício com Aneliz, que traria ainda mais fortuna para

Vaidade UM MANANCIAL DE ILUSÕES

aquela família. Na qualidade de amante do barão, por certo seria muito beneficiada com presentes caros, como joias valiosas. Por isso, a governanta tinha de pensar em algo para tirar Aline da fazenda imediatamente. Mas o que poderia fazer?

Antes que pudesse concluir os pensamentos, ouviu a sineta de fora tocar com insistência e, para sua surpresa, constatou que era Quitéria quem chamava.

Satisfeita com aquele encontro, Cleonice não perdeu tempo e abriu a porta da cozinha, fazendo sinal para que a visitante não deixasse ninguém perceber sua presença.

Estranhando a atitude da governanta, a velha senhora obedeceu e caminhou em silêncio.

Cleonice, após se certificar de que ninguém estava por perto, foi direto ao assunto:

– Quitéria, já sei de tudo com relação a Aline. Um empregado da fazenda de um tal de coronel Amaral esteve aqui e disse que a menina fugiu da casa do pai. Ela justificou a fuga dizendo que perdeu a memória e que vosmecê "foi uma boa alma" que a encontrou perdida e lhe ofereceu ajuda.

Respirou um pouco e prosseguiu sem delongas:

– Eu a conheço, mulher! Vosmecê não ajuda nem seu marido, por que ajudaria uma menina desmemoriada e perdida na floresta? Qual é o seu interesse na rapariga? O que ganhou inventando que ela era sua afilhada?

Quitéria, mesmo sendo pega de surpresa, não titubeou na resposta e, fingindo ter a melhor das intenções, iniciou a narrativa falsa:

– Cleonice, está enganada quanto a minha pessoa. De fato, inventei que Aline era minha afilhada pois avistei a rapariga sozinha, de noite, naquela floresta e sabia que, se a deixasse ali, ela seria o jantar dos animais selvagens.

Após olhar brevemente nos olhos da governanta, continuou:

– Ela me pareceu ser de família abastada, pois naquela noite vestia seda e tinha sapatos velhos, mas envernizados. Ela me contou sobre a perda de memória e me sensibilizei com a situação da garota. Só isso. Pedi que a empregasse para ganhar tempo até encontrar sua verdadeira família, o que de fato consegui.

Cleonice, um tanto desconfiada, questionou:

– E como achou a família de Aline?

A velha esboçou um estranho sorriso e apenas afirmou, misteriosa:

– Ora, tenho os meus meios e não desejo explicar. O que quero é falar com Aline com urgência. Poderia chamá-la, por favor?

– Vou anunciar que está aqui, mas quero que tire a menina desta casa o quanto antes, entendeu, velha? – ordenou a governanta, demonstrando irritação.

Em poucos instantes, Aline estava à frente de Quitéria, que, muito ardilosa, tratou de mudar o tratamento agressivo de sempre e lhe falou, em tom muito mais educado:

– Aline, vim lhe dizer que encontrei seu pai. Há alguns dias, escutei quando dois homens falavam a seu respeito e os segui até um local que estava identificado como "Fazenda do coronel Eustácio do Amaral".

Após endereçar um olhar curioso para a garota, prosseguiu:

– Passado algum tempo, eu mesma fui até lá e procurei o coronel, que confirmou ser seu pai – e, sem perder tempo, vangloriou-se: – Acho que deve a mim mais esta, Aline, pois agora poderá voltar ao convívio de sua família rica e deixar de ser uma simples criada.

Esperando que a menina tivesse uma reação de contentamento, Quitéria estranhou que a jovem permaneceu cabisbaixa e indagou-lhe, desconfiada:

– Acaso não gostou da notícia? Ora, não se contenta em saber que é rica e que seu pai é um dos coronéis mais importantes das redondezas?

Sem querer deixar transparecer sua preocupação e colocar tudo a perder, Aline tratou de mudar a fisionomia e respondeu, fingindo alívio:

– Dona Quitéria, não nego que me causou dissabores, mas tenho que reconhecer que de fato me ajudou muito. Urbano, que se diz empregado de meu pai, esteve aqui ainda hoje e me contou sobre minha família. De qualquer sorte, falarei com o coronel para lhe retribuir o gesto.

    Quitéria gostou da resposta da garota e se deu por satisfeita, sem deixar que a menina desconfiasse de seu verdadeiro plano, que era se casar com Eustácio e, em consequência, ser sua madrasta.

    Uma semana se passou rapidamente e Aline aguardava, com muita ansiedade, a visita do pai e sua permissão para permanecer com aquela família, ao menos até o casamento de Maurício, a quem destinara seu coração.

    O barão Guarrido, ao saber das novidades, ficou muito satisfeito em poder estreitar laços com um coronel de posses, afinal, tudo era válido para obter vantagens das mais variadas.

    Em poucos minutos, o sino tocou, e Cleonice correu à porta para dar as boas-vindas ao senhor Eustácio do Amaral.

    O coronel, que estava acompanhado pelo seu fiel escudeiro Urbano, adentrou as dependências daquela residência luxuosa e não escondeu o contentamento em verificar que, por um golpe de sorte, a filha acabara por aproximá-lo de pessoas influentes e ricas, algo que seu coração vaidoso agradecia.

    Ao ver o semblante da moça, que a todo custo tentava disfarçar o medo e a mágoa que sentia do pai, o rico fazendeiro sentiu uma ponta de felicidade, que também achou melhor disfarçar, tentando esconder de si mesmo aquele lapso sentimental.

    Guarrido, como um bom anfitrião, recebeu o coronel e seu empregado de modo cordial, acompanhado de João, seu mais fiel empregado.

    Sem perder tempo, Eustácio observou o capataz e a ele endereçou um olhar diferente, como a tentar adverti-lo de que acabara de ganhar um inimigo.

Após os cumprimentos formais de praxe, o convidado tomou a palavra, cercando-se da couraça de bom cavalheiro:

– Senhores, primeiramente quero lhes agradecer por acolherem minha filha em vossa fazenda. Creio que devo uma explicação sobre o motivo pelo qual minha criança veio parar sozinha por estas bandas.

Certificando-se da atenção dos presentes, rapidamente o fazendeiro concatenou ideias convincentes e retomou a palavra, imprimindo certa emoção em seu relato:

– Há pouco tempo, eu e minha filha sofremos um grande golpe em nossas vidas, pois minha querida esposa Beatriz, ainda na flor da mocidade, acabou envenenada por uma erva emulsionada de modo equivocado por uma serviçal, deixando-nos para sempre. Nossa querida Aline ficou em choque pela perda da mãe e, por isso, desmaiou em seu quarto. Chamei o médico, que me informou que o desmaio dela era oriundo do abalo emocional, garantindo-me que o repouso seria o melhor tratamento. No entanto, algo de muito estranho ocorreu naquela noite.

O coronel parou novamente a narrativa para bebericar um vinho de fina qualidade e continuou o falso depoimento, colocando mais carga emotiva nas mentiras que inventava:

– Após deixar Aline em seu leito, também me recolhi aos meus aposentos. Entretanto, como bom pai que sou, acordei no meio da madrugada para ver se minha filha estava bem, quando me deparei com a janela de seu quarto entreaberta e sua cama vazia. Fiquei tão desesperado que chamei Urbano, na calada da noite, para ir atrás de Aline. Sem êxito nas buscas, meu fiel empregado retornou cabisbaixo e, desde então, mandei meus melhores homens atrás de minha querida menina, em vão. Apesar de tudo, nunca desisti dela, e é por isso que Urbano, em mais uma tentativa, voltou a estas terras que são mais próximas da fazenda para uma derradeira busca. Qual não foi nossa surpresa quando, enfim, encontramos nossa Aline sã e salva.

Vaidade UM MANANCIAL DE ILUSÕES

Após concluir a mirabolante história, o coronel observou que a família estava emocionada, enquanto Aline, que sabia que tudo aquilo não passava de mera encenação, era obrigada a fingir que estava feliz em reencontrar o pai.

Para quebrar o silêncio que se fez entre todos, a baronesa aduziu com muita educação:

– Senhor Eustácio, seu relato me emocionou em demasia. Sinto muito pela perda de sua esposa. Não consigo imaginar, como mãe, o que faria se um filho meu sumisse de minha vista, como no seu caso. Nossa querida Aline chegou a esta casa apresentada pela esposa de João, o fiel empregado de meu marido. Essa senhora, de nome Quitéria, ficou penalizada em ver a situação da garota, pois estava desmemoriada, e, como não tinha ideia de quem ela era de fato, apresentou-nos Aline como sua afilhada, a fim de lhe garantir emprego, um lar e algumas moedas para sobreviver. No entanto, durante todo este tempo em que esteve conosco, Aline foi muito mais do que uma simples serviçal, pois conquistou a todos e hoje faz parte de nossa família.

Eustácio estava muito satisfeito com todo aquele apreço que sua filha angariara junto àquela importante família e, sedento por tirar vantagens sobre essa situação, fez um sinal para que a anfitriã continuasse.

E assim ela o fez:

– Bom, eu creio que o coronel, como disse ser um bom pai, não se importaria em deixar Aline nesta casa por mais alguns dias, até o casamento de nosso primogênito. É que minha filha Brenda, por ter se afeiçoado muito a ela, gostaria de ter um pouco mais de tempo para se despedir.

O barão Guarrido não gostou muito desse gesto invasivo da esposa e a repreendeu, interrompendo-lhe a fala:

– Ora, Patrícia, não devia ter feito tal pedido ao pai da moça. Ele tem todo o direito de levar a filha de volta, imediatamente.

Para não ser o pivô de uma briga de casal e acabar atrapalhando aquele início de amizade com o barão, Eustácio disfarçou a contrariedade que sentiu e, dirigindo-se agora diretamente a Aline, indagou:

– Minha filha, o que me diz sobre as palavras da baronesa? Até agora não tive a oportunidade de escutá-la. Por favor, preciso saber o que vosmecê deseja.

A menina, após direcionar um olhar a Patrícia, respondeu à pergunta de modo simples:

– Coronel, ou melhor, meu pai, deve saber que ainda não recuperei a memória e infelizmente não consigo me lembrar de nada do que relatou a todos. Por isso, peço-lhe encarecidamente que me deixe ficar por mais uns dias nesta casa, onde construí verdadeiros laços de amizade. Depois deste tempo, voltarei ao nosso lar e a vossa companhia, se assim consentir.

O pai de Aline não tinha outra alternativa a não ser deixar que a filha ficasse naquela casa, pois, se não concordasse, corria o risco de não mais ter livre acesso às dependências da fazenda e, então, teria muito mais dificuldades de levar a efeito o plano de acabar com a vida de João.

Eustácio respirou fundo e, fingindo tristeza, replicou:

– Não vou negar um pedido de minha filha, muito embora meu desejo fosse levá-la imediatamente de volta ao nosso lar, para cercá-la de carinhos – e, pegando as mãos de Aline nas suas, olhou bem no fundo de seus olhos, para ter certeza de que a menina não mais lhe ofereceria nenhum tipo de risco. Depois, despedindo-se, prometeu: – Vou embora, mas daqui a dois meses retorno para buscar-lhe. Fique bem e obedeça aos donos da casa.

Antes que o coronel e seu empregado deixassem o recinto, o barão do café pegou um envelope e o entregou ao mais novo amigo. Muito orgulhoso de si mesmo, ele explicou:

– Antes que parta, coronel, entrego-lhe o convite de casamento de meu filho e faço questão de que apareça ao lado de sua filha, como deve ser.

Eustácio, muito esperto, agradeceu e aproveitou a ocasião para fazer um pedido:

– Fico lisonjeado por ter sido convidado a tão importante celebração e pedirei a Urbano que pegue Aline uma semana antes da cerimônia, para que se apronte como uma dama, retratando sua verdadeira condição.

Certo de que seria atendido em seu oculto intento, prosseguiu, astuto:

– Não quero abusar de sua generosidade, mas gostaria muito de encontrar a senhora Quitéria nesta importante celebração, para agradecer-lhe a ajuda. Por acaso a convidou, não?

O barão não gostou da insinuação do coronel, pois não costumava convidar empregados e seus parentes para festividades da mais alta classe social, porém, não querendo contrariar seu mais novo aliado, achou melhor ceder desta vez e procurou ser solícito na resposta, ainda que a contragosto:

– Olhe, coronel, não vou mentir para o senhor, posto que não é de meu feitio convidar parentes dos empregados em minhas festividades. Porém, tratando-se de um pedido seu, esteja certo de que providenciarei para que João traga Quitéria ao casamento, ocasião em que poderá lhe agradecer.

Satisfeito com a resposta, Eustácio e Urbano despediram-se da família e retornaram à fazenda.

CAPÍTULO XII

Constante aprendizado

Passados alguns dias da visita de seu pai, Aline deixou de vez de ser empregada da casa e passou a ser tratada como um membro daquela família, para desespero de Cleonice.

Brenda já havia progredido tanto em sua saúde que o sr. Guarrido resolveu visitá-la em seus aposentos, coisa que quase nunca fazia.

A menina, ao ouvir as batidas fortes na porta do quarto, surpreendeu-se quando se deparou com o pai, que praticamente nunca lhe dirigia a palavra.

Percebendo a reação da garota, o barão permaneceu frio, mas por dentro estava exultante de felicidade com a melhora evidente de sua única filha. Tentando disfarçar o contentamento íntimo a fim de não transparecer que tinha sentimentos, o chefe da família falou com seriedade:

– Brenda, tenho que reconhecer que há meses vosmecê obteve uma melhora em sua saúde. O casamento de Maurício se aproxima e creio que será uma ótima ocasião para dizer a todos os convidados que minha filha retornou de viagem e, quem sabe, arrumar-lhe um casamento bom, que lhe trará riquezas.

A jovem deixou de sorrir e ficou séria. Tinha acabado de saber que o barão a escondera das pessoas por todo esse tempo com a falsa notícia de que teria viajado e, agora, em vez de estar realmente feliz com seu restabelecimento, sua intenção era lhe apresentar aos presentes no casamento do irmão apenas para garantir-lhe um noivo rico!

Decepcionada, Brenda lançou um olhar indiferente ao pai e respondeu que faria o que ele quisesse.

O barão se retirou do quarto sem sequer perceber que a menina chorava, sentindo-se rejeitada pelo genitor, a quem tanto amava.

O espírito de Orlando, que a tudo assistia, tornou-se visivelmente aparente e tratou de consolar sua tutelada com muito carinho:

– Brenda, não se lastime pelas palavras frias de seu pai. Não sabemos o que de fato ele traz em seu coração. As pessoas, muitas vezes por orgulho e vaidade, disfarçam os verdadeiros sentimentos e se mascaram, apenas para serem admiradas pelos outros. Cada pessoa tem um jeito diferente de demonstrar sentimentos e outras sequer sabem como fazê-lo. O importante é que o barão enxergou sua melhora e vai, finalmente, deixar que conviva com sua família, como sempre deveria ter sido. A natureza não corre, mas sim age devagar, colocando todas as coisas nos devidos lugares.

Brenda estava mais tranquila com a presença de Orlando, que, com suas palavras, sabia como serenar sua alma. Um pouco mais calma, ela considerou:

– Sei que tem razão, meu amigo, mas para mim tudo parece ser tão difícil. Agora que as crises cessaram, meu pai quer me arrumar um casamento. Eu não me sinto preparada para ter um lar, uma família. Acredito que o matrimônio somente dá certo quando amamos nosso companheiro. Não quero ter o mesmo destino de meu irmão...

Orlando, muito tranquilo, asseverou:

— Não tema por algo que ainda não se concretizou. Por ora, pensemos no casamento de Maurício, ocasião em que estará ocupando o lugar de membro desta família. Procure por Aline, pois, antes que ela parta, necessitam estudar um pouco mais sobre a mediunidade.

— Mas já encerramos a leitura dos livros de Allan Kardec e não tenho mais visões. O que exatamente me falta saber? – indagou, curiosa.

— Brenda – ponderou Orlando –, somos eternos aprendizes no que diz respeito à vida e às lições que devemos assimilar. O conhecimento nos liberta da ignorância e nos deixa mais vigilantes quanto às investidas de irmãos menos felizes. Como sabe, possui uma intensa sensibilidade e deve constantemente vigiar seus pensamentos. Deve estudar, junto com Aline, quando a mediunidade deixa de ser uma bênção e se torna uma perturbação para seu portador.

Dito isso, Orlando desapareceu, deixando Brenda intrigada com sua advertência.

A moça não perdeu tempo e foi procurar Aline, que agora tinha um aposento ao lado do seu, para juntas descobrirem o que Orlando queria dizer com aquelas palavras tão profundas.

João foi para casa um tanto intrigado com o convite do barão para que fosse, junto com a esposa, ao casamento de Maurício. Apesar da desconfiança, ficara muito feliz em poder desfrutar do requinte de uma festa regada a luxo e fartura de comida.

Quitéria, por sua vez, que já não aguentava mais aquela vida imersa em pobreza, não via a hora de se casar com Eustácio. Foi surpreendida, no entanto, quando o marido contou-lhe que haviam sido convidados para comparecer ao casamento de Maurício e, muito satisfeita, não disfarçou a curiosidade em saber como aquele convite havia chegado até ela. Assim, durante o jantar, indagou ao marido:

– Ora, João, por que razão o barão resolveu convidar simples empregados para suas festividades?

Entre uma garfada e outra, o capataz respondeu:

– *Ara*, parece que aquele coronel, pai da rapariga, quer lhe agradecer pessoalmente por ter ajudado a *fia* dele.

Quitéria então teve certeza de que esse convite só poderia ter sido obra de Eustácio para vê-la novamente. Fingindo estar surpresa, disfarçou, sorrateira:

– Nem quero saber desse "tal"; quero mesmo é estar no meio de tanta gente rica!

– Pare de sonhar, mulher – censurou João. – Vosmecê é pobre e pobre para sempre há de ser. No máximo vai ganhar algumas moedas pelo serviço que prestou à filha do coronel. Essa realeza não enxerga *nóis* como gente.

Zangada com as palavras do marido, Quitéria se recolheu ao quarto, mas no fundo regozijava-se pela oportunidade de poder comparecer à festa, como sempre desejara.

Cleonice estava aflita com toda aquela mudança da família em relação a Aline, que agora poderia dar-lhe ordens, mesmo que nunca tivesse utilizado tal prerrogativa.

A presença constante da garota naquela casa também a impedia de se encontrar com o barão, como quase sempre faziam, às escondidas.

A governanta carregava um segredo e temia ser descoberta. Se isso ocorresse, sua vida estaria em risco. Mais do que depressa, precisava garantir que o casamento de Maurício se efetivasse, para manter seu segredo oculto para sempre, já que após esse evento Aline estaria fora daquela casa.

Do outro lado da mansão, a filha do coronel já estava com Brenda, que lhe relatou brevemente as últimas palavras de Orlando.

A ex-criada pensou por alguns instantes e resolveu buscar respostas nos livros de Allan Kardec. Então, pegou *O Livro dos Médiuns* e começou a interpretar as lições, esclarecendo à amiga em voz alta:

– Lendo algumas páginas desta magnífica obra, eu entendi que todos os espíritos, bons ou maus, podem se acercar do médium e lhe transmitir seus pensamentos de acordo com sua natureza. Por isso é necessário manter a vigilância, para evitar eventuais influências perniciosas do meio.

Sem sequer imaginar que estava sendo inspirada por Gabriel, o espírito que a protegia, prosseguiu com as elucidações:

– Brenda, os médiuns, assim como vosmecê, podem captar qualquer tipo de influência espiritual, boa ou má. Imagino que deve ser do mesmo jeito que é em nosso mundo, ou seja, se somos boas pessoas, atraímos companhias de igual índole, e, ao contrário, também podemos estabelecer sintonia com quem compartilha de sentimentos inferiores.

E concluiu sabiamente:

– Por isso que Orlando a alertou sobre o "orai e vigiai", como disse Jesus, pois somente por meio da prece e da constante vigilância de nossos atos e pensamentos somos protegidos de influências negativas.

Interrompendo a reflexão de Aline, Brenda questionou, apreensiva:

– Mas então quer dizer que, quando eu tinha aquelas visões com espíritos sofredores, que muitas vezes me deixavam em crises nervosas, é porque estabeleci sintonia com eles? Mas como fiz isso, se nunca desejei mal a ninguém?

Percebendo a aflição da amiga, Aline, ainda muito inspirada por Gabriel, esclareceu com bastante propriedade:

– Não, Brenda. O que ocorria com vosmecê nada tem a ver com seu caráter. Pense que, antes de estudar, era como uma antena perdida, captando qualquer tipo de influência do meio. O estudo possibilitou-lhe o domínio de suas faculdades e agora tem o discernimento necessário para diferenciar o que é bom do que não presta. A verdade é sempre esclarecedora, minha querida. Não deve temer, pois está preparada para conviver com a mediunidade sem se deixar atormentar por ela.

A ex-cuidadora de Brenda fez uma pausa para refletir e continuou, ainda sob grande inspiração:

– O bom uso da faculdade mediúnica garante ao médium a paz de que necessita e a certeza do dever cumprido. Muitos irmãos menos felizes não gostam quando uma luz se acende na escuridão e, por isso, esperam uma brecha do médium vacilante para lhe perturbar o espírito, com o fito de interromper-lhe o trabalho edificante.

E, após olhar para Brenda e ter a certeza de que a menina guardava suas palavras, terminou a palestra, muito confiante:

– Por isso que não deve dar guarida a sentimentos inferiores como queixas, mágoas, rancores, orgulho e vaidade. Esse tipo de conduta atrasa a evolução moral da criatura e a coloca na mira dos irmãos menos adiantados. De outro modo, quando conservamos a fé em Deus, boas palavras e boas ações, construímos uma armadura valiosa que nos protegerá de qualquer tipo de investida menos feliz. Não fique vulnerável com minha partida, que certamente se dará em breve, pois nós duas sabemos do amor imortal que temos uma pela outra. Deve permanecer confiante e, na hora em que for assombrada pela escuridão do medo ou da dúvida, recorrer à prece, que é a maneira mais eficaz de ligação com Deus.

Após o estudo, as meninas se abraçaram demoradamente, sob a vigilância silenciosa do espírito de Gabriel, que estava muito feliz pelo reencontro harmonioso daquelas duas almas.

Depois de ter decidido dar um tempo para cuidar de si mesma, Beatriz foi levada por Orlando a uma colônia astral bem próxima à crosta terrestre, para que recebesse orientações e lições acerca de sua mais nova condição.

A bela mulher, apesar de sua bondade, carregava no espírito certas mágoas e necessitava de equilíbrio para poder seguir adiante. Preocupava-se com a filha, que deixara em um lar que não lhe pertencia, e também com o que o ex-marido faria

ROBERTA TEIXEIRA DA SILVA DITADO POR ANGELUZ

com ela caso a descobrisse. Esses pensamentos perturbavam-lhe o espírito e causavam-lhe dores onde seu corpo fora lesionado pelo punhal assassino.

Ciente da condição frágil da colega, o espírito de Orlando resolveu ajudá-la, sendo já noite alta na Terra naquele momento.

Beatriz chorava em silêncio em um quarto que lhe fora emprestado pelos amigos espirituais quando viu o espírito do amigo, que sorria, bem à sua frente. Secou rapidamente as lágrimas e tentou sorrir de volta para ele, demonstrando alegria em revê-lo.

Orlando, após abraçar demoradamente a amiga, esclareceu-lhe, sempre bondoso:

– Beatriz, não sofra tanto assim. Estou aqui para lhe dizer que tudo está bem; Aline auxiliou Brenda, e as duas aprenderam valiosas lições acerca da mediunidade e da doutrina dos espíritos. Brenda já não tem mais visões ou crises, e Aline continua sendo a menina forte e serena de sempre. Como lhe disse em nosso último encontro, não é momento de se entristecer ou temer por acontecimentos que sequer sabe se vão ocorrer. A preocupação excessiva nos remete a uma auto-obsessão, em que pensamentos e situações criados em nossa mente nos desestabilizam, embora não passem apenas de fantasias que acabam criando vida própria. Essa condição interna, se não for controlada, acarreta-nos ainda mais desequilíbrios no espírito e pode nos desajustar a ponto de transformarmos esses devaneios em enfermidades físicas, plasmadas em um corpo que seria saudável, numa próxima reencarnação. Por esse motivo, a vigilância de nossos atos e pensamentos é determinante para a saúde física e mental.

Orlando parou de falar e observou Beatriz, que tentava reagir à tristeza que sentia em seu espírito. O benfeitor não mediu esforços para tirar a colega daquela depressão e prosseguiu, mais amoroso:

– Saiba que Aline a ama mais do que tudo. Intimamente, ela deseja estar com você, mas sabemos que sua missão ainda está longe de acabar. O que precisa fazer agora é manter a resignação, pois não pode alterar nem interferir nos fatos que se sucederão. Aline é sua filha, eu entendo, mas antes disso é um espírito individual, criado à imagem e semelhança de Deus, e, como todos nós, necessita de experiências para evoluir e ascender à angelitude.

Fez uma breve pausa e retomou a fala, procurando transmitir bom ânimo à amiga:

– E você também foi criada especialmente pelo nosso Pai Maior, que a ama e quer vê-la feliz. Veja que, apesar do seu desencarne repentino, foi prontamente auxiliada pelos nobres benfeitores astrais e agora tem a chance de se recuperar e aprender lições que a auxiliarão nesse processo de transição.

Enquanto ouvia Orlando, Beatriz foi serenando seus pensamentos e uma calma invadiu-lhe o peito, fazendo-a se sentir cada vez melhor.

O abnegado trabalhador percebeu a melhora da amiga e partiu para a parte final de sua doutrinação salutar, agora fixando os olhos no semblante de Beatriz:

– Olho para o seu rosto e vejo uma mulher forte, batalhadora e com uma infinita bondade no coração. Não alimente a mágoa, a desesperança e a frustração. Mas, sim, mantenha acesa a chama da fé; utilize a emoção para aceitar que nem sempre podemos compreender as situações que nos sucedem e, o mais importante, deixe que o amor lhe incendeie a alma, a fim de queimar toda e qualquer mácula que ainda carrega nesse coração. Limpe sua mente e seus sentimentos de resíduos menos felizes e sentirá no espírito uma enorme vontade de recomeçar...

As palavras do amigo deixaram Beatriz tão leve que ela adormeceu.

Orlando, satisfeito com o resultado de sua visita, beijou-lhe a fronte enquanto agradecia intimamente a Deus, que jamais nega aos seus filhos a luz da esperança.

CAPÍTULO XIII

O matrimônio

Maurício retornara da viagem praticamente às vésperas de seu casamento. Faltava apenas uma semana para a união com Aneliz, e todo o povoado das redondezas estava curioso para saber como seria uma das maiores festas daquela região.

Ao descer da charrete, o rapaz aparentava uma velhice precoce, ao passo que não fora fácil viajar por tantas propriedades, em tão pouco tempo, e ainda dar conta dos inúmeros afazeres que lhe exigiram muita atenção e responsabilidade.

Mas seu abatimento não era devido apenas aos préstimos que dispensara em favor do pai, mas também porque sabia, no íntimo, que estava prestes a unir sua vida à de uma mulher pela qual não nutria nada além de um sentimento de mera atração física.

Não obstante, em que pese todas as tentativas do Mais Alto em lhe abrir o coração, o candidato a barão tomara sua decisão e agora era responsável pelas consequências de sua escolha.

Vaidade um manancial de ilusões

Aline e Brenda já estavam com saudade uma da outra, mas, apesar de tudo, sentiam que aquela não seria uma despedida definitiva.

Isso porque não existe distância para o amor verdadeiro.

As duas meninas conversavam calmamente no parque que ficava no jardim da mansão, enquanto balançavam, uma ao lado da outra, como a relembrar a velha infância.

Brenda, que desde a última crise não havia mais apresentado nenhum tipo de distúrbio neurológico, tivera alta sob a condição da constante observação de seu médico, o que significava dizer que, ao menos por um tempo, estaria livre de remédios e poderia, enfim, usufruir da companhia dos seus.

Patrícia, por sua vez, não poderia estar mais satisfeita, pois não precisava mais se esconder para ver a filha e, muito orgulhosa, fizera questão de mandar fazer pessoalmente os vestidos de Brenda e de Aline, a quem adotara de coração. Apesar da alegria que sentia, contudo, a bela matrona trazia consigo uma ponta de angústia, pois não tinha certeza de que Brenda poderia conservar a lucidez sem a quase imprescindível companhia de Aline.

Todavia, existem situações que fogem ao nosso controle e, nessas horas, devemos ainda mais confiar em Deus.

O jovem barão adentrou a mansão e, muito impressionado, deparou-se com uma cena que lhe tocou profundamente a alma: sua irmã e a amada, lindas e serenas, conversando livremente sob a vigilância das flores do campo e do sol, que naquele dia brilhava muito mais.

Por instantes, permaneceu ali sozinho, apenas observando aquele momento, o qual nunca mais haveria de esquecer.

O que teria acontecido no tempo em que estivera fora? Não saberia explicar; apenas constatava que por um milagre sua irmãzinha havia se curado, e a criada, a quem tanto amava, talvez por seus méritos, deveria ter sido "promovida".

Sem concluir suas suspeitas, foi prontamente recebido pelo barão, que o levou direto ao escritório para ser colocado a par de todos os feitos do filho nas viagens a que se destinara.

As horas transcorreram céleres e, para surpresa de todos, a sineta da casa soou, anunciando um ilustre visitante.

Cleonice, ao vislumbrar a figura do coronel Eustácio do Amaral, não disfarçou a felicidade, pois sabia que ele viera buscar a filha para, após o casamento, ela nunca mais pisar naquelas terras.

Muito educada, a serviçal foi chamar Patrícia, que recebeu o pai de Aline no lugar do dono da casa, já que este estava ocupado com o filho, a negócios.

Aline, ainda fingindo amnésia, deixou uma lágrima escorrer pela face alva e juvenil quando deu um derradeiro abraço na irmã de coração, que, da mesma forma, não escondia a tristeza e a emoção.

O espírito de Orlando a tudo assistia, sentindo no íntimo certa tensão em saber que a protetora encarnada de sua tutelada estava prestes a se ausentar.

Sem dizer muitas palavras a fim de não prolongar mais qualquer tipo de sentimento triste, Aline, fixando o olhar em Brenda e Patrícia, asseverou, carinhosa:

— Minhas irmãs de coração, não quero que vejam minha partida como uma despedida, pois, como amigas que somos, creio que papai não se importaria em me deixar visitá-las de vez em quando.

Após pequena pausa e com a voz embargada, deixou um aviso:

— Não tema, minha querida Brenda, pois sabe que é capaz de vencer a si mesma. Daqui a alguns dias estaremos juntas novamente, na festa de Maurício.

Não havia mais nada a ser dito.

Antes que o coronel e Aline saíssem da casa, a baronesa apenas avisou que dali a alguns dias mandaria entregar o vestido que encomendara a Aline, pois era um presente seu.

No caminho de volta, o pai da moça, muito desconfiado, observava cada respiração da filha, para poder ter certeza de que ela não mais lhe oferecia nenhum tipo de risco.

A menina, muito esperta, apenas sorria, escondendo no coração a mágoa que sentia pelo pai assassino. Quando ela entrou na fazenda, sentiu uma espécie de mal-estar, que justificou como sendo a pressão baixa pelo calor que fazia naquele dia.

Urbano, que os esperava, fitou a garota com curiosidade e, ao mesmo tempo, compaixão, pois sabia que, se não fosse pela perda de memória, muito provavelmente a menina não mais voltaria àquelas terras.

Ao adentrar as dependências de sua casa depois de tanto tempo, Aline precisou segurar a tristeza quando se deparou com os retratos de Beatriz, de quem sentia muita falta. Mesmo com um forte aperto no coração, a jovem manteve a serenidade e, com esforço, pediu gentilmente ao pai que a levasse aos seus aposentos, para que pudesse descansar da pequena e desconfortante viagem que fizera.

O coronel consentiu e partiu diretamente para seu escritório, a fim de fumar seus charutos e pensar em um jeito de acabar com a vida do marido de Quitéria.

Os dias passaram céleres, e Maurício ficou sem saber exatamente o que teria sido feito de Aline, pois o tempo todo ficou envolvido com o trabalho e os últimos preparativos para seu casamento.

Finalmente, chegou o grande dia.

Toda a fazenda dos Guarrido estava enfeitada com o requinte da nobreza. As flores eram das mais variadas e encontravam-se por toda a parte. Bancos de madeira envernizada contrastavam com os tecidos de seda que decoravam suas laterais. Rosas brancas e amarelas enfeitavam as mesas, e um violinista tocava uma bela canção, enquanto os convidados iam se acomodando em seus lugares.

Quitéria chegou radiante e, com surpresa, foi recebida por Cleonice. Esta, por sua vez, estava muito contrariada em ter de servir uma empregada. Mas o patrão prometera-lhe uma recompensa à altura e, por essa razão, não lhe desobedeceria as ordens. Como uma notável governanta, fez as honras da casa também aos empregados, como se fossem da própria realeza.

Exultante, Quitéria não cabia em si, enquanto exibia um vestido vermelho com detalhes coloridos, chamando muito a atenção das senhoras que, na qualidade de verdadeiras damas, eram donas de maior beleza e discrição.

João, por sua vez, sentia-se deslocado e desconfortável. O barão sequer viera cumprimentá-lo, ignorando completamente sua presença. Por óbvio, convidara o casal de empregados somente porque fora um pedido do coronel, pois não desejava macular uma aliança que estava prestes a ganhar força.

Os convidados estavam ansiosos para que a cerimônia começasse, afinal, o que de fato pretendiam era degustar as fartas guloseimas oferecidas na importante ocasião.

As mulheres observavam umas às outras e cochichavam, baixinho, apontando os olhos em direção a Quitéria:

– Vosmecê viu o vestido daquela senhora? Que horror! Logo se vê que não faz parte da nobreza tradicional, pois não sabe se comportar.

A outra dama concordou, e ambas sorriram, sem esconder os sentimentos sórdidos e maledicentes.

Patrícia foi a última a descer, acompanhada de sua filha Brenda, que estava mais linda do que nunca. A filha mais nova do casal de anfitriões trajava um vestido dourado que realçava os cabelos loiros, cujos cachos caíam levemente sobre os ombros, estes delicadamente cobertos por um tecido

Vaidade UM MANANCIAL DE ILUSÕES

transparente de renda. As pérolas que compunham o enfeite de seus cabelos davam-lhe a conotação de uma princesa, de tão bela que estava.

A garota chamou a atenção de todos os presentes, que rapidamente iniciaram um burburinho de conjecturas sobre quem seria aquela menina.

Percebendo a movimentação dos convidados, Guarrido correu ao palanque onde estava montado o altar e, pedindo silêncio a todos, comunicou publicamente:

– Senhoras e senhores, com muito prazer é que os recebo neste dia memorável para nossa família. Primeiro porque se trata do casamento de meu primogênito e, segundo, porque minha filha, que voltou de longa viagem fora do país, está pronta para ser desposada por um dos filhos de vosmecês.

As famílias presentes logo trataram de chamar seus filhos varões para disputarem, como insanos, o coração da jovem rica e ampliarem fortunas, como era de costume.

Brenda, ao ouvir o discurso do pai, ensaiou chorar, mas foi contida por um toque carinhoso nas costas, que partira de alguém que havia chegado há poucos instantes.

Ao virar-se, a jovem viu Aline, que mais parecia um anjo, vestida com um traje delicado, de cor rosa, combinando com seu rosto pequeno e alvo.

Ao se verem de novo, as duas amigas abraçaram-se longamente.

Coronel Eustácio, acompanhado de Urbano, logo correu os olhos pelo ambiente à procura de Quitéria e, rapidamente, encontrou-a sentada ao lado do marido.

Urbano, por outro lado, não desviava o olhar da baronesa, que naquele dia estava ainda mais linda.

O barão do café aproximou-se deles muito afável e, de modo inusitado, fez um convite ao coronel, o qual acabou agradando a baronesa:

– Sejam muito bem-vindos, meus amigos. É uma honra receber tão ilustre visita em minha casa.

Fitou o convidado e prosseguiu, orgulhoso:

– Para selar nossa amizade, faço questão de que o coronel, junto com sua filha Aline, permaneçam no altar durante a cerimônia como padrinhos de casamento.

O convite inesperado tirou Aline do prumo: "Já não basta ter que vir ao casamento do homem que amo? Preciso mesmo ser madrinha?", pensou, contrariada. Porém, foi tirada abruptamente de seus pensamentos pela voz da baronesa, que insistiu, sem saber dos reais sentimentos de Aline:

– Por favor, senhor Amaral, aceite o convite. Será muito importante para nós.

Diante da insistência, o nobre fazendeiro concordou, gentil:

– Sinto-me muito honrado e aceito ser padrinho. Contudo, estou um pouco sem jeito, pois não comprei um presente à altura de tal título para os noivos.

– Não se preocupe com isso – interveio o barão –, pois o casal já tem todo o conforto do mundo. O que pretendo é que sejamos compadres!

– Pois bem, então assim será – respondeu o coronel, para desespero de Aline.

A família da noiva já estava presente e, aos poucos, tomava seu lugar à frente do altar. Os músicos tocavam as notas iniciais da cerimônia, quando então entraram os pais dos noivos e os padrinhos, inclusive Eustácio e Aline.

Maurício posicionou-se para a entrada triunfal, enquanto o coração da ex-criada tinha sobressaltos. O aspirante a barão, devidamente trajado com um fraque azul-marinho, caminhava sozinho e devagar, como se estivesse prestes a ser abatido em um sacrifício.

À medida que se aproximou do altar, admirado, o noivo constatou que Aline ali estava, como sua madrinha, vestida como uma dama da alta sociedade e ao lado de um distinto e mais velho cavalheiro.

Seus pensamentos ficaram confusos... Não entendia o que estava acontecendo. Como poderia uma criada ter sido convidada pelo seu pai e ainda por cima ser sua madrinha de casamento? Quem seria aquele homem que a acompanhava?

Muito nervoso, não conseguiu sequer ouvir a marcha nupcial e se concentrar na noiva, que, acompanhada de seu genitor, já estava em vias de chegar à sua presença.

Aneliz estava uma verdadeira rainha. Seu vestido branco, coberto de bordados e pérolas, acompanhado por uma mantilha extensa de renda, atraiu a atenção de todos, principalmente das moças, que a invejavam pela beleza, riqueza e, claro, pelo bom casamento.

O padre iniciou a missa formal da cerimônia nupcial, enquanto Maurício não conseguia desviar os olhos de Aline, que, fingindo estar emocionada, chorava na verdade de tristeza e desolação.

Brenda, que a tudo assistia um pouco mais distante, conseguia ver a movimentação espiritual que se fazia no ambiente, sem que ninguém percebesse. Viu que o espírito de Orlando, acompanhado de outros guardiões, rezava em silêncio, suplicando ao Pai que abençoasse aquela união, apesar de não estar pautada na verdade de sentimentos.

Gabriel, que também estava triste por sua assistida, permanecia invisível a seu lado na mais profunda prece, rogando a Deus que amenizasse a ferida aberta em seu coração. Apesar de tudo, o benfeitor sabia que o amor verdadeiro prevalecia sobre todas as tempestades e que, cedo ou tarde, aquelas duas almas que se amavam verdadeiramente encontrariam a felicidade de estarem juntas.

É que às vezes nossas escolhas erradas nos impõem a trilha de caminhos que não estavam programados, mas que necessitam ser por nós desbravados antes que retomemos a estrada de nosso destino.

O sol, que até há poucos instantes brilhava, surpreendentemente deu lugar a nuvens carregadas de chuva, que caía espessa sobre os convidados, obrigando o sacerdote a terminar às pressas a cerimônia.

Trocadas as alianças, Maurício lançou um último olhar para Aline, que desviou os olhos, como a reprovar-lhe a atitude.

Os convidados, apressados, correram para a parte coberta da fazenda, onde a festa começava. O vinho e os canapés eram fartos, e a fila para cumprimentar os noivos era enorme.

O coronel Eustácio fazia muita questão de conhecer o primogênito do barão e praticamente obrigara Aline a permanecer na extensa fila, a seu lado, como ditavam as regras de etiqueta. Por fim, chegou a vez dos dois. Com muita educação, Eustácio apertou a mão de Maurício e, alegre, aduziu:

– Parabéns, nobre amigo! Deve ter estranhado minha presença no altar ao lado de Aline, não é?

Maurício balançou a cabeça afirmativamente, e o rico fazendeiro então esclareceu:

– Vosmecê estava ausente quando fui até a vossa casa pela primeira vez. Sou o coronel Eustácio do Amaral, e Aline é minha filha, que estava perdida porque sofreu um trauma que, nesta ocasião, é melhor não mencionar. Meu empregado teve a sorte de achá-la trabalhando para vossa família e, agora que a tenho de volta, sou um novo homem!

Maurício apenas sorriu para o padrinho inusitado e, em seu íntimo, ficou muito irritado com Aline. Como ela lhe escondera que era rica durante todo esse tempo? Não quisera assumir o romance pela sua pobreza e, mesmo assim, ela tinha feito questão de omitir sua verdadeira origem!

Ora, se ele havia sido mau-caráter, ela também não ficara atrás. No mínimo, nada falara sobre sua riqueza apenas para lhe testar o amor, o que seria previsível para uma rapariga daquela estirpe.

Os rápidos pensamentos do noivo fizeram com que sua fisionomia, antes cabisbaixa, fosse tomada por uma súbita arrogância.

Aline, que estranhou a mudança de atitude do amado, dirigiu-lhe a palavra, com os olhos voltados para baixo:

– Parabéns pelo casamento.

Aneliz, que não gostou de Aline, logo tomou as mãos do noivo nas suas e, com firmeza, respondeu:

– Agradecemos os cumprimentos.

Vaidade um manancial de ilusões

O coronel então tomou o braço de sua filha e ambos saíram da fila, para dar lugar aos outros.

Brenda, que avistou a amiga e notou seu abatimento, logo a chamou para uma conversa:

– Aline, sei que hoje não é um dia muito agradável para vosmecê, mas parece que a luz que tinha em seus olhos se apagou de vez...

– Sim, minha querida, está tudo acabado. Não sei o que Maurício pensou quando meu pai lhe contou que eu era sua filha, mas vi em seu olhar muita raiva e mágoa. Ele não sabe de minha história e por isso deve estar achando que menti propositadamente sobre minhas origens.

– Dê tempo ao tempo, minha querida. Saiba que, assim que tiver uma chance, eu mesma vou contar a verdade a ele. Tem a minha palavra.

Aline retribuiu o gesto da amiga com um sorriso triste, enquanto a noiva de Maurício, muito satisfeita, desfrutava de todas as pompas que só um casamento nobre pode proporcionar.

Do outro lado da festa, Eustácio procurou Quitéria, que, sozinha, contemplava ambiciosa todo aquele luxo e riqueza. Percebendo a oportunidade de conversar a sós com a mulher que desejava, o coronel parou ao seu lado e, disfarçando, falou baixinho:

– Já se despediu de seu marido? Porque estou prestes a sumir com ele, como me pediu...

A gananciosa mulher sorriu jocosamente e respondeu no mesmo tom:

– Não vejo a hora de tornar-me sua esposa e poder repetir nosso encontro ilimitadamente.

Os olhos do homem encheram-se de volúpia, enquanto ela sorria, atiçando-lhe os desejos mais obscuros.

Já Patrícia conversava trivialmente com algumas damas, pensando que Guarrido devia estar fumando charutos com os homens, como era de praxe.

Urbano, que a observava de longe, desejava ter um minuto apenas ao lado daquela mulher que mexera tanto com seus sentimentos. A baronesa fingia não perceber os olhares do capataz, e sua insistência a incomodava de um jeito bastante desagradável. Não queria corresponder àquele olhar, mas, quando se dava conta, retribuía o gesto.

Tratou logo de dispersar aquele sentimento e caminhou um pouco desnorteada pela festa, como a fugir das investidas daquele homem rústico, que despertara em seu íntimo sentimentos que desconhecia.

Enquanto caminhava, percebeu que Cleonice havia sumido, quando deveria estar servindo os convidados. Os empregados não davam conta do serviço, e a festa estava deixando a desejar, o que jamais poderia ocorrer.

Como o salão de sua casa estava cheio, resolveu procurar a criada utilizando a passagem secreta que unia a cozinha aos seus aposentos. Ingressou no recinto, que estava escuro, enquanto segurava a barra do vestido para evitar uma queda.

Surpreendeu-se quando começou a escutar vozes, que pareciam vir da direção de seus aposentos. Cada vez mais curiosa, tirou os sapatos e os segurou nas mãos, para que sua presença não fosse registrada.

Enfim chegou ao quarto, quando pela fresta da porta dos fundos pôde observar Cleonice, que segurava uma caixa de joias enquanto gargalhava descontroladamente.

No entanto, percebeu que a governanta não estava sozinha. Viu quando Guarrido, que saíra da suíte arrumando o traje, beijou com volúpia os lábios da amante, enquanto lhe dizia, perto de seus ouvidos:

– Conforme prometido, digo-lhe que isto é só o começo, minha serva preferida. Se me der o que prometeu, terá muito mais.

Cleonice sorria, gananciosamente.

– Agora precisamos sair, pois logo Patrícia sentirá nossa falta – asseverou o barão.

– Sim, meu amor, voltarei aos meus afazeres de "governanta prendada" – ironizou a empregada.

Vaidade UM MANANCIAL DE ILUSÕES

Patrícia tratou de ir devagarzinho até o guarda-roupa e se escondeu ali atrás, pois desconfiou acertadamente que os dois desceriam para o salão utilizando a mesma passagem que havia usado.

A baronesa, a sós consigo mesma, estava estupefata com tamanha traição. Como haviam ousado abusar de sua confiança? "Ah, isso não ficará assim!", garantiu intimamente, dominada pela mágoa e pelo rancor.

CAPÍTULO XIV

Por trás das aparências...

A festa transcorreu como esperado, embora Patrícia guardasse no íntimo a raiva e a frustração pela deslealdade que sofrera e que, por ora, não deixaria transparecer. Manteria a frieza e aguardaria o momento oportuno para armar um flagrante.

Após a saída do último convidado, Aneliz e Maurício despediram-se da família e partiram em uma viagem de poucos dias, em lua de mel.

Maurício, muito decepcionado com Aline por achar que fora traído, resolveu entregar-se de corpo e alma à noiva, que era uma mulher linda e encantadora.

Mal sabia o rapaz que a esposa trazia em seu coração uma paixão impossível e que o casamento não a impediria de viver aquele sentimento.

Brenda, que estava a sós em seus aposentos, fez uma sentida prece ao Alto, desejando a felicidade do irmão e de sua melhor amiga, Aline. "Ah, como será minha vida sem ter minha amiga por perto?", pensava, um tanto triste.

Orlando, que ali permanecia, resolveu consolar-lhe o coração:

— Brenda, minha querida, não se entristeça pela partida de nossa Aline. Todos nós temos um dever a cumprir nesta vida e, em alguns momentos, é necessário que tenhamos de abdicar de nossa vontade, ainda infantil, para deixar que Deus governe os nossos caminhos.

Fez uma breve pausa e prosseguiu, sereno:

— Hoje uma etapa se findou para alguns e se iniciou para outros. A vida é feita de ciclos, que vão e vêm, com o propósito de nos permitir aprender os ensinamentos de que precisamos para evoluirmos. Confie na Divina Providência e permaneça com o coração voltado ao Alto. Em caso de dúvida, recorra à oração e aguarde. Mantenha os pensamentos firmes e otimistas, e nada será capaz de a abalar.

Brenda se sentiu confiante com o amparo do amigo espiritual e, mais tranquila, entregou-se ao sono reparador.

Aline retornou à fazenda muito triste por não ter tido a oportunidade de explicar sua situação ao amado. Ainda corria muitos riscos, pois, se seu pai desconfiasse de sua lucidez, executaria a ordem que emitira a seus jagunços alguns meses atrás. Resolveu então que aceitaria seu destino, mas daria um jeito de conquistar a confiança do coronel para que ele lhe permitisse visitar Brenda e que com ela pudesse prosseguir nos estudos da mediunidade e da doutrina espírita, que tanto a consolara.

Seus companheiros agora eram os livros que herdara de Salete, pois a ajudavam a compreender e acalmar seu espírito quanto à prematura e cruel morte de sua mãezinha, além de lhe trazerem importantes esclarecimentos sobre a reencarnação.

Após fazer uma sentida oração pela genitora que tanto amava, a menina manteve o silêncio interior. "Por onde anda Beatriz?", questionava internamente.

Gabriel, seu amigo protetor, respondia-lhe em pensamentos, projetando em sua mente receptiva algumas imagens do espírito de Beatriz sorrindo com tranquilidade, ao lado de amigos benfeitores.

A linda jovem registrava as cenas quase de imediato, ignorando o amigo invisível, mas renovada por uma sensação de alegria e paz que, de súbito, invadira seu coração. Esses sentimentos tão nobres fizeram-na crer que Deus tinha ouvido suas preces.

E assim é o que acontece. Nenhuma rogativa sincera fica sem resposta. Em todos os momentos em que direcionamos nosso pensamento com fé a Deus, Ele nos responde com seu auxílio e consolo.

A prece é a ligação direta do filho com o Pai.

Algum tempo se passou depois da união de Maurício com Aneliz.

As coisas estavam calmas na fazenda dos Guarrido, com exceção apenas de Patrícia, que passou a perseguir os passos do marido e de Cleonice, para na hora certa dar-lhes o aguardado flagrante. Seu coração estava ferido e desejava ardentemente denunciar a infidelidade daqueles dois para toda a sociedade.

Já Aneliz mostrava-se uma moça educada e cordial. Patrícia havia gostado da nora, que, com seus hábitos nobres, logo conquistara a família na qual acabara de entrar.

Vaidade UM MANANCIAL DE ILUSÕES

A única que ainda resistia à simpatia de Aneliz era Brenda, mostrando-se um pouco arredia nos momentos em que a cunhada se aproximava para conversas.

Apesar das aparências, porém, Aneliz não era nada daquilo que demonstrava ser. Por pertencer à nobreza, fora criada para se casar com um homem rico e, para tanto, tivera de aprender bons modos desde quando era menina. Acostumara-se a ser vaidosa e fútil, pois naquela época as esposas destinadas a homens membros de uma classe social mais abastada assim deveriam se comportar.

Contudo, em seu íntimo, a jovem senhora do barão, como era chamada, não estava satisfeita com a vida que seus pais a haviam obrigado a ter, pois desejava ser livre, assim como os homens o eram. Tinha em mente que seu casamento não a impediria de conquistar seus objetivos, principalmente o amor do filho de um rico fazendeiro, que sempre a ignorara.

O rapaz pelo qual era apaixonada se diferenciava dos outros, pois não desejava se casar por imposição e, devido a esse motivo, sua família era alvo de preconceito da sociedade, uma vez que os pais respeitavam e mantinham a vontade do filho acima de quaisquer outros interesses escusos.

Em vão os pais de Aneliz haviam sondado o clã do rapaz para satisfazer o desejo da filha mimada, posto que o pedido fora recusado ante a negativa do eleito.

Aneliz jamais esquecera a mágoa e a vergonha de ter sido rejeitada por Júlio, e jurara que essa paixão que nutria pelo jovem seria o combustível para uma desforra à altura.

Não raras vezes, entregamo-nos a ações inferiores apenas para satisfazermos os caprichos impostos pelo orgulho e pela vaidade. Esquecemos que as faltas que cometemos voltam apenas para nós mesmos e que irremediavelmente sofreremos as consequências de nossas equivocadas escolhas.

Desastres de toda a sorte poderiam ser evitados se não déssemos tanta importância a fatos pequenos do cotidiano. Corações não seriam aprisionados uns aos outros pelas algemas da mágoa e do rancor se confiássemos na Divina

Providência, em vez de insistirmos no erro e na intemperança. Vidas não seriam ceifadas por mãos assassinas se soubéssemos esquecer as ofensas e prosseguir a marcha.

Ainda temos uma herança negativa em razão do mau uso do livre-arbítrio. Mas esse mesmo atributo é a salvação da humanidade, que por meio de novos atos, novas escolhas, novos sentimentos, pautados na lei de justiça, amor e caridade, é capaz de transformar atos equivocados em sementes de luz e renovação.

Quitéria não aguentava mais a vida que levava. Desde que havia falado com Eustácio naquela festa, não parava de pensar no tempo que perdia longe do luxo e das riquezas que a esperavam. Teria de pensar em algo para acabar com a vida de João, sem que levantasse qualquer suspeita.

Muito perspicaz, a ambiciosa camponesa perguntou ao marido, que estava apressado para sair:

— Ora, João, para onde vai tão cedo?

— Tenho que acompanhar o barão em uma viagem à cidade próxima, pois ele vai receber o pagamento da safra de café que vendeu e precisa de escolta.

— Mas então vosmecês vão de comboio?

— Sim, e já tô atrasado!

O capataz pegou a arma e o chapéu, montou em seu cavalo e partiu apressado.

Quitéria, por sua vez, já sabia o que fazer. Pegou uma das últimas moedas que tinha, chamou um menino que passava na rua e pediu-lhe um sinistro favor:

— Ei, garoto, quer ganhar uma moeda?

— Sim, claro — respondeu o menino.

— Então leve este bilhete à fazenda do coronel Eustácio do Amaral o mais rápido possível — e, entregando dois papéis ao garoto, avisou: — Um é a carta, que está lacrada e não pode ser aberta por outra pessoa que não seja o próprio coronel. O

Vaidade UM MANANCIAL DE ILUSÕES

outro é o endereço da fazenda. A moeda que lhe dei pagará o cocheiro e lhe renderá um bom trocado. Agora vá!

O menino prontamente atendeu a ordem e partiu com o bilhete rumo à fazenda.

Chegando lá, Urbano o recebeu e estranhou o fato, mas logo tratou de entregar o bilhete ao coronel, que assim dizia:

Querido amante,
Tenho boas notícias. João partiu esta manhã em comboio com o sr. Guarrido rumo a uma cidade próxima daqui. Se agir rápido, poderá pegá-lo em uma emboscada.
Assim que me tornar viúva, casarei-me com vosmecê.
Quitéria.

Amaral estava ávido por ter novamente em seus braços aquela mulher ambiciosa e sem escrúpulos.

Sem perder tempo, chamou Urbano e mais alguns empregados para ir ao encontro do comboio. Tinha um plano em mente e o executaria com toda a perfeição, pois senão correria o risco de ser morto pelo barão.

Enquanto arrumava os cavalos, Eustácio orientou Urbano com frieza:

— Quero me livrar do capataz de Guarrido e não lhe diz respeito o motivo. Desse modo, vamos usar lenços no rosto e simular um assalto ao senhor do café. Não quero que ninguém saia machucado, com exceção de João, que deverá ser morto, de preferência pelas costas. E vosmecê é quem dará o tiro nele.

Urbano estava estarrecido. Não queria matar ninguém, principalmente João, que era seu colega. Contrariado, o empregado ousou questionar:

— Mas, *sinhô coroné*, o que o cabra fez para que morra assim?

— Já disse que não lhe interessa — replicou o patrão. — Agora, vamos.

Aline, que estava escondida, escutou a conversa e estava muito assustada, pois não conseguiria avisar a tempo aquela família sobre os planos assassinos de seu pai. Mas por que o coronel mataria o capataz do barão?

Resolveu entrar no escritório do pai e se deparou com uma folha amassada jogada ao chão. Com muita surpresa, a menina tomou conhecimento do que nela estava escrito. Triste e amedrontada, descobriu que Quitéria e seu pai eram amantes e que sordidamente matariam João, para depois selarem matrimônio futuro.

"Meu Deus", pensou, aflita. "O que será de minha vida se aquela mulher vier morar aqui em casa?" Um pranto desesperado encheu-lhe o rosto de lágrimas.

A caravana que levava o barão seguia pela estrada, enquanto João ia à frente de todos com seu cavalo, para garantir que a viagem seria segura. Quando ia receber pagamento de clientes, o barão costumava pegar muitas notas de alto valor monetário, e qualquer falha na segurança poderia lhe render um grande prejuízo.

Um pouco mais distantes e acelerados, estavam os homens do coronel Eustácio, entre eles Urbano, que, muito a contragosto, fora o incumbido de executar com a maior frieza o capataz mais próximo do barão.

Eustácio logo avistou o comboio na estrada e, como eram os únicos naquelas terras, deduziu que se tratava do barão do café. Todos os capatazes de Amaral estavam armados. Utilizavam lenços no rosto para não serem reconhecidos e, obedecendo à orientação do patrão, simulariam um roubo, à semelhança de malfeitores oportunistas.

Ao se aproximarem do comboio do barão, os homens de Eustácio atacaram a charrete, que, com o impacto, acabou provocando a queda de Guarrido, que estava ali dentro. Sem conseguir se movimentar em razão do acidente, o barão ficou preso à porta, que emperrou. Nada podendo fazer, ouviu apenas as trocas de tiros e ficou em silêncio, com medo de ser morto.

Na confusão, Urbano, que não queria matar o amigo, tentou dele se aproximar e avisá-lo para fugir, porém, ao chegar perto de João, que lutava bravamente com um dos homens do coronel, foi surpreendido pelo barulho do tiro de uma espingarda, cuja bala atravessou as costas do capataz. Este caiu, morto.

Sem entender direito o que ocorria, Urbano ouviu os homens gritarem: "Vamos sair daqui!", e então tratou de ir embora, tomando com rapidez o rumo da fazenda dos Amaral.

O barão, muito assustado, foi prontamente tirado da charrete com a ajuda de seus homens e, para sua tristeza, constatou que João fora o único a sucumbir ao ataque. Ainda atordoado com os acontecimentos, ordenou que o corpo de João fosse levado por um dos empregados até sua fazenda, para que dessem andamento a todas as providências do funeral, enquanto ele prosseguiria a viagem para receber o pagamento que lhe era devido.

De volta à sua casa, Eustácio estava satisfeito com seu trabalho e orgulhava-se de si mesmo. Ele próprio havia atirado em João no meio da confusão. Agora estava livre para desposar Quitéria e desfrutar de sua companhia para sempre.

Urbano, por outro lado, dirigiu-se ao seu casebre, muito entristecido pela morte do colega. "Mas o que aquele homem fez para morrer assim?", indagava, sozinho, com seus botões.

Já era noite alta, e o empregado ainda estava acordado, sentindo-se culpado por não ter tido tempo de avisar o amigo sobre a emboscada que o vitimara. Porém, conformou-se ao pensar que pelo menos não fora ele o autor do disparo, o que já era uma grande coisa.

Foi surpreendido por um barulho que vinha de fora, como se alguém tivesse jogado uma pedra em sua janela. Ao abrir a porta, deu de cara com Aline, que vestia uma túnica escura com capuz, no intuito de se disfarçar aos olhos dos outros empregados. Urbano, muito surpreso, fez um sinal para que ela entrasse.

Devagar, Aline ingressou na pequena casa e foi direto ao assunto:

– Urbano, o que houve? Para onde vosmecê e seus homens foram com meu pai?

– Ara, a senhorinha anda muito curiosa. Não é bom saber demais...

– Por quê? – interrogou Aline. – Se eu souber de algo, vão me matar?

Urbano estremeceu com a indireta da menina. Será que ela havia recuperado a memória?

Antes que ele pudesse tirar suas conclusões, a filha do patrão prosseguiu com firmeza:

– Responda para mim, Urbano. Estou esperando. Será que seria mesmo capaz de me matar? – e, fixando bem seus olhos nos dele, a garota prosseguiu, ainda mais altiva: – Crescemos juntos, eu e vosmecê. Será mesmo que é igual ao meu pai? Sempre me pareceu um homem bom, íntegro e fiel, longe das qualidades de um assassino. Urbano, preciso de vosmecê, meu irmão...

As palavras da menina mexeram com o coração de Urbano.

De fato, ele e Aline haviam crescido juntos, pois o capataz era filho de um dos empregados mais fiéis ao coronel, que morrera prematuramente por causa de complicações no coração. Triste com a situação do menino órfão, Beatriz, esposa de Eustácio, pedira ao marido que pudesse criá-lo na companhia da filha, eis que Aline era solitária e há muito havia pedido um irmãozinho.

Amaral, por gratidão ao empregado falecido, concordara com a esposa e permitira que o filho do empregado convivesse mais próximo à sua família.

Vaidade UM MANANCIAL DE ILUSÕES

Então, Urbano e Aline tinham se tornado amigos desde a infância, permanecendo assim até a triste morte de Beatriz, que acabara separando momentaneamente aquelas duas almas simpáticas.

Após se recordar de tudo o que vivera naquela fazenda, Urbano deixou uma lágrima de saudade escorrer por sua face, enquanto observava Aline, bem ali à sua frente, a pedir-lhe auxílio.

Cansado de ser escravo do coronel, Urbano resolveu que a última coisa que faria seria auxiliar Aline no que viera pedir e, logo após, partiria para terras longínquas, a fim de refazer sua vida.

Depois de um longo silêncio, Urbano respondeu, sereno:

– Sabe que não sou como vosso pai, Aline. Pelo jeito que fala, percebo que sua memória voltou, não é?

– Sim, voltou. E por causa disso é que vim ter com vosmecê – retrucou a jovem fazendeira.

Um pouco curioso sobre até que ponto iam as recordações de Aline, o empregado indagou:

– Além de se *lembrá* de nossa infância, *qué* mais se lembrou?

– De tudo, Urbano, inclusive da morte de minha mãe, se é isso que pretende saber.

O capataz tremeu por dentro. Se o patrão desconfiasse dessa lembrança, mataria a filha, do mesmo jeito que dera cabo da vida de João.

A jovem, que parecia ler os pensamentos do amigo e empregado, prosseguiu:

– Sei o que está pensando, Urbano. Por isso é que vim até aqui a essa hora da noite.

E, tomando fôlego, continuou:

– Estou arriscando minha vida porque acredito que nossa amizade é maior do que sua lealdade ao meu pai. Descobri o motivo que levou o coronel a querer acabar com a vida de João.

Surpreso, Urbano não se conteve:

— Então diga, porque não estou nada bem com essa história. João era colega meu e até agora *num* entendi essa raiva que o *coroné* tem desse homem.

— Ele quer se casar com a esposa dele, a senhora Quitéria, que me ajudou quando estava perdida e me levou à fazenda do barão.

— Ora, então não deve se preocupar, patroinha — concluiu o capataz. — Afinal, essa senhora gosta de *ocê* e certamente poderá ajudá-la a superar a morte da senhora Beatriz.

— Está enganado, meu amigo — replicou a menina, enquanto deixava o pranto escorrer-lhe pela face. — Não sabe de nada.

Urbano não entendia aquela conversa. Se Quitéria a encontrara perdida e a ajudara, qual era o motivo de Aline estar tão triste com aquele casamento?

Foi essa pergunta que ele fez à jovem. Aline, prontamente, esclareceu:

— Engana-se, Urbano. Quitéria é uma mulher ruim, ambiciosa e que a todo custo quer dinheiro e riquezas. Quando me colocou na fazenda, obrigou-me a prometer que tudo de valor que eu recebesse daria a ela.

E, com muita mágoa na voz, relatou:

— Essa mulher foi ainda mais longe: descobriu sozinha onde eu morava e se encontrou com meu pai, que, por ela, foi seduzido e caiu de amores. Como se não bastasse, escreveu-lhe um bilhete avisando que o próprio marido estaria em um comboio e que, assim que se tornasse viúva, se casaria com ele.

Tomado de horror, Urbano pegou um copo com água para Aline, que estava muito nervosa por ter revelado toda a verdade a alguém em quem sequer sabia se podia confiar. No entanto, essa era a única possibilidade ao alcance da jovem para evitar que aquele casamento ocorresse. Caso contrário, de um ou de outro jeito, estaria condenada a morrer.

Urbano estava muito triste com a situação da amiga e esperou em silêncio até que ela se acalmasse.

Vaidade UM MANANCIAL DE ILUSÕES

Aline, mais tranquila, retomou a palavra:

– Então, Urbano, preciso que me ajude a evitar esse casamento. Precisamos avisar dona Patrícia sobre as reais intenções de Quitéria e contar àquela família que foi ela quem pediu que João fosse assassinado. Não quero mais morar aqui ao lado de um pai violento e sem escrúpulos, e de uma mulher igual a ele. Não merecemos esta vida, meu amigo – e, quase suplicando, ela pediu mais uma vez: – Por favor, me ajude!

– Pode contar comigo, Aline. Não direi ao *coroné* que se lembrou de tudo. Mas precisa se conter e continuar fingindo que de nada se recorda, para que possamos agir sem que ninguém desconfie. Agora vá, senão despertará a atenção dos empregados.

Muito feliz por ganhar um aliado, Aline saiu do recinto, escondendo o rosto no capuz que vestia. Precisava agora pensar em como fazer para avisar à família Guarrido sobre Quitéria e afastá-la de sua vida o quanto antes.

CAPÍTULO XV

A morte é apenas o final de uma lição

Foi com muito pesar que os empregados do barão recebe-ram o corpo inerte de João na fazenda do café. Afinal, apesar de bronco, ele era um homem bom.

Patrícia, muito triste, foi quem deu a notícia a Quitéria, que disfarçou sua alegria com um pranto inconformado e quase histérico.

No funeral, a viúva fingida gritava:

— Oh, meu Deus, o que será de minha vida sem vosmecê, João? O que vou fazer agora? Do que vou viver? Sou uma velha cansada, mal consigo caminhar sozinha...

A baronesa, comovida com as palavras da viúva, pegou um saquinho com algumas moedas de ouro e o entregou à mulher, que o guardou com rapidez.

— É apenas uma parte daquilo a que João tem direito — es-clareceu a baronesa, com doçura. — Logo que meu marido chegar de viagem receberá muito mais, afinal ele protegeu

Vaidade UM MANANCIAL DE ILUSÕES

Guarrido com bravura e evitou que uma tragédia de proporções maiores acontecesse.

– Muito grata, senhora baronesa, mas dinheiro algum trará meu marido de volta – respondeu Quitéria, com todo o fingimento que lhe era peculiar.

Após o enterro de João, a viúva retornou ao seu casebre com alívio na alma e o bolso cheio de moedas. Agora estaria livre para conquistar o que sempre desejara: *status*, dinheiro e poder. Todavia, mal sabia a velha senhora que a liberdade que tanto havia procurado a escravizaria por amargos anos no sepulcro da própria ignorância.

Em um outro lado da casa estava Brenda, que agora convivia com seus familiares sem precisar ser isolada em seu quarto.

Naquele dia, em especial, a jovem médium não se sentia muito bem; estava agitada, arredia, e Patrícia estranhou muito esse comportamento, já que, desde que Aline passara a cuidar da garota, tais atitudes não mais tinham ocorrido.

Aneliz, que observava a menina, queria a todo custo entender qual era seu segredo, pois há muito notara que a família a tratava de um modo diferente, com receio e cuidados exagerados. Seria apenas uma questão de tempo para a mais nova integrante da família descobrir o que a filha do barão tinha de diferente dos demais.

De noite, em seus aposentos, Brenda não conseguia adormecer.

Viu-se, repentinamente, em um lugar escuro, frio, onde muitas pessoas gritavam, choravam e esbravejavam.

Caminhava pelo local ermo sentindo medo e aflição por ver tantos doentes, quando então encontrou um homem sentado, perdido e aflito. Chegou mais perto dele e, quando ele se virou, constatou que se tratava de João, o empregado morto em uma emboscada para proteger seu pai. Ele, que a reconheceu, agarrou sua camisola, tentando falar alguma coisa, sem que as palavras pudessem sair de seus lábios.

Brenda, que estava muito assustada, tentava se desvencilhar daquele homem que, com a lama que tinha nas mãos, sujava o tecido alvo de suas vestes íntimas, enquanto a segurava com força. Muito aflita e sem saber o que fazer, a jovem gritou alto, deparando-se, surpresa, com Aneliz ao lado de sua cama, que a chamava pelo nome até que despertasse do pesadelo que tivera.

A jovem moça, que havia acordado suada e assustada, ainda não sabia se o que acabara de vivenciar era sonho ou realidade, pois fora tudo muito nítido. Sem se dar conta de que era Aneliz quem estava a seu lado, a menina falava, ainda apavorada:

– Era ele! João estava lá, naquele lugar feio. Meu Deus, ele queria me dizer alguma coisa, mas não consegui ouvir! Oh, será que estou tendo aqueles surtos de novo? Não é possível...

– Acalme-se, Brenda – interrompeu Aneliz, que, curiosa, aproveitou para desvendar de uma vez qual seria o segredo da jovem cunhada. – Estou aqui para ajudá-la. O que foi que vosmecê viu? Pode me contar, confie em mim.

Brenda não pôde perceber as reais intenções de Aneliz e, ingenuamente, narrou:

– Aneliz, um tempo atrás eu tinha crises nervosas e fui diagnosticada com esquizofrenia. Mas, depois que conheci Aline, tudo mudou, pois juntas descobrimos que na verdade o que eu tenho é a faculdade de me comunicar com espíritos...

Interessada no relato da menina, Aneliz reagiu à narrativa de modo natural, o que fez Brenda não se intimidar em continuar com o desabafo:

– Esta noite eu estive com João, o empregado que morreu por esses dias. Ele precisa de minha ajuda.

– E vosmecê consegue se comunicar com os mortos?

– Sim, Aneliz, do meu jeito. Faltou-me aprender como fazer isso corretamente, pois, quando eu e Aline estávamos quase chegando a essa parte da lição, ela foi embora...

– Ora, mas eu posso continuar estudando com vosmecê – ofereceu Aneliz, com segundas intenções.

– Sério? Mas não me parece que acredita em coisas de espíritos...

– Tem muito sobre mim que ainda não sabe, Brenda – respondeu a cunhada, deixando um ar de mistério.

– Obrigada, Aneliz. Acho que agora consigo dormir em paz. Peço que não conte o que viu aos meus pais, senão é capaz de chamarem o doutor Otávio de novo, e não quero mais ficar à mercê de remédios e em total isolamento.

– Deixe comigo – prometeu a cunhada. – Nada falarei a eles. Mas gostaria de voltar a conversar sobre o assunto, pois creio que dentro em breve precisarei de seus préstimos "sobrenaturais"...

– Tudo bem.

Aneliz deixou os aposentos da cunhada com um sorriso sarcástico no rosto. Aqueles "poderes do além" da menina poderiam ser muito úteis para conquistar seu sinistro intento com Júlio.

Os dias se passaram céleres, e o luto formal que Quitéria guardava pela morte de João já havia se esvaído.

Após o enterro do marido e o regresso do barão à fazenda, a gananciosa viúva recebeu como pagamento apenas algumas moedas de ouro e nada mais.

Agora que já havia se passado um tempo desde a morte de João, enfim poderia pôr em prática a parte final de seu plano, que era se casar com Eustácio.

O coronel, que também estava ansioso para se casar novamente, preparava Aline para lhe contar sua mais nova decisão enquanto tomavam o desjejum:

– Então, minha filha, como se sente desde que voltou?

Disfarçando a contrariedade, a menina se manteve serena e, com delicadeza, respondeu:

– Estou muito bem, meu pai. Mas ainda não consigo recordar meu passado.

— Ora, mas isso é ótimo, afinal, quem vive de passado é museu!
— Sim, mas acho importante resgatarmos as lembranças, pois nos ajudam a perceber nossa real identidade.
— Tem razão, minha filha. Porém, existem lembranças tão perigosas que quando vêm à tona são capazes de provocar verdadeiras tragédias...

Após o rumo que a conversa tinha tomado, o coronel desistiu de contar à filha sobre a intenção de se casar de novo e permaneceu à mesa para terminar o café, um tanto descontente.

Aline, que entendeu o recado do pai nas entrelinhas, manteve o silêncio para não dar prosseguimento àquela conversa, que poderia se tornar ainda mais perigosa. E a última coisa que ela queria, naquele momento, era correr riscos.

Maurício estava cada vez mais próximo de se tornar o sucessor de seu pai, embora o império do café, naqueles tempos, já estivesse no início de sua decadência. Contudo, apesar de a situação econômica para os donos de cafezais não ser das melhores, a sociedade, como sempre, sabia como manter as aparências.

Mesmo depois de alguns meses sem ver Aline ou saber notícias dela, Maurício não a esquecia. Ainda estava irritado com o fato de a ex-empregada não ter lhe contado que era filha de um rico e conhecido coronel. Se ela tivesse dito isso logo que haviam começado a se interessar um pelo outro, quem sabe ela não estivesse agora no lugar de Aneliz?

Todavia, não se pode alterar o passado.

Aneliz, apesar de não ser o amor de sua vida, era uma bela mulher e uma ótima esposa. Era dona de hábitos tradicionais, nobres, e a exibição de sua imagem perante os outros homens da nobreza era quase como a de um troféu.

Assim, o rapaz não poderia estar mais satisfeito. Gozava de saúde, vigor, prestígio, dinheiro, poder e um bom casamento. O que mais poderia esperar da vida?

Essa é a pergunta que muitos fazem quando pensam já ter chegado ao auge da existência, como se a experiência terrena se resumisse a uma colônia de férias, cuja finalidade principal seria a fruição e o gozo de bens materiais e prazeres passageiros.

Ignoram, porém, que a verdadeira lição da vida corpórea não é garantir apenas e tão somente facilidades materiais, mas sobretudo permitir a aquisição de valores morais ao espírito que temporariamente está reencarnado. Ficamos tão obstinados com a matéria que nos esquecemos de que tudo o que é material, inclusive o corpo físico, perecerá sem que tenhamos controle sobre esse fato.

Riquezas não são proibidas quando bem utilizadas e repartidas, pois se trata do fruto do trabalho honesto, que também é uma das leis de Deus. Entretanto, não podemos nos deixar envaidecer pela ilusão que o dinheiro proporciona, sob pena de desperdiçarmos a oportunidade de uma reencarnação e ainda angariar mais desajustes e desequilíbrios para nós mesmos.

Maurício, ao contrário do que supunha, ainda teria muito a esperar e a progredir na vida.

Orlando se preparava para visitar Beatriz, que agora parecia um pouco mais conformada e refeita da desencarnação repentina da qual fora vítima.

Na cidade espiritual à qual fora levada pelo benfeitor, ela se preparava para assistir a uma palestra que seria feita por Gabriel, o mesmo espírito designado para acompanhar Aline durante sua experiência carnal.

ROBERTA TEIXEIRA DA SILVA DITADO POR ANGELUZ

Orlando, que acabara de chegar, sentou-se ao lado da mais nova amiga e, sem tempo de dialogarem, permaneceram em silêncio.

Antes do início da exposição, um trabalhador do astral fez uma prece, acompanhado pela vibração de todos os presentes:

– Senhor Jesus, Mestre amigo e exemplo de conduta. Humildemente estamos nós diante de vossos pés, suplicando-lhe o auxílio de que ainda necessitamos como espíritos em evolução. Envolva, neste instante de luz, nossos corações, para que possamos apreender todos os ensinamentos que forem passados. Sê conosco, Mestre amado. Que assim seja, graças a Deus.

Após a curta, mas sentida oração, os presentes puderam perceber que uma chuva colorida e brilhante caía do firmamento, como em resposta à rogativa genuína e sentida de todos.

Gabriel, minutos antes de começar a explanação, fechou os olhos claros e, como a buscar a inspiração de que necessitava, respirou devagar e profundamente, para então dar início à palestra:

– Caros companheiros de ideal, que o Mestre nos abençoe. Estamos todos aqui reunidos para aprender um pouco mais sobre os ensinamentos de Jesus, nosso Verbo Exemplar. Jesus era o amor em ação. Por onde passou, deixou rastros de luz e esperança nos corações mais embrutecidos. Sua luz ofuscava carinhosamente os olhos de quem teve a honra de vê-lo. Suas palavras foram a consolação para aqueles que tiveram ouvidos para ouvi-las. Sua conduta reta, firme e amorosa é um exemplo a ser seguido por todos aqueles que anseiam pela própria evolução. Hoje vamos falar um pouquinho daquela passagem do Evangelho, quando Jesus disse a Nicodemos: "Ninguém verá o reino de Deus se não nascer de novo".[1]

Parou por alguns instantes e prosseguiu, firme:

---

[1] João 3, 1-8.

Vaidade UM MANANCIAL DE ILUSÕES

– Sabemos, como espíritos desencarnados, que a morte física é apenas uma passagem, uma porta que se abre para uma das incontáveis moradas de nosso Pai. Estamos de passagem em busca da própria perfeição, que é a maior finalidade da existência. Nosso conhecimento, ainda mínimo, sobre a vida e seus inúmeros desdobramentos, por enquanto, não nos permite decifrar os mistérios que circundam a criação divina. Porém, tudo tem o tempo certo para acontecer. Se colhermos o fruto antecipadamente, ele estará verde, e se deixarmos passar o tempo da colheita, ele estragará.

"Assim é a existência material.

"Temos o tempo mais ou menos certo de viver em um corpo de carne, e o tempo de regressar à verdadeira pátria, que é a espiritual. O grande aprendizado que precisamos auferir está no que faremos para preencher esse tempo.

"O livre-arbítrio não é um atributo que somente nos aprisiona à lei do retorno. Não devemos acreditar que a vida carnal futura estará fadada apenas às consequências passadas de nossas ações menos felizes. É certo que a reação é inevitável, mas isso não significa que seremos eternos prisioneiros dessas reações.

"Não, meus amigos!

"Apesar de tudo, continuamos com o poder de escolher livremente, ainda que tenhamos atraído situações desfavoráveis, frutos de equívocos passados. Do mesmo modo que um dia, equivocadamente, utilizamos o livre-arbítrio para ferir, podemos utilizá-lo para algo nobre. Não foi à toa que Pedro, apóstolo do Mestre, disse que 'o amor cobre a multidão de pecados'. O amor, o perdão, a renúncia e a caridade podem neutralizar dores de um passado sombrio e ignorante.

"A reencarnação é sempre uma nova oportunidade de recomeço, de novas escolhas, de fazermos diferente, ainda que tenhamos que suportar situações difíceis. Não estamos destinados ao sofrimento. Nosso destino é a angelitude, a felicidade. E, para isso, necessitamos abusar de escolhas felizes, aprendendo a transformar o que aparentemente nos desfavorece em oportunidade de aprendizado e ajuste moral.

"Se nosso olhar estiver direcionado do topo de uma montanha alta, poderemos contemplar a beleza e a imensidão de toda uma paisagem logo abaixo. Porém, se permanecermos com os olhos limitados só embaixo, não enxergaremos senão curtos caminhos à nossa volta.

"Somos espíritos que temporariamente necessitam do revestimento material para evoluir, e não o contrário. A vida terrena é escola edificante, mas não deixa de ser transitória. O que nos enriquece o espírito são as experiências que temos durante a vivência na carne, por isso é muito importante sabermos que a morte do corpo físico nada mais é do que o final de uma lição.

"E virão outras lições, até que finalmente aprendamos o suficiente para não mais necessitarmos de tantas reencarnações.

"Mas, por ora, esse ir e vir faz parte de nosso processo evolutivo e cabe somente a nós mesmos bem aproveitarmos cada uma dessas experiências, para então podermos alcançar patamares mais elevados, sem nos esquecermos de auxiliar os irmãos mais necessitados. Sendo assim, pensemos em como vamos preencher nosso tempo daqui para a frente.

"Muita paz a todos. Obrigado. Graças a Deus."

Encerrada a bela explanação, Orlando e Beatriz permaneceram em seus lugares, aguardando Gabriel, que cumprimentava os colegas.

Após alguns instantes, o palestrante aproximou-se dos amigos e, muito cordial, quis saber sobre Beatriz. Sem cerimônia, observou:

– É um prazer estar com a senhora, Beatriz. Vejo que está com a aparência mais alegre. Ficar com nossos irmãos aqui nesta cidade espiritual fez-lhe bem, não acha?

– Agradeço a preocupação, nobre amigo – respondeu Beatriz. – Sim, me faz bem estar aqui. Agora sinto-me mais refeita e lúcida. Não vou negar que meu coração de mãe não esteja aflito, mas compreendi que não posso alterar o curso das coisas. Devo me desprender de certas preocupações para que possa vir a ser útil mais tarde.

Vaidade UM MANANCIAL DE ILUSÕES

Orlando, muito educado, interveio:

– Sim, Beatriz. Para que estejamos aptos a auxiliar um irmão é preciso primeiro que nos auxiliemos antes, afinal, ninguém pode dar o que não tem, não é verdade?

Todos concordaram com a ponderação de Orlando e saíram da sala da palestra rumo às acomodações de Beatriz.

Despedindo-se, Gabriel, sempre carinhoso, osculou a face da amiga e, sereno, tranquilizou-a:

– Querida, continue aproveitando com todo o afinco as lições que recebe de nossos amigos do astral, pois lhe serão demasiadamente úteis no momento oportuno. Aquiete o coração materno, pois Aline não poderia estar melhor, eu lhe garanto. Permanecerei ao lado dela, para o que necessitar.

– Eu lhe agradeço muito. Vou ficar em paz. Confio em Deus.

Após as despedidas, Orlando e Gabriel partiram rumo à Crosta, a fim de se aproximarem novamente de seus tutelados.

No caminho de volta, Orlando demonstrou certa preocupação com Brenda e resolveu pedir orientações ao amigo:

– Gabriel, estou um pouco temeroso com os dias vindouros. Aneliz já sabe que Brenda possui faculdades mediúnicas e demonstrou um interesse muito estranho em tais atributos.

Após breve pausa, prosseguiu:

– Creio que o passado e o presente vão se fundir a qualquer momento. O que me orientaria em tão complexa situação?

O benfeitor do astral, após refletir por alguns instantes, esclareceu, com muita confiança em suas palavras:

– Orlando, você acertou quando disse que o passado e o presente irão se fundir um ao outro dentro em breve. Sabemos que Aneliz, em reencarnação anterior, foi Elisabeth, amante de Cirilo, hoje Maurício, e que, apesar do caso extraconjugal que manteve com ela, ele sempre amou a esposa, Francine, que nesta atual existência é nossa querida Aline.

Muito interessado em ouvir o relato do amigo espiritual, Orlando permaneceu quieto, aguardando que o colega retomasse a palavra.

Então Gabriel prosseguiu:

— Pois bem, amigo. Elisabeth, iludida com a ideia de que poderia fazer Cirilo abandonar Francine, para poder gozar de forma legítima de todas as facilidades materiais que pertenciam ao amante, envenenava-o constantemente com palavras perturbadoras e projetava em sua mente situações constrangedoras, caso a sociedade impiedosa descobrisse sobre a loucura da filha, Alice, hoje na roupagem de Brenda. Cirilo, sempre muito vulnerável, acabou aceitando as sugestões cruéis da amante e influenciou para que Francine levasse a efeito sua decisão de internar a filha em um hospital de loucos. Passado um tempo, Alice desencarnou e, como a morte da filha o levou à loucura, ele abandonou a esposa e permitiu que Elisabeth usurpasse todo o seu patrimônio, até ficar completamente pobre em um asilo, aguardando solitário a visita da morte física.

Orlando já sabia de todos esses fatos, mas estava muito concentrado nas palavras de Gabriel, pois tinha convicção de que, após a narrativa de todo o ocorrido, um sábio conselho partiria de seu coração bondoso.

Gabriel, após fitar brevemente o amigo, retomou o raciocínio com muita sabedoria:

— Sabemos que depois de essas almas retornarem ao plano invisível foram convidadas a uma nova experiência, para que pudessem se despir da vaidade, que fora o veneno letal a provocar a queda de todos. Só com muita renúncia e abnegação tais companheiros endividados poderiam finalmente se verem livres dos débitos que tinham adquirido entre si. Contudo, sabemos que a morte física por si só não opera milagres e que a reencarnação, a despeito de ser bênção divina, não é garantia de êxito, pois, para tanto, o progresso moral e a vontade de se modificar provenientes do espírito é que serão os ingredientes que poderão levar à completude da existência futura. Sem tal predisposição do reencarnante, o sucesso ficará cada vez mais distante, e a chance de uma nova queda, mais iminente.

Muito inspirado, o benfeitor continuou:

Vaidade UM MANANCIAL DE ILUSÕES

– Aneliz tem a chance da redenção com Brenda nesta atual existência, pois, como legítima esposa de Maurício, pode auxiliar diretamente aquela de cuja destruição participou, com o mesmo instrumento de outrora, ou seja, a palavra. Porém, conforme podemos ver em sua aura, Aneliz quer se aproveitar da mediunidade de Brenda para seduzir um rapaz que a rejeitou. Essa intenção oculta da garota demonstra que o espírito de Elisabeth apenas "trocou de roupa", sem nada ter modificado em seu interior, pelo menos por enquanto. Por isso, o que pode fazer, meu amigo, é rezar para que nossa irmã evite novas avalanches morais por meio de escolhas mais acertadas. Não nos cabe fazer o trabalho do outro, mas sempre podemos auxiliar um irmão perdido com preces e bons pensamentos.

Orlando estava mais tranquilo com as palavras de Gabriel. Muito agradecido, o protetor de Brenda ainda não desejava terminar a palestra e desabafou, com muito amor em suas palavras:

– Tem razão, Gabriel, mas sabe que tenho por Brenda um amor que ultrapassa as barreiras do tempo e do espaço. Tive a oportunidade de reencontrá-la ainda como Alice, quando sofreu muito em razão do descontrole de sua mediunidade. Mas sabemos que tudo teve uma razão de ser.

Suspirou fundo e, buscando em suas lembranças um passado distante, Orlando narrou, comovido:

– Nossa Brenda acumulou dívidas com espíritos de mundos inferiores quando foi escrava, em existência anterior à de Alice. Por dinheiro, ela aceitava realizar "trabalhos espirituais" de todos os modos. Tinha perfeita ciência de sua mediunidade e sabia como manipular os espíritos a seu favor. As sinhás eram as mulheres que mais a procuravam, pois desejavam ter relações amorosas com homens da corte sem o conhecimento de seus maridos. E, aproveitando-se da vulnerabilidade dessas mulheres, que eram praticamente esquecidas pelos homens a quem haviam sido destinadas, Brenda pactuava com forças negativas e conseguia, quase sempre, o intento de suas clientes.

ROBERTA TEIXEIRA DA SILVA DITADO POR ANGELUZ

O abnegado protetor fez uma pausa para retomar o equilíbrio interior e, mais refeito, prosseguiu:

– Com todo esse "sucesso", não demorou muito para que Brenda fosse alforriada e, com o dinheiro que acumulou, construísse uma mansão, para nela atender a clientela com mais liberdade. Era a única negra rica daquela região e, apesar do preconceito da época, era respeitada por todos os nobres. Porém, o que ela ignorava é que não existe acordo com espíritos de mundos inferiores, pois estes querem sempre mais daquele que "contrata" seus serviços, e Brenda, quando se recusou a pegar mais "trabalhos", foi jurada de vingança por tais entidades, que passaram a perturbá-la desde quando desencarnou e renasceu como Alice, permanecendo assim até os dias de hoje...

Gabriel pousou a mão sobre o ombro de Orlando e, olhando fixamente em seus olhos, disse com muita ternura:

– O amor é o mais sublime fio condutor capaz de unir verdadeiramente as almas. Eu admiro muito o que sente por Brenda, caro amigo. A mediunidade, ao invés do que muitos possam imaginar, não é um dom divino, que escolhe a esmo seu operante. Muito pelo contrário. A faculdade mediúnica muitas vezes é a ferramenta que vai permitir o labor honesto daquele que um dia sucumbiu em devaneios e desilusões. Os espíritos que se sentiram lesados por Brenda buscam o direito que acham que têm, fazendo com que a mente e o corpo carnal da menina sejam seu templo. Porém, a bondade divina é sempre atuante, de modo que acaba transformando o aparente mal em um grande aprendizado.

Bastante convicto, o benfeitor ponderou com muita verdade:

– Brenda, nesta atual existência, tem a oportunidade de se redimir com a mediunidade, utilizando essa faculdade abençoada para auxiliar, e não mais para prejudicar. E Aline, que a abandonou no passado, tem a chance de agir como se fosse novamente sua mãe e, então, poderá colocá-la de volta em seu regaço e reequilibrar o amor que um dia se perdeu nos infinitos caminhos da ilusão.

Vaidade UM MANANCIAL DE ILUSÕES

As palavras de Gabriel tocaram fundo o coração de Orlando, e o silêncio sobreveio entre os dois espíritos, que permaneceram caminhando abraçados e unidos pela mesma intenção de ajudar a quem amavam.

CAPÍTULO XVI

A decadência

Com o casamento de Maurício e a partida de Aline, Cleonice não poderia estar mais satisfeita. Acreditava que, sem a presença de Aline para especular sobre a vida de todos naquela casa, seu segredo estaria seguro. Ela tinha certeza de que, ainda que morresse, nada seria descoberto.

Porém, estava com certa desconfiança quanto à baronesa, pois desde a festa de casamento de Maurício notara que o comportamento dela havia mudado, deixando de lado a costumeira cordialidade com a qual sempre a tratara e passando a agir com uma quase agressividade. "Ah, se aquela mulher descobriu meu romance com o barão, não quero nem saber", pensava. "Afinal, não é novidade que os patrões sempre têm casos com empregadas. Ela tem que aceitar e ponto-final. Não há governantas refinadas como eu soltas por aí..."

Enquanto estava imersa em seus pensamentos, escutou a voz de Aneliz, que a chamava de forma discreta:

– Cleonice, venha cá, preciso ter com vosmecê – insistiu a nova senhora, um tanto agitada.

A governanta largou prontamente seus afazeres e apareceu na sala.

Sem perder tempo, Aneliz foi direto ao assunto:

– Cleonice, é verdade que Brenda é esquizofrênica?

A criada empalideceu por um instante e, para ganhar tempo, respondeu com outra pergunta:

– Ora, dona Aneliz, o que a levou a me perguntar algo tão inusitado?

– Eu ouvi da própria Brenda. Depois da morte daquele empregado da fazenda, ela teve pesadelos e eu a ajudei a se acalmar. Então ela me confidenciou que tinha o distúrbio...

Cleonice pensou na melhor resposta e aduziu, tentando se esquivar:

– Ora, Aneliz... Brenda é apenas uma menina. Não ligue para os devaneios que diz. Por certo deveria estar sob a influência dos pesadelos e...

Interrompendo a criada e já alterando o semblante facial, a jovem senhora não perdeu tempo:

– Não tente me enganar, criada! Ou me conta a verdade, ou usarei os meus meios para colocá-la na rua!

Cleonice odiou a afronta, mas disfarçou a contrariedade e, alterando o tom de voz para amenizar o diálogo, respondeu:

– Tudo bem, senhora. Se é isto que quer saber, é verdade, sim. Brenda é esquizofrênica, mas desde muito não tem crises. Depois que uma criada ficou com ela e a ajudou não sei como, a menina recuperou o equilíbrio.

– Que criada?

– Aline, minha senhora, que na verdade não é serviçal, mas sim a filha do coronel Amaral.

Ao ouvir o nome de Aline, Aneliz sentiu um ódio sem dimensões a lhe percorrer todas as veias e, virando as costas, saiu da sala, deixando Cleonice muito intrigada com aquela abordagem tão estranha.

Aneliz não gostou de saber que Aline tinha o posto de heroína naquela família. Não conhecia a moça direito, mas sua existência já lhe causava uma antipatia que não fazia questão de esconder. Resolveu que especularia mais sobre tudo o que acabara de descobrir quando o marido chegasse.

O dia transcorreu sem maiores surpresas, e Maurício retornou do escritório já de noite.

Aneliz, após lhe preparar o banho com a sutileza e a sensualidade que lhe eram próprias, abordou o aspirante a barão e, com muita delicadeza na voz, iniciou a conversa:

— Querido, estive com Brenda na noite passada. Ela teve um pesadelo e eu a socorri em seus aposentos.

— Nossa, meu amor! Mas ela ficou bem?

— Sim, querido, depois do meu auxílio ela se acalmou. Mas eu soube de algo que me deixou muito preocupada...

— O que foi, Aneliz?

— Brenda me contou que é esquizofrênica...

Maurício não gostou de saber que a esposa tinha conhecimento da doença da irmã. Ele tinha medo de que ela a destratasse ou que tivesse preconceito. Um pouco ríspido, replicou:

— Qual é o motivo da curiosidade, esposa? Que eu saiba, minha irmã está muito bem e não há motivos para restaurar um assunto que sempre foi muito doloroso para todos nós.

A mulher percebeu a súbita alteração emocional do esposo, mas mesmo assim insistiu:

— Ora, querido, não era minha intenção aborrecê-lo. É que desde o início tive muito apreço pela sua irmã e gostaria de poder ajudar...

Antes que ela terminasse, Maurício a interrompeu de um modo muito rude:

— Não há necessidade de seu auxílio, Aneliz. Como já disse, Brenda está ótima. Aline a ajudou muito e praticamente a deixou curada de sua moléstia. Nem o médico que a assistia foi capaz de tamanha façanha. Aline foi indispensável na melhora de Brenda.

O modo pelo qual o marido falou da ex-criada deixou Aneliz bastante desconfiada. Lembrou-se do casamento, quando percebeu os olhares de tristeza e cumplicidade trocados entre o esposo e a filha do coronel no momento dos cumprimentos. Será que os dois tinham se apaixonado?

Não se aquietaria até descobrir tudo o que havia acontecido naquela casa antes de sua chegada.

Na fazenda dos Amaral, Aline não conseguia mais disfarçar sua intolerância com a simples presença do pai. Depois que praticara o crime infame contra João, ele continuava a se comportar naturalmente, como se nada tivesse acontecido.

A menina pensou em pedir ao pai permissão para visitar Brenda, assim poderia dizer a ela e à baronesa o quanto aquele coronel era frio e criminoso.

Porém, apesar de sua vontade, sabia que ele não iria consentir, já que não era comum ceder aos seus pedidos, e, além disso, ela tinha ciência de que ele temia que revelasse algo a seu respeito que pudesse comprometer-lhe a honra, mesmo acreditando que sua memória ainda não havia voltado.

Ela também tinha consciência de que seria morta facilmente caso o pai desconfiasse de que tramava trair-lhe a confiança.

Ao menos tinha Urbano a seu lado, que sabia como lidar com o coronel; por isso, teria de aguardar o momento certo para sair de casa.

Os dias se passavam lentos, e a saudade que Aline sentia de Brenda provocava-lhe uma sensação dolorosa no peito. "Como será que minha amiga está?", questionava, reflexiva.

Após pensar nela, Aline sentiu um aperto em seu coração, como se algo a avisasse de que uma coisa ruim poderia acontecer. Um medo e uma insegurança tomaram conta de seu espírito, e ela sentiu que precisava ir até a fazenda do barão

ROBERTA TEIXEIRA DA SILVA DITADO POR ANGELUZ

o quanto antes, para se certificar de que a amiga estava realmente bem.

Ouviu um barulho e percebeu que o pai descia as escadas com rapidez. Resolveu espiar pela varanda, e qual não foi sua surpresa quando se deparou com a imagem de Quitéria, que se aproximava da casa, carregada de malas. Viu pela janela de seus aposentos quando o pai beijou os lábios da amante, enquanto os empregados carregavam as bagagens.

Sua alma estremeceu e então teve certeza de que não tivera tempo hábil para evitar o inevitável: a união de seu pai com a mulher que mais lhe causava repugnância. "O que de tão errado devo ter feito, meu Deus, para ser digna de um destino tão cruel?", indagava intimamente, em lágrimas.

Antes que pudesse se recompor, a jovem ouviu quando bateram à porta de seu quarto. Procurou disfarçar a tristeza e, mais refeita, abriu a porta. Do outro lado, com um sorriso sarcástico e satisfeito no rosto, estava Quitéria.

Olharam uma para a outra, em silêncio.

Coronel Eustácio, que vinha em seguida, muito satisfeito, interrompeu aquele clima de animosidade e explicou, tentando ser gentil:

— Minha filha, sei que ainda deve estar muito triste pela morte de Beatriz, mas não pode ficar sem uma figura feminina para que seja orientada sobre as obrigações que deve ter uma mulher.

Fitou a menina e prosseguiu:

— Bom, eu também, como homem ainda viril, não desejo terminar meus dias na solidão, por isso resolvi desposar Quitéria, que, como a acolheu em situação tão complicada, certamente poderá desempenhar a função de sua mãe, já que demonstrou gostar de vosmecê como filha.

Aline não sabia até que ponto aquela velha mulher teria enganado seu pai, pois parecia que ele realmente acreditava que Quitéria a havia auxiliado apenas por "caridade".

Para não complicar ainda mais sua situação, Aline sorriu forçadamente para Quitéria, que retribuiu com falsidade a gentileza, e falou:

Vaidade UM MANANCIAL DE ILUSÕES

– Meu pai, não posso esconder que ainda sinto muita falta de mamãe, mas não devo interferir em suas decisões. Se deseja desposar Quitéria, tem minha concordância.

– Assim está melhor – disse o coronel. – Creio que daqui para a frente terão uma boa convivência.

Quitéria, que até então estava calada, aduziu, ameaçadora:

– Sim, meu amor, creio que eu e sua filha Aline nos daremos muito bem, afinal, me afeiçoei a ela desde o dia em que, completamente desorientada, bateu à porta de minha casa muito assustada...

O coronel, que sorria, logo ficou sério e, um tanto desconfiado, indagou:

– Ara, minha filha, por que vosmecê estava assustada quando chegou à casa de Quitéria?

– Não me lembro, meu pai. Como já disse, o que me recordo é que esta nobre mulher me auxiliou, nada mais.

– Ora, querido, não provoque a memória de nossa Aline – interveio propositadamente a astuta senhora. – Já ouvi dizer que não é bom forçar as lembranças, pois podem deixar a pessoa ainda mais confusa.

– Está certa, querida. Deixemos Aline descansar – concluiu o coronel, já saindo dos aposentos da menina, enquanto Quitéria, antes de partir, deixou-lhe um importante aviso:

– Se tentar fazer qualquer coisa para me prejudicar nesta casa, não hesitarei em contar a vosso pai que estava fugindo de sequestradores. Até agora não entendi o que de fato se passou naquela noite, pois vosmecê me contou que fugia de malfeitores, e Urbano, quando foi até minha casa perguntar de vosmecê, informou-me que era louca e que tinha escapado da fazenda. Sabe o que realmente aconteceu, não é, rapariga? Pois terá que me contar tudo!

Aline ficou tensa e, fingindo estar confusa, respondeu, tentando evitar que aquela conversa se prolongasse:

– Dona Quitéria, nada farei contra vossa pessoa, mas não porque me ameaça, mas sim porque não cabe a mim o julgamento e a execução de uma sentença que será dada pelo Tribunal da Divina Justiça. Não me lembro de nada, se é o que deseja saber, nem mesmo daquela noite em que me acolheu em vossa casa. Agora, por favor, preciso descansar – e, antes que a velha senhora pudesse dizer mais alguma palavra, Aline fechou a porta do quarto, enquanto refletia em como seus dias seriam mais difíceis na presença daquela mulher gananciosa.

Gabriel, o espírito protetor de Aline, a tudo assistira e apenas rezava para que sua protegida pudesse manter a lucidez e a resignação necessárias para as provas que ainda estariam por vir.

Passaram-se mais alguns meses depois que Aneliz soube da suposta esquizofrenia da cunhada. Apesar de todas as suas investidas para saber tudo sobre a doença ou os "poderes sobrenaturais" da menina, não conseguiu obter maiores informações dos familiares da casa, que se recusavam a tocar no assunto sob o pretexto de evitar que a jovem tivesse recaídas ou que a informação vazasse à sociedade.

A única coisa que ouvira sobre o fato é que a menina tinha um amigo oculto, que ninguém mais via.

Como era previsto, a era do café já estava em plena decadência, e o clã dos Guarrido enfrentava as primeiras crises financeiras.

Maurício, atordoado por ter de resolver praticamente sozinho tantos problemas financeiros, mal tinha tempo de dar atenção à esposa, que há muito havia se envolvido em casos extraconjugais. Com a desculpa de frequentar reuniões ou chás na companhia de outras damas da nobreza, a bela mulher envolvia-se com rapazes menos abastados, mantendo com eles aventuras carnais, somadas a injeções de alguns alucinógenos.

Nos vários homens com os quais se envolvia, a bela mulher enxergava apenas a figura de Júlio, imaginando ser a ele que se entregava em todos os momentos. A esposa de Maurício estava cada vez mais obcecada pelo rapaz e, com a ajuda de alguns entorpecentes, já denotava os primeiros sinais de sua loucura.

Cleonice percebera, desde muito, que Aneliz era infiel, mas não ousava demonstrar o que sabia, posto que não queria que o filho do barão fosse tachado de traído e, com isso, perdesse o resto do prestígio que ainda tinha diante da alta nobreza.

Pensando em como poderia resolver a problemática situação da família, Guarrido teve a ideia de fazer um baile em sua casa, para que pudesse oferecer a filha em casamento. Com um genro rico, por certo tiraria a família das dívidas e assim poderia reerguer seu patrimônio.

Muito convicto em sua decisão, Guarrido comunicou à esposa:

– Patrícia, fiz as contas e não temos mais dinheiro para quitar as nossas dívidas com os fazendeiros da região. O dote de Aneliz foi muito aquém do esperado e não tivemos da família dela um retorno financeiro à altura, pois também estão falidos. Nosso patrimônio está prestes a ruir e, para evitar que fiquemos na miséria, só Brenda poderá nos salvar.

– Brenda? Mas o que nossa filha poderia fazer? – indagou a esposa ingenuamente.

– Um casamento milionário nos tiraria dessa lama. Eu venderei a última propriedade que temos para pagamento do dote dela. Em contrapartida, um genro rico me garantirá um bom retorno econômico pela fusão de sua fortuna ao nosso patrimônio e, assim, deixaremos de estar à beira da pobreza.

– Mas sabe que nossa filha não é uma jovem como as outras; ela tem dificuldades emocionais em razão de sua doença... – argumentou a baronesa, em vão.

– Não me interessa o que pensa, Patrícia. Está decidido. Dentro de alguns dias mandaremos convites à alta sociedade para um baile de gala em nossa casa. Nossa filha será dada em casamento nesta mesma noite. Providencie a lista de convidados. É uma ordem.

Após dizer essas últimas palavras, Guarrido saiu do local, deixando o coração da baronesa muito angustiado. Já fazia tanto tempo que ela não via Aline... Resolveu que era hora de fazer uma visita à ex-criada, urgentemente.

Na manhã seguinte e debaixo de um sol escaldante, a baronesa parou a charrete em frente à fazenda dos Amaral. Tocou a sineta e logo foi recebida por uma criada, que lhe pediu que aguardasse na sala.

Para sua surpresa, deparou-se com Quitéria, que desceu as escadas devidamente trajada com um vestido de alta-costura, combinado com joias valiosas. Apesar da elegância, porém, a mulher não tinha a menor classe, o que denunciava as origens a que pertencia.

Patrícia sorriu e, sem disfarçar sua indignação ao constatar que a recém-viúva pobre agora estava repentinamente casada com um coronel rico, indagou, irônica:

— Boa tarde, senhora Amaral, ou devo dizer apenas Quitéria?

— Dispenso a ironia, senhora baronesa, se assim ainda posso chamá-la, ante a notória decadência dos cafezais... — não deixou por menos a nova esposa de Eustácio.

Respirando fundo, e para não ter negado seu pedido em visitar Aline, Patrícia engoliu o orgulho ferido e, apressando-se em desfazer o mal-entendido, desculpou-se:

— Não quis aborrecê-la, senhora Amaral. Não vim até esta fazenda em busca de conflitos, pois já nos bastam todos os reveses que acometeram nossa família. Por favor, preciso ver Aline.

Antes que Quitéria respondesse, Aline desceu correndo as escadas e, num impulso, abraçou a baronesa, que retribuiu-lhe o carinho, deixando que lágrimas escapassem de seus belos olhos azuis.

A esposa do coronel fez menção de interceder para que ambas não tivessem liberdade de conversar, mas Urbano,

Vaidade UM MANANCIAL DE ILUSÕES

muito esperto, adentrou a sala de surpresa e pediu que Quitéria se retirasse, com a desculpa de que o patrão a chamava.

Vendo-se a sós, Aline e a baronesa não perderam tempo e, sem mais delongas, a nobre senhora relatou rapidamente todos os problemas financeiros pelos quais passavam, até o momento em que o barão lhe comunicara que promoveria um baile para entregar a filha em casamento.

Após pensar um pouco, Aline sugeriu:

– Senhora, não poderá fazer com que o barão volte atrás em sua decisão. Por isso, deve aproveitar a oportunidade e arrumar um bom noivo para Brenda. Não poderá evitar que ela se case, sabe disso, mas pode lhe garantir um homem de bem. Por que não pede ao meu pai que me deixe auxiliá-la na elaboração da lista de convidados? Assim, poderemos ficar juntas mais tempo para pensarmos melhor em algo. Sugiro que, para ganhar a confiança de Quitéria, diga a ela que seu convite será especial, pois assim alimentará sua vaidade...

Antes que pudesse concluir, Eustácio e Quitéria entraram na sala.

O coronel, cordial, asseverou:

– Ora, o que traz à minha humilde fazenda a ilustre visita de uma baronesa?

Patrícia, que também era detentora de uma esperteza grandiosa, aproveitou o ensejo e respondeu educadamente:

– A honra é sempre nossa, senhor Amaral. Vim visitar vossa filha, Aline, que desde o casamento de meu filho não mais nos brindou com sua presença.

– Sinto muito, baronesa, mas é que Aline ainda está em tratamento para recuperar a memória, que ainda teima em se esconder...

– Eu imagino, senhor coronel, mas creio que aos poucos essa situação logo se resolverá.

E, fazendo uma pausa proposital, a bela mulher prosseguiu:

– Mas não foi somente a saudade de Aline que me fez vir até aqui. Em nome de minha família, trago um convite: meu marido está prestes a fazer um grande baile de gala em nossa fazenda e me pediu que viesse pessoalmente convidá-los, com todas as honras de que são merecedores.

Quitéria arregalou os olhos vaidosos, já exultante de alegria em poder participar, enfim, de uma festa tradicional da nobreza.

Percebendo o contentamento de Quitéria, a baronesa, por sua vez, retomou a fala, dirigindo-se especialmente a ela:

— E a senhora, como não poderia deixar de ser, será a homenageada da noite. Com todas as honras, será apresentada como a mais nova nobre à alta sociedade. E então, estão de acordo?

Eustácio hesitou um pouco, mas Quitéria, afoita, respondeu:

— Claro que sim, baronesa. Não faltaremos a tamanho evento. Faço questão de que minha apresentação às mais abastadas famílias seja reverenciada por vossa pessoa.

— Que ótimo — replicou a interlocutora. — Mas, para que um evento tão importante aconteça de forma incólume e irretocável, faz-se necessário o auxílio de Aline, pois meu marido designou somente a mim a extensa e importante missão de providenciar a lista de convidados, e não tenho mais ninguém que possa me auxiliar nesta árdua tarefa.

Todos os presentes se entreolharam.

O coronel, percebendo que deveria permitir o auxílio de Aline, porque senão Quitéria não o deixaria em paz, autorizou:

— Está certo. Tem minha autorização. Aline poderá ir com a senhora e permanecer em vosso lar, até que lhe seja útil. Mas há uma condição.

— Pois fale — disse a baronesa, trêmula.

— Urbano terá que ir junto.

Patrícia ficou desconcertada. A presença daquele capataz a incomodava de um jeito estranho. Porém, por Brenda, qualquer sacrifício valeria a pena.

— Pois então está feito. Urbano será nosso hóspede — concordou a baronesa.

As coisas não poderiam ter sido melhores para Aline, que, muito alegre, arrumou com rapidez seus pertences para

Vaidade UM MANANCIAL DE ILUSÕES

voltar à fazenda do barão do café. Iria finalmente rever a melhor amiga e, quem sabe, contribuir para que ela tivesse um noivo à altura de sua bondade.

Após Aline sinalizar que estava pronta, a baronesa partiu com ela e Urbano de volta à sua casa.

CAPÍTULO XVII

Um mero descuido

Aneliz sequer desconfiava de que Aline estaria prestes a retornar à fazenda e, muito perturbada, não aguentava mais sentir aquela paixão por Júlio, que lhe dilacerava a alma à semelhança de uma poderosa labareda a destruir tudo o que encontrasse pela frente.

Decidiu que não esperaria mais pela boa vontade de Brenda e resolveu que colocaria seu plano em ação. Desde criança, convivera com as netas das escravas de sua fazenda e sabia que elas utilizavam poderes sobrenaturais para conquistarem os rapazes ricos. Brenda tinha esses "poderes" e precisaria convencê-la a usá-los para atrair de vez aquele homem que tanto desejava.

Aproveitou que o marido e a sogra não estavam em casa, e decidiu subir o primeiro lance das escadas que levava ao quarto de Brenda. No meio do caminho, ouviu vozes abafadas que vinham do aposento do barão e, extremamente

Vaidade UM MANANCIAL DE ILUSÕES

curiosa, aproximou-se do local, ali postando-se para poder ouvir a conversa. Assustou-se quando reconheceu a voz de Cleonice, que estava um tanto descontrolada:

— O que queria que eu fizesse, Guarrido? Não tinha como impedir a baronesa de ir atrás de Aline. Agora terá que aguardar o desenrolar das coisas.

— Mas eu não gostaria de ver aquela menina de volta a esta casa, pois sabe da influência que exerce sobre minha esposa e, principalmente, sobre Brenda. Temo que ela tente fazer com que minha filha se recuse a se casar com o noivo que eu escolhi.

— Ora, barão, não creio que ela se atreveria a tanto, afinal, o grande coronel é vosso compadre e tem interesse em manter essa amizade...

— Eu sei, mas ainda assim estou receoso.

— Calma, meu amor, pois não deixarei que aquela garota fique a sós com vossa filha. Tudo farei para atrapalhar qualquer conversa mais elaborada entre as duas.

Percebendo que a criada queria lhe dizer mais alguma coisa, o barão indagou:

— Cleonice, está com uma expressão angustiada... Quer me contar algo?

A empregada baixou a cabeça. Não tinha certeza de se deveria contar ao amante o que sabia sobre sua nora.

Impaciente e muito desconfiado, o senhor do café repetiu a pergunta, agora muito mais enérgico:

— Vamos, mulher, eu a conheço muito bem e sei quando está escondendo algo importante. Fale, ou terei meus meios de...

— Não precisa me ameaçar, pois lhe contarei o que descobri. É sobre a esposa de nosso filho...

— Aneliz? Mas o que tem aquela mulher irretocável? Não vá me dizer que vosmecê está com ciúmes de Maurício, como sempre...

— Não estou com ciúmes, apenas protejo o meu filho, vosmecê sabe... Mas é que andei reparando que Aneliz sai praticamente todas as tardes e, quando volta, suas roupas estão com um forte odor de perfumes masculinos, daqueles bem baratos...

Muito nervoso, o barão colocou as mãos na boca da empregada e, ameaçador, advertiu:

– Nunca mais repita que Maurício é seu filho! Ninguém jamais poderá desconfiar de nosso romance, e muito menos de que meu único filho homem tem como mãe biológica uma ínfima empregada. Agora saia daqui, e saiba que não acredito que Aneliz, cuja origem é muito diferente da sua, tenha comportamento semelhante ao de mulheres de sua classe social. Vá, suma da minha frente ou não sei do que sou capaz!

Imediatamente, a empregada correu pela porta dos fundos e utilizou a passagem secreta para não ser vista pelos outros criados ou membros da família.

Ainda escondida no meio das escadas, Aneliz estava chocada com o que acabara de ouvir. Apesar de constatar que Cleonice sabia de seus casos fora do casamento, a jovem dama nada temia, posto que acabara de descobrir que, além do romance entre o sogro e a governanta, seu marido era filho dos dois. "Esse segredo será muito útil no futuro", ela pensou sordidamente.

Mantendo seu firme objetivo, a moça prosseguiu rumo ao quarto de Brenda.

Chegando lá, foi recebida pela menina, que, muito triste pela ausência da amiga Aline e contrariada com a ideia de ter de se casar, não sentia mais vontade de sair da cama.

Sempre perspicaz, Aneliz iniciou a conversação utilizando as palavras de modo cruel, para colocar a cunhada contra a rival:

– Minha querida, como se sente? Vejo que está tão abatida...

– Estou sem vontade de nada, Aneliz. Minha única amiga se foi e com ela a minha alegria também se esvaiu.

Para ganhar ainda mais a confiança da menina, a esperta dama resolveu fingir que acreditava no "amigo invisível" da cunhada, do qual tanto tinha ouvido falar:

Vaidade UM MANANCIAL DE ILUSÕES

– Ora, mas não deveria se sentir assim tão só, pois todos desta casa sabem que tem um amigo que fica o tempo todo com vosmecê.

– Está falando de Orlando? – respondeu, com surpresa, a interpelada.

– Sim, dele mesmo. Saiba que acredito em vosmecê desde o dia em que me contou que viu aquele capataz morto lhe pedir ajuda.

– É verdade. Eu lembro que realmente não se assustou quando lhe contei sobre o ocorrido. Mas, respondendo a sua indagação, Orlando às vezes aparece, mas não como antes. No entanto, confesso que não tenho mais vontade de conversar com ele. Tudo perdeu o sentido com a partida de Aline.

– Ora, não deve pensar assim, pois estou aqui e sou sua amiga.

– Eu sei...

– Aliás, não creio que Aline tenha por vosmecê o mesmo apreço que tem por ela.

Brenda não entendeu direito aquela insinuação e, curiosa, interrogou:

– Mas por que me diz isso?

Aneliz, já preparada para aquela pergunta, continuou com seu plano:

– Porque, se ela fosse mesmo sua amiga, teria vindo visitá-la. Veja que se passaram muitos meses desde que me casei com seu irmão, e ela sequer apareceu nesta casa.

– Não julgue mal a Aline, pois ela tem seus motivos para estar ausente.

A resposta da garota atiçou ainda mais a curiosidade de Aneliz, que, na tentativa de extrair mais informações valiosas, retrucou:

– Ainda que seja verdade o que diz, quando queremos bem a alguém verdadeiramente, nada nos impede de estarmos junto com a pessoa querida.

– Não sabe o que diz. Mas não desejo mais conversar sobre esse assunto. Não creio que veio até aqui apenas para falar de Aline, não é? O que realmente pretende, Aneliz?

A cunhada respirou fundo e decidiu que não faria mais rodeios. Foi direta:

– Lembra-se de quando lhe perguntei se poderia utilizar seus "poderes" para me ajudar? – Fez pequena pausa e prosseguiu: – Pois bem, preciso deles para atrair uma determinada pessoa...

– Não posso fazer nada para prejudicar ninguém.

– Não prejudicará, eu garanto!

E, olhando fixamente para a menina, enquanto demonstrava uma expressão de vítima, continuou:

– Sabe que os casamentos são todos arranjados e que não amamos os nossos maridos, não sabe?

– Aonde quer chegar?

– Amo outro rapaz. O nome dele é Júlio. Tentei me consorciar com ele antes de me unir a Maurício, mas ele não quis. Preciso que faça magia para que ele se apaixone por mim, por favor! Estou sofrendo muito!

O pedido de Aneliz chocou Brenda. Como ela poderia fazer algo para prejudicar o próprio irmão? A dama rica estava tão cega de paixão que perdera a noção de tudo.

A menina logo se lembrou do que estudara nos livros e também da advertência de Aline quanto ao perigo que se atrai quando se estabelece uma conexão mental com espíritos de planos inferiores. Sabia que a mediunidade era uma ferramenta de trabalho e jamais poderia ser utilizada para prejudicar alguém ou servir de instrumento para atrair amores não correspondidos em troca de favores.

Muito irritada com a audácia da cunhada, Brenda replicou, bastante séria:

– Aneliz, não vou considerar seu pedido, pois vejo que está cega de paixão. Não vou julgá-la, pois agora sei que não é fácil para uma mulher a imposição de um casamento sem sentimentos. Mas, ainda que esteja sofrendo, não tem o direito de fazer sofrer outras pessoas apenas para satisfazer seu ego ferido. Pelo que andei observando, meu irmão está se esforçando para ser um bom marido, apesar de também ter sido, de igual modo, obrigado a se casar.

Vaidade UM MANANCIAL DE ILUSÕES

A mulher se encheu de ódio daquela menina abusada. Como ela se atrevia a negar uma ordem sua? Resolveu ser ainda mais esperta e, aproveitando a deixa que Brenda lhe dera, insinuou, para forçar uma confissão:

– Ora, sei que Maurício não me ama, pois sua verdadeira paixão sempre foi aquela criada! Não o faria infeliz se fosse embora com Júlio, pois deixaria o caminho livre para que se entregasse àquela serviçal sem modos de uma vez por todas!

Brenda não conteve o nervosismo quando ouviu Aneliz se referir a sua melhor amiga de um modo tão maldoso e, sem perceber que iria dizer o que ela pretendia ouvir, confessou:

– E daí se meu irmão for apaixonado por Aline? Vosmecê também acabou de me pedir ajuda para conquistar outro homem, logo, os dois estão na mesma situação. Não tem o direito de falar de Aline desse jeito! Para mim, basta. Saia daqui agora!

Os gritos que vinham do quarto de Brenda chamaram a atenção de Cleonice, que subiu correndo para ver o que estava acontecendo. Quando chegou, viu que Brenda estava de pé, com a camisola toda descompensada.

Para prejudicar ainda mais a situação da garota e se vingar pela negativa dela em ajudá-la, Aneliz relatou de forma mentirosa:

– Cleonice, que bom que chegou, pois minha querida cunhada acabou de ter um daqueles surtos, sabe? Quase me feriu...

Brenda olhou espantada para Aneliz, que mentia deslavadamente.

Cleonice, desconfiada, pediu que a esposa de Maurício se retirasse junto com ela, e ambas deixaram Brenda a sós.

O espírito de Orlando, que presenciara toda a cena mas não estava visível para Brenda, ficou feliz por ter visto que sua tutelada havia superado suas más tendências do passado, quando pela própria iniciativa negara-se a utilizar a mediunidade em troca de favores pessoais. Muito sereno, o abnegado benfeitor agradeceu e fez uma prece para acalmar os ânimos daquela família.

Ao mesmo tempo, sua assistida chorava sobre o travesseiro e se perguntava o motivo de tanto sofrimento.

Ao se colocar na situação de vítima e só lamentar a solidão, cada vez menos Brenda via Orlando, que não conseguia mais se aproximar dela com a frequência de antes devido às densas vibrações provocadas pelas constantes queixas da menina.

No lugar dele, espíritos de ordem inferior aproximavam-se da médium e potencializavam seus sentimentos negativos. Ela não sabia, mas a falta de vigilância a deixava cada vez mais exposta às influências perniciosas do meio.

Com a anuência do coronel Amaral, a baronesa, Aline e Urbano estavam a caminho do cafezal de Guarrido.

Durante o trajeto, Aline não perdera tempo e, com a concordância de Urbano, narrara resumidamente a Patrícia tudo o que de fato lhe ocorrera desde a noite em que presenciara o assassinato da mãe:

— Baronesa, preciso lhe contar toda a verdade.

— Mas que verdade, minha querida?

— Prepare seu coração, pois o que vou lhe relatar certamente vai surpreendê-la negativamente.

— Está me assustando, Aline. Diga logo, pois meu coração aguenta!

— Eu recuperei minha memória...

A baronesa ficou muito alegre e respondeu, animada:

— Ora, mas que boa notícia! Já contou ao seu pai?

— Não, dona Patrícia, e já entenderá o motivo.

— Está me deixando nervosa...

— Baronesa, eu havia lhe contado que na noite em que Quitéria me encontrou eu não me lembrava de nada. Porém, não disse tudo o que sabia antes, porque meu pai não pode desconfiar de que minhas lembranças estão vivas, posto que minha vida corre riscos.

Vaidade UM MANANCIAL DE ILUSÕES

– Não entendo, minha filha...

– É que antes de fugir de casa eu presenciei um crime.

A baronesa ficou pálida.

– O que houve com vosmecê, querida? Pode confiar em mim; sabe que a considero uma filha do coração – encorajou a nobre senhora, muito sincera.

Aline respirou fundo e olhou para Urbano, que até o momento permanecia calado, apenas ouvindo a conversa das damas. Percebeu que ele fizera um gesto discreto com a cabeça, demonstrando sua autorização para a confissão pretendida por Aline.

A menina, mais segura, prosseguiu:

– Pois bem, um crime que acabou com a minha vida... Vi quando o coronel, de posse de um punhal, assassinou minha mãe com frieza e, como se não bastasse, ao me ver ali em seu escritório, completamente assustada, ele ordenou a Urbano que me capturasse a fim de, de igual modo, acabar com minha vida, apenas para se furtar de uma possível denúncia e, com isso, arruinar seu patrimônio.

A essa altura da triste narrativa, Aline chorava, sendo acariciada por Patrícia, que estava assustada e ao mesmo tempo muito compadecida da situação daquela jovem.

Mais refeita, a filha do coronel continuou o doído desabafo:

– Mal eu sabia que meu revés não acabaria com a tentativa de fuga, pois não demorou para que dois homens de meu pai me capturassem e me levassem a uma floresta deserta. Por sorte, os dois gostavam de beber e se alcoolizaram tanto, que acabaram dormindo, e eu, aproveitando a oportunidade, corri feito louca, até que avistei o casebre de Quitéria e ela me ofereceu abrigo.

Patrícia ponderou:

– É muito grave o que seu pai fez, e ele merece ser condenado! Porém, não podemos negar que sua atual esposa a ajudou e acabou colocando-a em segurança quando nos apresentou seus serviços.

– Não, dona Patrícia, Quitéria não me ajudou em nada, apenas me acolheu com o propósito de se aproveitar de minha

ROBERTA TEIXEIRA DA SILVA DITADO POR ANGELUZ

vulnerabilidade, tendo me chantageado no momento em que pisei em vossas terras. Fez-me prometer que tudo de valor que ganhasse em vossa casa lhe seria dado.

– Mas que mulher abusada! – protestou a interlocutora. E, como a se lembrar de algumas cenas, a baronesa então inquiriu: – Aline, por acaso Quitéria comentou com vosmecê sobre um anel de brilhantes?

– Não sei de anel nenhum, senhora. Mas o que isso tem a ver com o que estou lhe contando?

Patrícia estava com muita raiva. Logo percebeu que a golpista nunca daria a Aline o anel que lhe destinara, assim como as moedas de ouro que doara para custear seus estudos, já que sua intenção sempre foi se apropriar de tudo de valor que a menina recebesse. Percebendo que fora enganada, a baronesa falou, muito brava:

– Quando vosmecê ajudou Brenda naquele dia em que ela estava em crise, fingi que respeitei vossa vontade em não receber nada em troca, mas fui até a casa de Quitéria, pois acreditava que ela era de fato sua madrinha. Chegando lá, dei-lhe uma joia para que a guardasse e lhe entregasse quando atingisse a maioridade.

A baronesa parou de falar por alguns instantes e contemplou Aline, que a observava, incrédula. Contendo a raiva, a senhora do café deu prosseguimento à narrativa:

– Ainda me lembro de que nesta mesma ocasião essa golpista me confidenciou que vosmecê queria se formar em medicina, e foi quando resolvi que, todos os meses, deixaria algumas moedas de ouro no intuito de lhe garantir recursos para a conclusão de seus estudos que, lógico, nunca se concretizariam... Quanta mentira, meu Deus!

Aline, que já não gostava de Quitéria, estava ainda mais decepcionada com tamanha ganância daquela mulher. Mas a jovem ainda não tinha contado tudo o que sabia:

– Infelizmente, essa mulher é uma víbora, e devemos ter cuidado com ela, dona Patrícia. Estamos nos aproximando do cafezal e, antes que a charrete pare, quero lhe contar ainda que, não sei como, essa mulher seduziu meu pai e arquitetou um plano para que ele matasse João, o próprio marido e capataz do barão, apenas para que pudessem se casar. Posso provar o que digo, pois guardei o bilhete dela, direcionado ao meu pai, no qual ela sugere o crime.

A baronesa passou a se sentir mal com tantas informações nefastas e, como a viagem havia terminado, resolveu permanecer em silêncio, para evitar que alguém ouvisse aquela conversa confidencial.

Chegando à fazenda, Urbano ajudou com as bagagens, enquanto olhava com doçura para a dona da casa.

Patrícia, fingindo não perceber os olhares do empregado, foi entrando na fazenda, enquanto disfarçava a íntima tristeza com os últimos acontecimentos relatados por Aline. Procurando imprimir certa alegria na voz, falou alto:

– Brenda, venha ver quem chegou!

Antes que a filha mais nova pudesse descer, Aneliz, que estava escondida em um canto da sala, observava o retorno de Aline a contragosto e, com muito ódio, prometeu a si mesma que faria da estadia da inimiga naquela casa um verdadeiro inferno.

Cleonice logo se apresentou, sem disfarçar a animosidade que sempre tivera pela menina. Com muita frieza, anunciou:

– Venham comigo, vou mostrar-lhes os vossos aposentos.

Aline olhou para Patrícia, que consentiu que ambos acompanhassem a governanta.

Antes que a visitante pudesse entrar em seu quarto para organizar seus pertences, Brenda ali surgiu, emocionada, e jogou-se nos braços de Aline, que não disfarçou a alegria de poder estar novamente na companhia da amiga.

Urbano preferiu deixar as meninas a sós e foi até o jardim da mansão.

Brenda e Aline ficaram ali no quarto, trocando confidências.

Patrícia, que observara Urbano se deslocar até o jardim, sentiu um impulso muito grande e resolveu encontrá-lo. Um pouco trêmula, aproximou-se do capataz e perguntou, com certa intranquilidade:

— Os aposentos que Cleonice lhe reservou são do vosso agrado?

Surpreso pela abordagem e bastante apaixonado, o empregado respondeu:

— Sim, dona baronesa. Qualquer lugar é bom quando estou em vossa companhia...

A anfitriã ficou com o rosto ruborizado, enquanto percebia o coração palpitar, como nunca havia sentido antes. Tentando disfarçar a emoção, encerrou a conversa:

— Ótimo, Urbano. Sinta-se em casa. Aqui não será um empregado, mas um hóspede — e logo se retirou, para não dar tempo de aquele homem lhe dizer mais nada.

Apesar da felicidade da amiga, Aline percebeu rapidamente que Brenda estava apática, diferente, sem aquele brilho no olhar que tinha quando haviam convivido juntas.

Sem conter a curiosidade sobre tudo o que havia ocorrido naquela casa durante sua ausência, a nova hóspede indagou:

— Brenda, o que vosmecê tem? Estou notando uma tristeza em seus olhos...

A médium, que há muito sabia que o pai organizava um baile para que fosse dada em casamento, resolveu colocar para fora toda a sua mágoa:

— Aline, deve saber que o barão pretende fazer um baile apenas para que eu possa arranjar um noivo rico. Não quero me casar.

Tentando amenizar um pouco a situação, a amiga esclareceu, bondosa:

— Acalme-se, Brenda. Mais do que ninguém, sabe que Deus sempre tem um plano para nossas vidas. É muito especial, e por isso garantirá um noivo à altura não de sua classe social, mas de sua nobreza de espírito. Confie, minha amiga. E Orlando, o que lhe disse sobre esse fato?

Vaidade UM MANANCIAL DE ILUSÕES

Ao tocar no nome do amigo espiritual, Brenda chorou. Há dias que ele não aparecia, e aquela ausência também mexia com as emoções da jovem.

Percebendo a tristeza da amiga, Aline perguntou:

– O que houve? Orlando não está mais aqui com vosmecê?

Antes que Brenda pudesse responder, o espírito de Orlando tornou-se visível para Brenda, que, ao enxergá-lo, voltou a sorrir.

Aline percebeu a presença do espírito e disse, comovida:

– Olhe, querida, não posso ver como vosmecê, mas sinto uma energia muito boa neste ambiente. É o nosso amigo, não é?

– Sim – respondeu a médium –, ele voltou! Está vendo, Aline, sua presença só me traz coisas boas!

Antes que pudessem conversar com o benfeitor, ouviram Cleonice bater à porta com uma ordem:

– A baronesa chama para o jantar. As duas devem me acompanhar, agora!

Para não criar um ambiente desarmonizado, as amigas resolveram cumprir a determinação da governanta e a acompanharam sem reclamar. Ao chegarem à sala de jantar, viram que ali já estava a baronesa, acompanhada pelo senhor Guarrido e Urbano, este muito envergonhado.

Aline, antes de tomar seu assento ao lado do amigo, estendeu as mãos ao barão, que as apertou, dando-lhe falsas boas-vindas. A convidada então ocupou seu lugar e logo avistou Aneliz, acompanhada de Maurício, que até aquele momento não sabia da chegada da ex-criada àquela casa.

Ao vê-la, o filho do barão não escondeu o nervosismo, e a esposa logo notou seu descompasso emocional. Com ar de superioridade, Aneliz cumprimentou a jovem, enquanto apertava o braço do marido contra o seu.

Maurício, que sentiu a mágoa pela ex-criada voltar com toda a força, resolveu manter a arrogância e, em um gesto mecânico, estendeu friamente as mãos à Aline, que as apertou rapidamente, com educação.

Para quebrar o silêncio, Patrícia tomou a palavra:

– Bom, vejo que todos já notaram que estamos com hóspedes muito nobres nesta noite. Quero comunicar a todos que eu trouxe Aline para me ajudar a fazer a lista de convidados para o grande baile que acontecerá em poucos meses nesta casa.

Brenda sentiu um mal-estar. Não queria se casar e estava muito contrariada com tudo aquilo.

Aneliz, percebendo uma oportunidade para destilar seu dardo venenoso e quem sabe desestabilizar aquela amizade entre a cunhada e a rival, considerou, extremamente ardilosa:

– Ora, dona Patrícia, creio que foi desnecessário ter tirado Aline da fazenda dela apenas para auxiliá-la com a lista de convidados. Eu mesma posso cuidar de tal obrigação, afinal, sou uma dama da sociedade e tenho conhecimento de todas as famílias da nobreza que devem comparecer a tão especial evento.

Guarrido, concordando com a nora, mas sem querer parecer mal-educado, interveio:

– Sim, Aneliz, não tenho dúvida de que seus préstimos seriam muito eficientes. No entanto, minha esposa não quer ocupá-la com tarefa tão árdua. Porém, se desejar o encargo, creio que nossa querida Aline possa retornar à sua casa e voltar aqui apenas como nobre convidada da grande festa.

Diante da resposta do sogro, Aneliz ficou muda, mas no íntimo, exultante de alegria.

Maurício, que não desejava que Aline fosse embora, e sem perceber a espontaneidade das palavras, interferiu:

– Não, meu pai, Aneliz tem muito o que fazer por estes dias. Ela precisará organizar eventos beneficentes e não terá tempo de auxiliar mamãe.

Nesse momento, a esposa de Maurício constatou que o marido amava Aline e queria evitar sua partida. Entretanto, ela nada poderia fazer por ora, pois, para esconder os casos extraconjugais que mantinha, precisara mentir ao esposo sobre os tais "eventos beneficentes". Ficou com muita raiva por não ter o que dizer, e, diante do silêncio da nora, a baronesa concluiu:

— Ora, ante as considerações de meu filho, não quero atrapalhar as atividades altruístas de minha nora. Está decidido: Aline ficará.

Diante da determinação da dona da casa, todos permaneceram à mesa silentes, sendo possível apenas ouvir o barulho do tilintar dos talheres.

No plano espiritual, Beatriz já havia concluído com êxito as lições de que precisava para a nova fase que a aguardava.

Orlando, muito satisfeito com a mudança comportamental da amiga espiritual, ficou com a feliz incumbência de ser seu guardião até que os planos fossem outros.

Gabriel, que acompanhou os dois amigos à descida até a Crosta, fez uma importante advertência:

— Caros companheiros, como sabem, uma grande mudança está para acontecer na vida de nossos companheiros encarnados. A reencarnação é o instrumento necessário para burilar o espírito e proporcionar sua subida aos degraus da ascensão, que formam a grande escada da vida eterna. Nossos assistidos vão precisar de muito apoio neste momento, e devemos redobrar a vigilância.

Orlando, emocionado, complementou:

— Sim, meu amigo, pode estar certo de que eu e Beatriz não pouparemos esforços para proceder ao auxílio de nossos queridos irmãos encarnados, na medida de suas necessidades e, claro, merecimento.

Beatriz estava confiante. Aquela dúvida e apreensão que sentira logo ao desencarnar haviam cedido lugar a uma fé cristalina em que tudo estava devidamente delineado pela Divina Providência, que jamais errava em seus desígnios.

Brenda quase não comera e não estava nada feliz com todo aquele alvoroço em sua casa para que fosse entregue em casamento, à semelhança de uma propriedade que se vende.

Sua mudança de ânimo era cada vez mais evidente, e ela não percebia que, aos poucos, era envolvida por uma densa sombra, que lhe acompanhava os passos. Mesmo com Aline hospedada em sua casa, o coração da médium não se aquietava, e ela demonstrava até certa agressividade.

Aline percebeu a alteração comportamental de Brenda e ficou preocupada com a amiga. Antes de dormir, fez uma prece por ela, para que pudesse recobrar a paz e o bom ânimo.

Aneliz, que fingia dormir, não parava de pensar em uma maneira eficaz de afastar Aline daquela casa, pois, apesar de não amar Maurício, não queria se sentir preterida. Era orgulhosa e não admitia derrotas.

O espírito infeliz que acompanhava Brenda se tratava de João, o capataz assassinado pelo coronel Eustácio. Ele já sabia que tinha desencarnado, pois uma falange de irmãos sofredores que se autointitulavam "justiceiros" tinham lhe contado exatamente como havia morrido e o convidado a acompanhá-los se quisesse mesmo se vingar.

Ávido por uma revanche, a entidade perdida decidiu que ficaria naquela casa, mas, até alguns dias atrás, não conseguia se aproximar de Brenda, porque ela tinha uma vibração superior, sem contar as constantes blindagens feitas por Orlando, seu espírito protetor. Todavia, o infeliz desencarnado não sabia como, agora conseguia influenciar a médium, que permitira sua aproximação, de modo inconsciente, pela falta de vigilância de seus pensamentos.

O espírito perdido tinha esperança de poder ser ouvido por Brenda e, além disso, acreditava que, de "posse" de seu corpo material, poderia concretizar a desforra que tanto planejara.

A invigilância não ocorre somente quando nos sintonizamos com energias negativas, como o ódio ou a mágoa. Essa

Vaidade UM MANANCIAL DE ILUSÕES

abertura perigosa ocorre também quando deixamos de pensar no bem e, principalmente, quando nos entregamos às amarguras de nosso íntimo por meio da queixa e da constante ideia de que somos vítimas ou injustiçados.

A reclamação e a revolta com situações difíceis em nossa vida não nos possibilitará a melhora. O que mudará o eventual quadro existencial é a manutenção do bom ânimo e a oração, que nos garantirão a aproximação de bons espíritos para nos intuir quanto à melhor saída.

O cuidado com nossos atos e pensamentos deve ser permanente, posto que o mundo está repleto de espíritos que aguardam, ansiosamente, apenas um mero descuido...

CAPÍTULO XVIII

Enfim, a verdade

Perturbada, Brenda se revirava no leito, mas não conseguia dormir.

A essa altura, os espíritos de Orlando e Beatriz já haviam retornado da cidade espiritual, e ela, ao ver o espírito de João perturbando o sono de Brenda, dirigiu-se ao amigo, apreensiva:

– Orlando, precisa fazer alguma coisa por ela. Veja como a menina está desequilibrada, facilitando as investidas daquele homem sofredor...

Sereno, o benfeitor replicou, seguro:

– Ora, Beatriz, infelizmente, nada posso fazer. Brenda tinha a opção de manter a fé e a resignação ante as contrariedades do caminho, mas preferiu optar pela revolta e ressentimento pelo pai, o que facilitou a aproximação de um espírito que vibra na mesma frequência.

Indignada com a inércia do protetor de Brenda, Beatriz redarguiu:

Vaidade UM MANANCIAL DE ILUSÕES

– Mas não é o guardião dela? Sua missão não é proteger-lhe a caminhada? O que espera para afastar aquele espírito oportunista de sua protegida?

Ainda mais amoroso, Orlando elucidou, convicto:

– Beatriz, sua indignação não tem razão de ser. É certo que, como tantos outros companheiros benevolentes, eu tenho a missão de proteger Brenda, mas isso não significa que devo agir por ela. Existem limites entre proteger alguém e fazer a tarefa que lhe cabe. Não estou inerte, como lhe parece, pois permaneço ao lado de minha protegida, rogando intimamente ao Pai que a ilumine, assim como a João, nome que este espírito sofredor teve quando de sua última existência.

Fez uma breve pausa e continuou:

– Engana-se quem pensa que a proteção espiritual, por si só, vai livrar o encarnado de todo o mal, se nada ele fizer de si mesmo que o torne merecedor de tal intervenção. A conta é exata: se trabalharmos, mereceremos; se ficarmos inertes, teremos que arcar com as consequências de nossa omissão. Jesus nos disse primeiro "ajuda-te" e depois "que o céu te ajudará".

E acrescentou, consolador:

– Não obstante, a misericórdia divina está presente mesmo nos momentos em que pensamos que a vida desabará sobre nossas cabeças. Isso porque nenhuma dor se eterniza, e tudo o que é transitório perecerá.[1]

– Mas o que isso tem a ver com Brenda?

– Beatriz, Brenda precisa aprender a vigiar os pensamentos e sentimentos. Se toda vez que ela cair, eu a levantar, sem nenhum esforço de sua parte, o que ela aprenderá da vida? Na maioria das vezes, é necessário experimentar a adversidade para que aprendamos a encontrar a força que existe dentro de nós e utilizá-la a nosso favor. Além do mais, não sairei de perto dela, apenas respeitarei sua vontade. Eu confio em Brenda e sei que ela mesma vai conseguir se desvencilhar das influências de nosso irmão mais necessitado.

---

[1] **Vide Allan Kardec,** *O Livro dos Espíritos*, **pergunta n. 495.**

Beatriz olhava para Orlando com admiração. Ele tinha uma fé inabalável. Resolveu respeitar a postura do amigo, que certamente sabia o que estava fazendo.

Aneliz amanheceu com uma ideia bem sinistra na cabeça: iria convencer Brenda de que Aline auxiliava a baronesa para que seu casamento fosse apressado de forma proposital e, com isso, ela pudesse roubar seu lugar naquela casa.

E não perdeu tempo.

Antes que todos despertassem, vestiu o roupão e subiu os degraus descalça, sem fazer nenhum barulho. Abriu a porta do quarto de Brenda e viu que a menina se remexia na cama, bem inquieta. Ela não percebeu, mas o espírito de João ali estava, esperando apenas uma oportunidade para poder utilizar a mediunidade da menina a fim de se fazer ouvir.

Com um gesto, Aneliz chamou a cunhada, que despertou, assustada. Fingindo preocupação, a dama rica asseverou:

— Desculpe, querida, mas vi que estava perturbada e achei melhor despertá-la...

Estranhando a atitude da cunhada, que dias antes fora capaz de inventar que ela tivera uma crise apenas porque lhe recusara o sórdido pedido, olhou-a desconfiada e questionou:

— O que a traz aqui a essa hora da manhã?

Sem perder tempo, a esposa de Maurício deu início a sua invenção:

— Vim a esta hora porque preciso que saiba de algo muito grave que descobri sobre sua amiga, Aline.

Sem acreditar muito naquela mulher, Brenda quis se levantar, mas foi contida por Aneliz, que prosseguiu com a mentira venenosa:

— Fique aí deitada, será melhor. Vou direto ao assunto: escutei uma conversa entre Aline e a baronesa. Sua amiga quer que se case o quanto antes apenas para ocupar seu lugar aqui nesta casa. A baronesa a tem como filha e, como todos acreditam que vosmecê tem problemas mentais, sua família não vê a hora de que se case logo para deixá-los em paz. Aline é uma aproveitadora, pois ama seu irmão e quer ficar perto dele, por isso se propôs a ajudar minha sogra a casá-la logo, sem pensar em vosmecê, que, com toda a certeza, sofre muito com tudo isso.

Aneliz parou de falar de propósito e viu que Brenda chorava, demonstrando acreditar no que dizia. Exultante de alegria, prometeu, com ainda mais falsidade:

– Não fique assim, querida. Confie em mim, pois não vou deixar que esse baile aconteça. Vou protegê-la.

Aneliz tinha muito poder com as palavras.

Enquanto a cunhada falava, Brenda se lembrou de toda a história de Aline e de que ela havia perdido a mãe precocemente. Pensou: "Será possível que Aline só se aproximou de mim para roubar o amor de minha mãe e ficar perto de meu irmão?" Tal pensamento foi ganhando cada vez mais força, e o espírito de João, que se alimentava dessa energia destrutiva, sentia-se ainda mais forte.

Foi quando algo inesperado aconteceu: a feição de Brenda foi se transfigurando e ganhando uma coloração vermelha e muito diferente.

Aneliz estava assustada com a mudança nítida da cunhada e por um momento se arrependeu de ter feito tal intriga. Mas já era tarde, e o mal já havia sido feito.

Brenda, completamente envolvida pelo espírito de João, bradou:

– Até que enfim posso falar! Preciso que saibam a verdade... Fui premeditadamente assassinado, assassinado!

Enquanto gritava, a jovem médium se contorcia e por repetidas vezes batia com a cabeça na cabeceira da cama.

Aneliz ia se retirar do quarto, quando foi surpreendida por Aline, que acordara com os berros da amiga. Frente a frente com a rival, Aneliz tratou de gritar bem alto:

– Socorro, por favor, alguém ajude a pobre Brenda! Aline, a baronesa não a perdoará!

A amiga de Brenda, percebendo que Aneliz queria prejudicá-la, logo falou, também em voz alta:

– Ora, senhora, quando eu cheguei, vosmecê já estava aqui com minha amiga. Veja seu estado; precisamos ajudá-la...

Maurício, Patrícia e Urbano subiram as escadas correndo, quando então entraram nos aposentos de Brenda, que estava completamente descontrolada. Todos olharam para Aneliz e Aline, e foi Patrícia quem perguntou, muito aflita:

– Mas o que está havendo aqui? Alguém pode me explicar, por favor?

Antes que uma das duas falasse, Brenda, que na verdade dava voz ao espírito de João, apenas dizia, apontando para Aline:

– Foi o pai dela... Ela deve ir embora daqui... Eu a odeio, quero que vá embora... – e, quanto mais Brenda falava, mais nervosa ficava.

Aline não entendia nada do que ocorria, e Aneliz, muito satisfeita com toda aquela cena, aproveitou para finalizar seu intento e, mentirosa, considerou:

– Veja, senhora baronesa, Brenda quer que Aline vá embora. Quando cheguei aqui elas estavam discutindo, e minha pobre cunhada se descontrolou. Melhor que ela saia desta casa. Não se preocupe com o baile, posso auxiliá-la com os convidados.

Patrícia estava muito desconfiada da nora, mas era evidente que, cada vez que Brenda olhava para Aline – na verdade, tratava-se do espírito de João, que enxergava na menina a filha do homem que lhe tirara a vida –, a médium ficava muito mais nervosa, e, por isso, a baronesa pediu que Aline se retirasse imediatamente do quarto.

Ao mesmo tempo, Cleonice, que também fora ver o que ocorria, obedeceu a ordem da patroa e prontamente administrou calmantes a Brenda, que se aquietou e adormeceu.

Já na sala, Aline chorava muito, pois percebeu que fora vítima de uma armadilha.

Patrícia, acompanhada de Maurício, respirou fundo e decidiu, com muita dor no coração:

Vaidade UM MANANCIAL DE ILUSÕES

– Aline, infelizmente creio que não deva permanecer aqui na fazenda, pelo menos até eu descobrir o que efetivamente ocorreu com minha filha nesta manhã. Não me leve a mal, mas não quero nem pensar na possibilidade de a doença de Brenda ter voltado.

A filha do coronel fitou a matrona, compreensiva. No seu lugar, talvez tomasse idêntica atitude. Olhou para Maurício e pediu a ele, com muita educação:

– Por favor, poderia chamar Urbano e avisá-lo de que partiremos em instantes? Enquanto isso, aproveito para me despedir de dona Patrícia.

O filho do barão estava chateado com a situação, pois, mesmo magoado com Aline, ele a amava. Tratou de ir chamar o empregado e sumiu das vistas das duas mulheres.

Um tanto sem jeito, Aline confidenciou à baronesa:

– Senhora, eu vou embora porque não desejo ver Brenda naquele estado. Mas lhe peço que não tema quanto à "doença" dela, pois ela não padece de enfermidade alguma, eu lhe garanto.

Surpresa com a revelação de Aline e admirada por tanta certeza em suas palavras, a baronesa não aguentou a curiosidade:

– Como pode garantir que minha filha não é doente?

Tirando da bolsa o exemplar de *O Livro dos Espíritos*, Aline esclareceu:

– Brenda não é e nunca foi esquizofrênica. Ela é portadora de mediunidade, a faculdade de se comunicar com espíritos do além-túmulo. Por favor, se tem apreço por mim, leia este livro e entenderá o que estou tentando lhe dizer. Não tenha preconceito; deverá ter a mente aberta para apreender os ensinamentos que lhe aguardam. Por ora, é só o que posso lhe revelar.

Antes que Patrícia pudesse estender a conversa, Maurício chegou à sala acompanhado de Urbano, que também estava desolado por não ter tido tempo de revelar seus sentimentos à baronesa.

Muito tristes, Aline e Urbano se despediram de Patrícia e logo tomaram o rumo da fazenda dos Amaral.

No caminho, Urbano confidenciou a Aline seus reais sentimentos:
— Minha amiga, preciso lhe contar algo.
— Diga, Urbano. Agora, só temos um ao outro.
— Estou apaixonado pela baronesa.

Aline sentiu uma alegria invadir-lhe o coração e se lembrou de que a grande amiga tinha um casamento frio e de aparências, além de ser traída pelo marido com a própria governanta.

Percebendo que Aline divagava em pensamentos, Urbano indagou, esperançoso:
— O que foi? Acaso acha que posso ter alguma chance com ela?
— Sim, é claro! Sabe que as damas da nobreza se casam apenas pelas conveniências, e com Patrícia não foi diferente. Ela não ama o barão e merece conhecer o verdadeiro amor.

O coração do capataz encheu-se de esperança e, mais do que nunca, decidiu que lutaria pelo amor de Patrícia.

Quitéria estranhou quando a charrete parou em frente ao casarão e nem esperou Aline entrar para interrogá-la:
— Ara, o que foi que aconteceu? Por que voltou antes do tempo?

Aline ignorou a mulher de seu pai e entrou em sua casa em silêncio, o que deixou a velha senhora irritada.

O coronel, por sua vez, percebendo o retorno precoce da filha, inquiriu-a:
— Não vai responder a Quitéria? O que houve para voltar assim tão cedo? Algum problema?

Vaidade UM MANANCIAL DE ILUSÕES

Aline respirou fundo, resolveu acabar com o mistério e disfarçou:

— Na verdade, não houve nada demais, papai. Aneliz, esposa de Maurício, ofereceu-se para auxiliar dona Patrícia com a confecção da lista de convidados e, então, para não me ocupar desnecessariamente, ela dispensou meus préstimos.

O coronel e a esposa pareceram acreditar na desculpa de Aline e deixaram o local.

Urbano ali permaneceu e, curioso para saber mais detalhes da vida da baronesa, dirigiu-se à filha do coronel, um pouco sem graça:

— A *minina* se incomodaria de conversar melhor comigo?

Risonha, Aline retrucou:

— Claro que não, meu irmão do coração. Vamos fazer como nos velhos tempos?

Ele sorriu.

— Eu jogo a pedrinha na sua janela e então *ocê* abre pra eu subir de escada?

— Combinado – respondeu a menina, feliz por ter um amigo com quem conversar.

A baronesa ficou muito triste em ter de mandar Aline embora em circunstâncias tão estranhas. Após se certificar de que Brenda dormia, foi até os seus aposentos verificar o que tinha de tão esclarecedor naquele livro, que dera tanta certeza à ex-cuidadora de Brenda de que ela nunca fora doente.

Ao folhear as páginas da obra, Patrícia se encantava com o que lia e a facilidade com que absorvia aqueles importantes ensinamentos. Não sabia o motivo, mas estava segura de que naquelas páginas encontraria a explicação para as crises que a filha tinha, principalmente quando era uma criança.

"Espírito... Sim, Orlando é um espírito. Por que não?", a baronesa refletia intimamente, enquanto lia aquela obra esclarecedora. Foi então que se recordou do estado em que

ROBERTA TEIXEIRA DA SILVA DITADO POR ANGELUZ

Brenda ficara pouco antes de toda aquela confusão acontecer e, quando olhou no relógio, viu que a leitura fluíra de modo tão agradável que nem percebera o tempo passar. "Minha nossa", pensou, "minha filha já deve ter despertado!" Saiu do quarto e foi logo entrando nos aposentos de Brenda, que chorava.

A baronesa sentou na cama da filha, pegou suas mãos e, com muita ternura, perguntou:

– E então, querida, está melhor?

A menina, que temporariamente estava livre da influência do espírito de João, olhou-a com carinho, enxugou as lágrimas e respondeu:

– Sim, mamãe. Mas e Aline? Gostaria muito de vê-la.

Patrícia baixou a cabeça e respirou fundo. Sentia-se arrependida por ter tomado uma atitude tão séria no calor da emoção.

Muitas vezes, agimos sem pensar e, com isso, acabamos atrapalhando nossa própria vida ao atrair circunstâncias que poderíamos ter evitado caso mantivéssemos o equilíbrio antes da ação.

Mas agora não teria como mudar o que fora feito, e a baronesa, um pouco envergonhada, contou a verdade à filha:

– Olhe, Brenda, me perdoe... Quando cheguei aqui, vosmecê estava descontrolada e olhava para Aline com muita raiva, pedindo aos gritos que ela fosse embora. Eu hesitei um pouco, mas, quando vi que sua crise poderia piorar, pedi a Cleonice que lhe desse o calmante e disse a Aline que seria melhor que saísse desta casa, ao menos até sua melhora, minha filha.

– Mas, mamãe, não é possível que eu tenha feito isso. Não me lembro da crise, mas me recordo de que momentos antes do surto Aneliz esteve aqui e me sugeriu coisas estranhas quanto ao comportamento de Aline.

– Aneliz? Mas o que ela lhe disse exatamente?

– Que Aline nunca foi minha amiga e que, na verdade, quer que eu me case logo para ficar aqui com a senhora e com Maurício.

– 229 –

A baronesa se assustou com a atitude da nora e não entendeu por que a ex-criada poderia querer ficar perto do filho. Muito intrigada, indagou:

— Ora, mas por que Aline iria pretender ficar perto de Maurício? Não entendo...

Brenda percebeu que havia falado demais, mas agora não teria como esconder da mãe a paixão entre o irmão e a amiga. Resolveu contar a verdade:

— Mamãe, Aline ama Maurício, que a ama também. Eu descobri tudo no dia do noivado dele. Aline me confidenciou que o amava, e eu o chamei aqui naquela noite para pedir que não se casasse com alguém que não amava. Tenho certeza de que ele só não assumiu esse romance porque achava que Aline era pobre... Repare nos olhos dele, mamãe, como brilham quando minha amiga está por perto!

— Aneliz sabe disso que me contou? — perguntou a matrona, com certa aflição.

— Infelizmente sim, mamãe. Eu mesma acabei caindo em uma provocação que ela me fez dias atrás e revelei esse segredo. Sinto-me péssima por isso.

A baronesa estreitou a filha nos braços e fez carinho em seus cabelos, deixando que a menina desabafasse.

Agora tudo parecia fazer sentido.

Não foi difícil para Patrícia concluir que Aneliz poderia não ser a nora que aparentava e, provavelmente movida pelo ciúme, manipulara toda aquela situação para culpar Aline pelo surto de Brenda. Precisaria pedir desculpas à filha do coronel, mas não tinha ideia de como faria isso sem despertar maiores suspeitas.

Já estava começando a escurecer quando Urbano jogou uma pedra na janela do quarto de Aline.

Ela, que o aguardava, abriu o vidro, e ele subiu pela escada, como faziam quando era crianças e queriam conversar.

– Tem certeza de que o *coroné* não vai desconfiar?

– Claro que não. Mas diga, Urbano, o que quer saber sobre a baronesa?

– Como sabe que ela *num* gosta do barão?

– Ora, amigo, isso não é difícil de enxergar. Patrícia é uma mulher jovem, linda, que tem um caráter reto, totalmente diferente do dono daquela casa, que só pensa em dinheiro e na amante.

– Amante?

– Sim, o barão e a governanta são amantes, acredita? Eu mesma os vi juntos nos aposentos dele, durante o dia, sem nem se preocuparem em ser vistos por alguém da família.

Nesse momento, o semblante do capataz mudou, e ele ficou pensativo.

Aline, que estranhou o desânimo repentino do amigo, questionou:

– Ora, Urbano, o que foi que houve? Falei alguma coisa que não deveria?

Os dois nem desconfiavam, mas o coronel Eustácio ouvia a conversa escondido atrás da porta do quarto da filha, muito contrariado com a retomada daquela amizade.

Urbano replicou, um tanto nostálgico:

– Não, Aline, não é culpa sua. É que a história da baronesa se parece muito com o drama vivido por sua mãe.

– O quê? O que sabe de minha mãe que eu não sei, Urbano?

Aline estava nervosa e queria a todo custo descobrir o que o amigo sabia sobre a vida da mãe.

O empregado percebeu que não devia ter tocado naquele assunto, mas de certo modo achava que a filha de Beatriz deveria saber o motivo que levara a mãe a atacar o marido naquela noite fatídica em que acabara perdendo a vida.

Urbano então respirou fundo e confidenciou, amargurado:

– Olhe, patroinha, naquela noite em que dona Beatriz morreu, ela havia descoberto o romance entre o vosso pai e uma das empregadas da casa.

Vaidade UM MANANCIAL DE ILUSÕES

Aline ficou pálida. "Minha mãe deve ter sofrido muito", pensou.

Depois de alguns instantes, ela pediu:

– Continue, por favor...

– Bom, não sei se ela descobriu qual era a criada, mas, logo que viu aquela mulher mais o *coroné* juntos, não pensou duas vezes e resolveu atacar ele. O resto a senhorinha já sabe.

– Meu Deus, então esse foi o motivo daquela discussão horrível? – concluiu Aline, entristecida. – Coitada de minha mãezinha.

A menina chorava muito e, enquanto era consolada por Urbano, percebeu que a porta do quarto se abriu com violência.

Os dois amigos se viraram rapidamente, e qual não foi a surpresa deles quando se depararam com o coronel Amaral.

Sem saber o que fazer, Aline ameaçou dizer algo mas, antes que pudesse abrir a boca, Eustácio a interrompeu, ameaçador:

– Ora, ora! Quer dizer que minha filhinha desmemoriada já está boazinha de novo? Lembrou-se de tudo, não é, querida? Muito bom saber que Urbano a ajudou a refrescar suas lembranças.

– Deixa ela, *coroné* – ordenou o capataz, já colocando a mão na espingarda que trazia na cintura.

– Muito bem, fiel empregado, vejo que escolheu o lado em que deseja ficar – disse o dono da fazenda, muito nervoso.

– Parem os dois! – gritou Aline. – Chega de derramamento de sangue nesta casa. Já basta o assassinato de minha mãe, não é, coronel? E iria me matar também, se eu não conseguisse ter escapado de seus homens naquela noite horrorosa! Urbano não tem culpa de nada; eu me lembrei de tudo sozinha.

O coronel logo empunhou a arma, e Urbano, que estava pronto para atirar também, aguardava apenas mais um gesto suspeito do patrão.

Quitéria, que fora acordada com os gritos de todos os presentes, ouviu quando Aline disse que a mãe tinha sido assassinada por Eustácio e que ele havia ordenado sua morte também. Concluiu então que na noite em que encontrara a enteada ela fugia das garras do próprio pai e, provavelmente, fora por isso que nunca lhe contara a verdade, uma vez que temia pela própria vida.

Ela precisava dar um jeito de convencer o marido a não fazer nada contra Aline, pois tinha um baile ao qual desejava comparecer, e a morte da enteada por certo adiaria tão importante evento. Foi quando decidiu correr até o quarto da moça.

Eustácio, muito nervoso com a repentina presença da mulher, ordenou:

— Saia daqui, Quitéria, se não quiser se machucar!

A velha gananciosa, muito perspicaz, resolveu que se aproveitaria daquela situação e deu um jeito de pensar rápido em alguma solução que a beneficiasse no futuro. Sem demonstrar medo pelas palavras do coronel, sugeriu:

— Ouvi tudo, Eustácio. Se matar Aline, terá que matar Urbano e a mim, que também sabemos do crime que cometeu. Seja inteligente, homem!

Amaral abaixou a arma, e todos estavam curiosos para ouvir o que aquela mulher tinha a dizer.

Percebendo que os ânimos estavam menos exaltados, ela prosseguiu com seu plano brilhante:

— *Ara*, seria muita burrice matar sua filha, pois ela tem amizade com a família do barão e logo eles dariam falta da menina. Sem dúvida, vosmecê seria descoberto com rapidez.

— Então, o que faço com esta traidora mentirosa? — indagou o dono da fazenda, curioso pela resposta.

— Pode deserdar Aline e fazê-la prisioneira nesta casa. Não há castigo maior do que a privação da liberdade e a vida inteira na pobreza.

Aline trocou olhares com Urbano, que tinha ímpetos de pegar a arma e matar os dois patrões. Mas se conteve em seus desejos, pois sabia que não valeria a pena cometer um crime e perder para sempre a chance de viver seu amor com Patrícia.

Aline, de certa forma, sentiu alívio, pois não desejava ser morta.

Vaidade UM MANANCIAL DE ILUSÕES

Depois de um longo silêncio, Eustácio retomou a palavra:

– Está certo. Amanhã mesmo vou ao tabelião de notas para formalizar meu testamento, e deixarei todos os meus bens em nome de Quitéria. Quanto a vosmecê, Urbano, também está proibido de sair destas terras e, se eu descobrir qualquer traição, é um homem morto.

Respirou fundo e, olhando fixamente para Aline, sentenciou:

– Não poderá sair deste quarto. Tudo o que precisar será oferecido pelos empregados.

Quitéria estava exultante em saber que, no dia seguinte, seria a única herdeira de uma extensa fortuna. Mas algo ainda a inquietava: precisava que Aline fosse ao menos ao baile, já que não podia perder a grande oportunidade de se destacar, e, além do mais, a ausência dela no evento poderia despertar a curiosidade da baronesa, o que não seria prudente. Sendo assim, antes que todos se retirassem, a golpista deu sua última cartada:

– Eustácio, deverá abrir uma exceção somente para o dia do baile. Será muito estranho sua filha não comparecer. A ausência dela atrairá a atenção do clã dos Guarrido, e isso não será bom.

Após pensar um pouco, o patrão decidiu:

– Está bem. Aline irá ao baile, assim como nós dois, mas deverá ficar sob sua total vigilância. Urbano também irá, eis que deverá impedir que ela fique a sós com qualquer membro daquela família. Se ele deixar que Aline se aproxime de quem quer que seja, um de meus homens, que também lá estará, o matará.

Muito nervosos, todos deixaram o quarto de Aline, que ficou ali sentada na cama, refletindo sobre os últimos acontecimentos. Não desejava nem poder, nem riqueza, mas sim o amor de uma família, algo que nunca tivera a chance de viver dentro de casa.

O espírito de Beatriz ali estava com ela, direcionando-lhe vibrações de ânimo e equilíbrio. No fundo, a mãe de Aline sabia que a maior das quedas nada mais era que o prenúncio de um futuro renovador.

CAPÍTULO XIX

Um chamado urgente

Brenda estava cada vez mais triste com a ausência da amiga e muito revoltada com a proximidade do baile, em que iria selar seu compromisso de noivado e casamento, contra sua vontade.

Sem se dar conta, essas energias negativas que sentia eram cada vez mais potencializadas pelo espírito sofredor que a acompanhava, e, por isso, a moça apresentava inúmeras alterações de comportamento com muito mais frequência.

Patrícia, percebendo as oscilações comportamentais da filha, achou melhor conversar com Maurício para ter certeza sobre os fatos que ela havia lhe contado quando parecera estar mais lúcida. Entrou no escritório do filho e foi direto ao assunto:

— Maurício, tem alguma coisa que gostaria de me contar? Talvez um sentimento oculto que nutra por alguma moça...

Vaidade UM MANANCIAL DE ILUSÕES

O rapaz, estranhando muito a pergunta da mãe, respondeu com outra:

– Ora, não entendo sua indagação. A que moça se refere, mamãe? Vamos, seja clara.

– Aline, meu filho. Por acaso ama a amiga de Brenda?

Aquela pergunta tirou-lhe o chão. A simples lembrança de Aline já fazia Maurício tremer de emoção. Não conseguiu disfarçar seus sentimentos, que há muito estavam sufocados, e resolveu abrir o coração para a mãe:

– Não sei como lhe contar isto, mas vamos lá... Eu me apaixonei por Aline no momento em que ela pisou nesta casa. Cheguei até a lhe pedir que me namorasse, mas ela foi muito sensata comigo, dizendo que meu pai jamais aceitaria um romance meu com uma serviçal e, portanto, negou qualquer tipo de envolvimento mais íntimo. Porém, descobri no dia do meu casamento que essa "sensatez" dela não passava de fingimento.

Patrícia viu que a fisionomia do filho mudara; ele parecia um tanto zangado. Curiosa, a baronesa lhe pediu:

– Vamos, Maurício, me conte tudo. O que foi que descobriu no dia do seu casamento?

O sucessor do barão, ao se lembrar de Aline junto com o pai no altar, deixou que uma lágrima escapasse e, enxugando rapidamente os olhos para que a mãe não percebesse, retomou a confidência:

– Ora, mamãe, a senhora deve saber melhor do que eu, afinal, convidou-a para ser minha madrinha, juntamente com seu pai rico. É óbvio que ela mentiu sobre sua origem para todos nós, inclusive para mim, e sei que fez isso apenas para testar meu amor. Se ela tivesse me revelado que era rica desde quando nos conhecemos, com certeza não teria me casado com Aneliz.

A baronesa estava surpresa com o relato do filho e constatou que Brenda tinha razão, pois o jovem só não assumira seus verdadeiros sentimentos porque julgava que a amada era pobre.

O pior é que ela sabia que ele tinha motivos para agir dessa maneira, pois era certo que seu marido jamais permitiria que o primogênito se casasse com uma empregada.

Porém, havia apenas uma coisa que não se encaixava na narrativa do filho, posto que ele ignorava que Aline jamais poderia ter-lhe dito a verdade, fosse porque perdera a memória, fosse porque, quando a recuperara, sua vida estava em risco.

Vendo a mãe pensativa, Maurício quis finalizar aquela conversa:

– Pronto, falei tudo o que sinto. Estou aliviado. Espero apenas que não conte nada a ninguém.

Patrícia não disse nada. Permaneceu calada, enquanto refletia no que deveria fazer. Resolveu que contaria a Maurício o motivo pelo qual Aline não lhe dissera que era rica. A matrona tomou essa decisão porque não queria que o filho e a filha de coração tivessem o mesmo destino infeliz que o dela, ou seja, que fossem impedidos de amar apenas por conveniências sociais.

Então, como prova de amor incondicional, a baronesa revelou ao rapaz algo que poderia mudar totalmente sua vida:

– Maurício, vou lhe contar uma coisa muito importante: Aline não lhe contou a verdade porque tinha perdido a memória. Logo quando vosmecê partiu naquela viagem a negócios, antes de se casar, um empregado da fazenda do coronel Eustácio do Amaral bateu em nossa casa procurando uma menina com as características físicas de Aline, tendo a encontrado conosco. Ainda um pouco surpresa com a notícia de que sua família a procurava, ela nos contou que, em uma noite, havia perdido a memória e fora acolhida por Quitéria, que a apresentara a Cleonice como se fosse uma afilhada sua que necessitava de trabalho.

Maurício estava chocado com as revelações da mãe. Ávido pelo fim da narrativa, pediu que ela prosseguisse, o que foi feito prontamente:

– Bem, o resto vosmecê já sabe: ela cuidou de Brenda e conquistou nosso coração. E, pelo visto, o seu também...

Patrícia respirou fundo e retomou a narração:

– Preciso que saiba que foi no dia de seu casamento que o barão resolveu convidar o coronel e Aline para padrinhos, apenas para conquistar aquela amizade e ter apoio financeiro. Por isso que a moça não conseguiu lhe explicar o motivo de estar ali. Além disso, convenhamos que a ocasião não lhe dava a oportunidade de lhe contar que era rica, até porque a menina tinha acabado de redescobrir sua origem.

Maurício chorava muito e estava arrependido de ter julgado mal sua amada. Ela deveria estar sofrendo, assim como ele estava.

Por isso não devemos nunca julgar as atitudes das pessoas, pois não sabemos o real motivo que tiveram para ter esta ou aquela conduta. Somente quem caminha é que conhece todos os detalhes da estrada. Quem apenas observa enxerga somente o que lhe convém.

Patrícia estava muito feliz por ver que dentro daquele coração aparentemente frio morava um sentimento tão puro como o amor. E, para finalizar aquela conversa esclarecedora, a baronesa confidenciou:

– Maurício, antes de vir para cá pela última vez, Aline me revelou que recuperou a memória e se lembrou de que o próprio pai matou a mãe e que, por ordem dele, seria morta também se Quitéria não a encontrasse naquela noite. Veja que, mesmo curada da amnésia, ela jamais poderia ter contado algo para alguém, senão perderia a vida. Eu mesma só soube disso recentemente. Temo por ela, meu filho, eis que aquele coronel e Quitéria são assassinos e podem muito bem acabar com a vida de Aline caso descubram que recuperou suas lembranças.

O barãozinho estava nervoso com a situação da amada e questionou:

– Então por que a mandou embora daqui daquele jeito, mamãe?

– Porque achei que Brenda e ela haviam se desentendido, como sugeriu Aneliz. Mas, conversando com minha filha, descobri que sua esposa sabe de seu sentimento por Aline e, talvez por ciúmes, tenha inventado toda aquela situação para afastá-la desta casa.

— O que me diz é muito grave! Aneliz não tinha o direito...

— Calma, filho. De nada adiantará seu nervosismo. Precisamos trazer Aline de volta, pois não estou com bons pressentimentos.

— Tudo bem, mamãe, deixe comigo. Vou resolver essa situação de uma vez por todas.

A baronesa saiu do escritório, enquanto Maurício tentava digerir todas aquelas revelações e ainda pensar em como traria a amada de volta àquela casa.

O espírito de Orlando não conseguia mais se aproximar de Brenda, que piorava a cada minuto devido à má influência persistente do espírito de João.

Muito preocupado com o rumo que poderia tomar a situação de sua protegida, e um pouco arrependido por não tê-la auxiliado antes, o benfeitor expôs sua preocupação ao espírito de Gabriel:

— Amigo, não sei mais o que posso fazer para acalmar Brenda e tirá-la desse estado mental tão decadente. Deveria ter afastado dela o espírito de João enquanto ainda podia...

Gabriel, sempre muito sábio, esclareceu:

— Ora, Orlando, sabemos que tem determinadas experiências que necessitam ser vividas e não devem ser evitadas. Não lhe cabia obstar a influência daquele espírito sobre Brenda se foi ela própria quem o atraiu. Além do mais, temos consciência de que esse estado mental apático e revoltado não pertence à menina, mas sim ao espírito que a influencia. Por ser médium, ela tem a sensibilidade muito alta e, em decorrência, capta os pensamentos e sentimentos do desencarnado. Ela não tem ainda o discernimento necessário para controlar o aparelho mediúnico, por isso acredita que tais sentimentos e pensamentos sejam seus.

Otimista, Gabriel questionou o amigo com um sorriso no rosto:

– Apesar de tudo, sabe que existe algo que pode amenizar ou até mesmo acabar com essa influência que João exerce sobre Brenda, não é?

– Sim, a orientação espiritual. O espírito desencarnado que está perdido precisa muito ser ouvido por um encarnado, pois seu estado mental o faz acreditar que ainda possui a densidade do corpo material. Assim, o fato de ele poder "conversar" diretamente com alguém alivia seu sofrimento e o torna apto a receber o socorro dos amigos do astral – respondeu, acertadamente, o protetor de Brenda.

Gabriel continuou:

– Certo, amigo. Creio que Aline poderia ajudar o espírito de João a se encontrar.

– Mas como ela faria isso, se tomou conhecimento da doutrina espírita há tão pouco tempo?

O amigo espiritual sorriu novamente e, sempre bondoso, elucidou:

– É certo que o estudo da doutrina espírita permite ao doutrinador encarnado maior embasamento em suas considerações e argumentações, porém, não se pode ignorar que a boa vontade e o amor do trabalhador são poderosos instrumentos para tocar o coração mais endurecido, afinal, a orientação deve acolher, e não convencer.

Orlando estava admirado com as explicações do benfeitor e, ávido por maiores lições, pediu que lhe explicasse melhor o que acabara de dizer.

Ele atendeu ao pedido:

– Aline não é médium como Brenda nem tem conhecimento doutrinário como um esmerado estudante, todavia, possui em seu coração uma enorme vontade de ajudar, o que já basta para ser muito útil em qualquer trabalho voluntário que desejar praticar. Aquele que abre seu coração para cooperar em favor do bem e do amor também abre uma enorme janela de comunicação com os espíritos superiores, que aproveitam a oportunidade para intuir esses abençoados trabalhadores com as melhores palavras, no momento certo.

— Então quer dizer que Aline poderá orientar João?

— Claro que sim, Orlando. E por certo o fará devidamente amparada pela espiritualidade maior.

— O que sugere? — perguntou o protetor de Brenda.

— Dê tempo ao tempo e verá que dentro em breve sua protegida será auxiliada, por um grupo de amigos encarnados e desencarnados, a se libertar de tal influência — concluiu Gabriel, muito confiante.

Naquele início de noite, Brenda estava muito alterada e não permitia que ninguém chegasse perto dela, nem mesmo a mãe. Gritava muito e parecia revoltada.

Guarrido ficou muito irritado com o estado da filha e resolveu chamar o doutor Otávio.

O médico, ao examiná-la minuciosamente, diagnosticou:

— Trata-se de uma nova crise severa de esquizofrenia. Os calmantes que prescrevi em outra oportunidade não são suficientes para acalmá-la. Se continuar agindo assim, a menina vai acabar se machucando ou ferindo alguém. Infelizmente, acredito que não há outro jeito a não ser providenciar sua internação com a administração de choques elétricos.

— Não! — protestou a baronesa, desesperada. — Isso nunca! Não vou deixar que levem minha filha.

— Mas não há outro jeito, Patrícia — retrucou o barão. — Será melhor que fique internada. Se permanecer neste estado aqui em casa, poderá ser vista por alguém, e aí o casamento que arranjei para ela irá por água abaixo.

— Mas não é possível que o senhor só pense em dinheiro! Nossa filha está neste estado e só consegue pensar em um casamento milionário?

Vaidade UM MANANCIAL DE ILUSÕES

– Ora, Patrícia, não seja hipócrita. Duvido de que gostaria de morrer na miséria – disse o barão de modo frio.

A baronesa se lembrou do livro que Aline tinha deixado aos seus cuidados e logo elaborou um plano em sua mente. Foi então que a dona da casa fez um pedido:

– Deixe Brenda aqui esta noite. Se amanhã cedo ela não estiver melhor, eu mesma farei questão de levá-la à clínica.

Guarrido olhou para o médico, que balançou afirmativamente a cabeça, concordando com o pedido de uma mãe desesperada.

Assim, doutor Otávio despediu-se:

– Bem, administrei em Brenda alguns medicamentos que perderão o efeito dentro de algumas horas. Caso ela não melhore, peço que a levem ao meu consultório com urgência.

Assim que o doutor Otávio saiu, Patrícia fez um pedido inusitado ao marido:

– Guarrido, preciso que vá agora até a fazenda do coronel Amaral e traga Aline. Somente ela poderá curar Brenda. Vosmecê se lembra da última vez em que nossa filha ficou assim? Foi Aline quem a tirou daquele estado.

O barão não estava muito convencido a atender o pedido da esposa, porém, cedeu no momento em que ela fez a seguinte consideração:

– Não temos nada a perder. Se Aline não a curar, levaremos Brenda para o doutor Otávio. Contudo, se a crise passar, poderá então realizar o grande baile que tanto espera, sem ter que adiar o evento.

O argumento da dona da casa era muito forte.

Guarrido mandou chamar Maurício, que prontamente o atendeu:

– Sim, meu pai, o que deseja?

– Quero que vá até a fazenda do coronel Amaral, em meu nome, e leve este bilhete até ele. Preciso que traga a filha dele aqui com urgência.

O rapaz estremeceu. Aneliz não estava em casa, pois naquele final de semana tinha combinado de ir visitar os pais. Logo, seria o momento perfeito para o filho do barão se desculpar com a amada.

Antes que o pai percebesse sua emoção, ele respondeu:

— Perfeitamente — e, com uma ordem, determinou aos empregados: — Selem o meu cavalo. Preciso sair com urgência.

A baronesa, apesar de aflita pelo estado de Brenda, sentiu uma alegria no peito, como se um bom presságio soprasse em seus ouvidos que tudo iria se resolver.

O relinchar de um cavalo no crepúsculo assustou Urbano, que estava em seu casebre, muito triste pelo rumo que sua vida tomara. Foi atender o visitante, e qual não foi sua surpresa ao se deparar com o filho do barão.

— *Ara*, o que deseja a essa hora, patrãozinho?

— Preciso falar com o coronel. Por favor, me deixe entrar.

Urbano o acompanhou e o levou até a sala.

Ao ver o rapaz, Quitéria sorriu e, tentando entender o motivo de tão estranha visita, asseverou:

— Ora, mas que honra o filho do barão em nossas terras. Veio falar com meu marido?

— Sim, trago um pedido de meu pai.

O coronel desceu as escadas e, após cumprimentar o rapaz, indagou-lhe:

— O que posso fazer pelo meu compadre?

Maurício sentiu raiva daquele homem, pois se lembrou de que ele matara a mãe da mulher que amava e ainda tivera a coragem de mandar matá-la. Todavia, precisava disfarçar a contrariedade e, por isso, não perdeu tempo. Sem dizer nada, apenas entregou o bilhete ao coronel.

Quando leu o que nele estava escrito, o dono da casa pediu que o rapaz aguardasse na sala, enquanto se dirigiu pessoalmente aos aposentos de Aline. Entrou no quarto da filha e ordenou, muito ameaçador:

Vaidade UM MANANCIAL DE ILUSÕES

– Faça suas trouxas. Terá que ir até a fazenda do barão do café socorrer Brenda. Mas já aviso que, se disser uma palavra sobre a morte de sua mãe, matarei a filha de Guarrido.

– O quê? – replicou Aline, apavorada. – Não teria coragem...

– Tente me enganar e verá – retrucou o coronel. – Agora vá, desça rápido!

Ao descer as escadas, Amaral chamou por Urbano e, escondido de Maurício, advertiu-lhe:

– Tem sorte de estar vivo ainda, pois tenho muita consideração pela memória de vosso pai. Terá que acompanhar Aline até a fazenda do barão, mas, se disser ou fizer qualquer coisa contra mim, matarei a filha de Guarrido. Um de meus homens irá vigiá-los às escondidas. Qualquer deslize, já sabe...

Urbano nada respondeu e tratou de arrumar suas coisas. Estranhou o fato de o patrão ter deixado ele e Aline saírem da fazenda e correr o risco de que fugissem ou o denunciassem, mas ficou calado. Sabia que, se ele desconfiasse de qualquer tipo de traição, Brenda morreria.

Quando Aline desceu as escadas, deparou-se com Maurício, que a aguardava, ansioso. Ele então disse a ela:

– Vamos no meu cavalo, não é necessário o cocheiro.

– Tudo bem – respondeu a garota, com o coração aos sobressaltos.

Todos se despediram dos donos da casa e partiram, apressados.

Após saírem, Quitéria, que estranhou o fato de o marido ter permitido a saída da filha e do empregado sem nenhuma objeção, questionou:

– Por que deixou que os dois saíssem daqui? Não lhe passou pela cabeça que podem fugir ou denunciá-lo?

– Claro que sim, mas eu os ameacei dizendo que, se falarem ou fizerem qualquer coisa para me prejudicar, Brenda morre. Além do mais, como não sou idiota, mandei um de meus homens até lá e o autorizei a atirar caso veja algo de estranho.

– Nossa, mas teria mesmo coragem de matar a menina?

– Sim.

– Não vai me contar o que tinha naquele bilhete?

– Guarrido me prometeu uma parte do dote de Brenda caso Aline conseguisse curá-la de sua crise nervosa.

– Ah, agora entendi – disse Quitéria, sorrindo. – O dinheiro, sempre o dinheiro... – e ambos caíram na gargalhada.

Quitéria aproveitou o momento para perguntar:

– É verdade que irá fazer o testamento deserdando Aline?

– Sim, já marquei com o tabelião.

Ao ouvir a resposta, Quitéria beijou o marido, imaginando como faria para poder ficar com toda aquela fortuna sozinha...

CAPÍTULO XX

Doutrinação

Aline e Maurício estavam a caminho da fazenda do café, e o cavalo trotava muito rápido.

Ainda um tanto confusa com os acontecimentos, ela segurava com firmeza na cintura do amado, pensando apenas em como estaria Brenda.

Para quebrar o silêncio, o filho do barão comentou:

– Aline, sei que deve estar estranhando muito o que ocorreu, mas minha irmã infelizmente teve um daqueles surtos, e minha mãe está apavorada, pois o médico disse que será preciso interná-la e tratar a crise com choques elétricos.

– Não, isso não – disse Aline, muito nervosa. – Brenda não é esquizofrênica.

Aquela afirmação deixou Maurício muito curioso. Mas ele resolveu que não iria mais falar da irmã e, num ímpeto, fez sinal para o cavalo parar.

Vaidade UM MANANCIAL DE ILUSÕES

Urbano, que vinha logo atrás, seguido por um capataz do coronel, estranhou a parada súbita, mas Maurício justificou o ato alegando cansaço do animal.

Percebendo que os empregados de Eustácio estavam um pouco mais distantes, Maurício olhou para Aline e a chamou para um local mais reservado.

Ela obedeceu.

Maurício, que naquela noite estava mais belo do que nunca, chegou perto do rosto da amada e, muito amoroso, acariciou-o com suas mãos delicadas, enquando dizia, apaixonado:

– Como esperei por este momento... Não diga nada, apenas ouça. Eu já sei de tudo, de sua história. Também sei que, se não me contou a verdade, foi para se proteger. Saiba que meu casamento não é feliz e que nunca a esqueci.

Enquanto Maurício falava, Aline chorava, sem coragem de lhe pedir que parasse com tudo aquilo, pois também o amava muito.

Ele prosseguiu com sua declaração:

– Não temos muito tempo, pois logo devemos chegar em casa e prestar o socorro a Brenda. Contudo, antes que retomemos a estrada, quero que saiba que a amo e pretendo me separar de Aneliz, se disser que aceita ficar comigo para sempre.

A filha do coronel estava um pouco desconfiada com a repentina mudança de atitude de Maurício. "Será mesmo que em tão pouco tempo ele deixou de ser um rapaz mimado e ambicioso, e se transformou em um homem íntegro e de atitude?", pensou. Tal questão causava-lhe certo incômodo e desconfiança. Mas a razão deu lugar à emoção do momento, e foi a vez de ela dizer:

– Não sei se deveria, mas meu coração não me deixa alternativas. O amor que sinto por vosmecê me faz perder a noção do certo e do errado...

Ela não terminou de falar, pois Maurício a apertou contra o peito e a beijou de um modo muito apaixonado, como jamais havia beijado alguém.

Aqueles segundos de romantismo foram quebrados por Urbano, que, fazendo de tudo para o outro capataz não perceber nada, atirou uma pedra na direção dos dois, que se assustaram com o barulho.

Aline logo concluiu que estavam em perigo e, afastando Maurício de seus braços, pediu-lhe, desesperada:

– Pelo amor de Deus, temos que ir embora!

– Mas o que foi que houve?

– Maurício, se realmente me ama como diz, confie em mim e não pergunte nada. Precisamos seguir viagem.

Prontamente, o filho do barão montou em seu cavalo e, acompanhado pelos outros homens, chegaram com rapidez ao destino.

Patrícia logo recebeu Aline e, desesperada, levou-a aos aposentos de Brenda, que acordava do sono induzido pelos remédios.

Aline contemplou a amiga, que estava muito abatida.

Junto com Patrícia e Aline, estavam Urbano e Maurício, que ficaram no quarto para prestar eventual socorro a Brenda, caso houvesse necessidade.

A jovem médium abriu os olhos, mas estava muito estranha. Não reconhecia a amiga e demonstrava pela sua feição que sentia muita raiva.

Aline percebeu um brilho misterioso no olhar de Brenda e se lembrou de que havia lido em uma das obras de Allan Kardec que alguns espíritos podem se aproximar do médium para pedirem ajuda ou até mesmo para serem ouvidos. Teve a íntima certeza de que Brenda estava envolvida por um espírito sofredor.

Os presentes não perceberam, mas os espíritos de Orlando, Gabriel e Beatriz, acompanhados de uma equipe socorrista do astral, estavam prontos para trabalhar em parceria com os encarnados no auxílio ao espírito de João.

Aline, muito prudente, convidou todos a fazerem uma prece, e, com muito respeito, o grupo obedeceu:

Vaidade UM MANANCIAL DE ILUSÕES

– Deus nosso Pai, estamos aqui reunidos para ajudar um espírito que necessita de amparo. Por favor, envolva-nos com inspirações de luz e de amor, a fim de possibilitar a esta alma sofredora o encontro de sua paz. Amém.

Após a sentida oração, Aline foi abraçada pelo espírito de Gabriel, que colocou as duas mãos na testa da menina com o intuito de lhe transmitir amorosamente as palavras certas para acolher o irmão espiritual necessitado.

A doutrinação se iniciou.

Brenda, que ainda não tinha total controle sobre sua mediunidade, começou a esbravejar algumas palavras, a princípio sem sentido:

– Assassino! Coronel assassino! Pelas costas, não foi, seu traidor?

Aline, bastante inspirada, olhou fixamente para Brenda e indagou com voz calma:

– Senhor, o que o aflige tanto?

Brenda parou de gritar e olhou para Aline. Os presentes não entendiam direito com quem a filha do coronel falava, mas respeitavam a conduta da moça.

A médium, completamente envolvida pelo espírito de João, irrompeu em soluços, enquanto protestava, visivelmente amargurada:

– Até que enfim alguém me escutou! Eu preciso que saibam que fui morto pelas costas por alguém que me odiava. Não morri defendendo meu patrão, como todos pensam! Fui vítima de uma emboscada! Os "justiceiros" me contaram.

Olhando para Aline, o espírito falou:

– Pensa que *num* sei que é *fia* daquele assassino? Agora vou me unir a eles e fazer a minha justiça!

Surpresa com o que dissera o desencarnado, e ao mesmo tempo muito firme, Aline retrucou:

– A justiça não se mede pelo ínfimo conhecimento dos homens, meu amigo. Acima do que julgamos ser justo ou injusto, impera a lei de Deus. E lhe garanto que a sentença proferida por este Excelso Tribunal é sempre a mais correta.

ROBERTA TEIXEIRA DA SILVA DITADO POR ANGELUZ

– Fala isso porque não foi com vosmecê, *minina*. Eu sofri muito até chegar nesta moça, e, agora que tenho o controle sobre o corpo material dela, farei o que for preciso para jogar aquele coronel no mesmo inferno em que ele me atirou!

– Engana-se, meu amigo. Não tem o controle sobre a médium. Aliás, não pode controlar nada. Acha mesmo que se matar seu assassino terá sido justo? Não teria vosmecê a mesma índole dele se assim agir? Realmente é mais importante perder tempo arquitetando uma vingança em vez de cuidar de seu espírito? O inferno e o céu estão dentro de nós. Agora, olhe para si e veja como está ferido.

Aline falava inspirada por Gabriel, que, com os olhos do espírito, conseguia enxergar que o corpo perispiritual de João ainda sangrava, como se tivesse acabado de ser baleado.

O espírito parou de falar por alguns instantes, e todos os encarnados ali presentes estavam admirados com a situação que se desenrolava naquele quarto.

Brenda olhava para seu corpo e chorava, mas na verdade era João quem olhava para si mesmo, constatando que sua ferida ainda estava aberta e que o sangue escorria.

Muito assustado, o espírito, ainda utilizando a médium, desabafou, aflito:

– Não sei o que fazer com esta ferida. O tiro ainda dói muito, a morte é dolorida... Tinha uma vida pela frente e vejo que nada consegui viver. Servi a vida inteira ao barão, que nunca sequer me agradeceu. Agora, morri sem saber o porquê. Quanta injustiça!

– Qual é o vosso nome? – indagou Aline.

– João.

Aline se lembrou do esposo de Quitéria, quando o vira rapidamente naquela manhã, e concluiu que aquele espírito sofredor só poderia ter sido a vítima de seu pai.

Ficou decepcionada pelo estrago que o coronel fizera com uma vida, e viu naquela oportunidade a chance de poder reparar um pouco do erro paterno. Iria auxiliar aquele espírito, agora mais do que nunca. Respirou fundo e respondeu, muito mais envolvida pelo espírito de seu protetor, Gabriel:

Vaidade UM MANANCIAL DE ILUSÕES

– João, não se sinta assim injustiçado, pois não temos consciência do quanto ainda somos errantes. Toda reação é fruto de uma ação anterior, mas nem por isso sofrer eternamente está no destino dos homens. O resultado da dor é sempre o aprendizado, nada mais. Isso porque somos eternos, e as experiências nos garantem a lapidação de nossa moral, para enfim sermos perfeitos e felizes um dia. Não foi certo o que lhe fizeram, mas deixe que as contas sejam acertadas pelo agressor, no seu devido tempo. Por ora, pense em vosmecê, em seu restabelecimento e em sua nova vida daqui para a frente. Mais surpreendente do que a morte é a constatação da continuidade da vida, que jamais cessa, apenas se transforma. Olhe ao redor e veja quantos trabalhadores estão aqui conosco, especialmente para auxiliá-lo.

Brenda, ainda envolvida pelo espírito de João, passeou os olhos por todo o ambiente, enquanto lágrimas escorriam-lhe pela face. Comovido, o espírito sofredor aduziu, agora mais calmo:

– Eu devia odiá-la, porque é *fia* de quem é, mas sinto uma energia amorosa partir de vosso coração. *Ocê* foi a única que me ajudou e agora parece que uma nuvem saiu de meus olhos, que estavam cegos, e posso perceber muitos enfermeiros ao meu redor, que me convidam para ir junto deles. Ainda não estou certo sobre o que fazer, mas me sinto cansado, e o sangue que perdi me deixou fraco.

– Aceite o convite fraterno de nossos amigos, João. Eles o levarão a um hospital, onde cuidarão de sua ferida e então poderá descansar um pouco e pensar com calma em suas atitudes. Se depois que estiver recuperado não desejar permanecer com eles, poderá ir embora. Nunca será obrigado a fazer algo que não queira.

As palavras de Aline convenceram o espírito de João, que deixou Brenda e se dirigiu até um dos companheiros do astral. Este aplicou-lhe passes e o fez adormecer.

A movimentação espiritual era grandiosa, e todos aqueles abnegados trabalhadores estavam satisfeitos com o êxito daquela doutrinação.

É certo que nem sempre os espíritos sofredores concordam em receber o acolhimento proposto, mas muitas vezes basta um ato de amor verdadeiro para que alguns desses irmãos sintam-se tocados pelo próprio amor de Deus.

Quando sentiu que o espírito de João havia lhe deixado, Brenda deu um solavanco, assustando sua mãe.

Aline, que percebeu que João não mais estava ali, chamou a médium com calma:

– Brenda, minha amiga, sou eu... Aline.

A jovem abriu os olhos e sorriu, muito aliviada.

– Sabe o que acabou de acontecer aqui, não é? – perguntou Aline a Brenda, enquanto afagava seus cabelos claros.

Muito mais tranquila, ela respondeu:

– Sim, agora consigo perceber que estava influenciada por um espírito sofredor, e sei que era aquele empregado que foi morto, porque andei sonhando com ele e parecia estar desesperado.

– E tem ideia de como o atraiu para junto de si?

– Não, Aline. Poderia me explicar?

– Brenda, nós lemos nos livros que nunca devemos nos descuidar de nossa vigilância e do hábito da oração. Em algum momento, vosmecê deve ter baixado a guarda e facilitou esse envolvimento.

A médium pensou um pouco e se lembrou:

– Sim, tem razão. Senti-me muito triste com sua partida e, além disso, tive muita raiva de meu pai pela ideia de me casar. Fiquei bastante contrariada e magoada.

– Hum, agora entendo tudo – disse Aline. – Vosmecê atraiu João porque ele deveria estar sentindo o mesmo. Bom, já sabe que, no momento em que estiver se sentindo mal, por qualquer que seja o motivo, não deve se esquecer de firmar o pensamento em Deus e lhe pedir o auxílio necessário. Acredite que, com essa atitude prudente, poderá evitar o que houve hoje.

Para finalizar os esclarecimentos, Aline explicou:

– Sua mediunidade, minha amiga, é uma ferramenta de trabalho muito útil e se quiser usá-la para auxiliar nossos irmãos desencarnados sofredores deverá primeiro se equilibrar emocionalmente. Apenas com muita harmonia interior saberá diferenciar seus pensamentos e sentimentos daqueles advindos dos espíritos e, assim, poderá ajudá-los de fato sem ser dominada por eles.

Brenda sorriu mais uma vez e pediu para descansar um pouco, o que foi prontamente atendido pela família.

Patrícia, Urbano e Maurício, apesar de ainda não terem entendido muito bem o que acabara de acontecer, estavam felizes por verem que Brenda tinha voltado a ser como antes. Porém, mais importante do que a felicidade que sentiam, foi a constatação de que a menina não era esquizofrênica, como Aline já havia dito.

Os trabalhadores do astral encaminharam o espírito de João, já adormecido, para ser tratado em um posto transitório de socorro espiritual, localizado nas proximidades da Crosta.

Os amigos espirituais Orlando, Gabriel e Beatriz também estavam muito satisfeitos com o desempenho de Aline e vislumbravam para a jovem um bela oportunidade de trabalho em um futuro próximo.

Era manhã quando Eustácio saiu para ir ao tabelião de notas fazer o testamento para deserdar a filha.

Quitéria aguardava ansiosa o retorno do atual marido, para que pudesse ter certeza de que ele realmente deixaria toda a sua fortuna para ela.

Muito envolvida pela ilusão material, a velha senhora resolveu que não esperaria mais nenhum segundo para ter a liberdade e a fortuna com que sempre sonhara e, em um ato repentino e impensado, aproveitara a ausência de Urbano e de Aline e chamara por um dos empregados do coronel, que prontamente obedecera.

Cega pelo desejo de acumular fortunas para alimentar sua infinita vaidade, ela fez uma proposta ao capataz, sem medir as consequências que aquela atitude lhe traria, muito mais rápido do que imaginava:

– Vejo que vosmecê e os outros não são felizes trabalhando para meu marido, não é?

O empregado não entendeu a pergunta e resolveu que era melhor não responder.

Quitéria, que percebeu o temor do capataz, dirigiu-se a um quadro que tinha na sala e rapidamente o tirou do lugar. Para surpresa do empregado, ele se deparou, atrás da obra de arte, com um grande cofre, cujo segredo era conhecido pela mulher de seu patrão, que o abriu, deixando à mostra uma vultuosa quantia de dinheiro.

Os olhos do empregado brilharam de cobiça.

Sabendo do efeito que o dinheiro causa nas pessoas, a velha golpista não perdeu tempo e, segurando um generoso maço de notas, perguntou de novo ao capataz:

– E agora, vai responder ao que lhe perguntei? Quer mesmo continuar trabalhando para o coronel?

O empregado obedeceu e questionou, com muita curiosidade:

– *Ara*, mas o que a senhora pretende com tudo isso? Vá direto ao assunto.

– Tudo bem, homem. Meu marido voltará dentro em breve, mas em seguida sairá da fazenda, a meu pedido. Se quiser ganhar todas as notas que seguro em minhas mãos e ainda alcançar a liberdade para adquirir seu próprio pedaço de chão, terá que me fazer um grande favor.

O ar enigmático e frio daquela mulher assustou o capataz, porém, a ideia de ser rico era fascinante, e, mesmo desconfiado do que seria o tal "favor", o rapaz indagou:

– E que *favô* seria esse, dona?

– Dar cabo da vida de seu patrão, sem deixar rastros. Simule um ataque, um acidente, mas nunca deverá tocar em meu nome, entendido? Se souber de qualquer truque seu, terá o mesmo destino!

A determinação daquela mulher deixou o empregado muito nervoso, porém, ele estava hipnotizado pela oportunidade de ganhar muito dinheiro. Um tanto vacilante, ele retrucou:
— Mas o que ganho por me arriscar tanto?
— Uma quantia que jamais ganharia, ainda que servisse seu patrão a vida toda.
— E devo fazer o serviço sozinho? O *coroné* sai sempre escoltado...
— O modo como vai executar meu pedido deixa de ser um problema meu. Faça o serviço e ganhará a liberdade e o dinheiro que lhe prometi.

E, tirando algumas notas do maço que segurava nas mãos, Quitéria as entregou ao capataz, que, antes de sair do local, ouviu a última ordem da patroa:
— Vá e aguarde meu sinal.

Após algumas horas, Eustácio voltou do tabelião de notas carregando consigo uma pasta de couro com o documento original do testamento ali dentro.

Naquele dia, particularmente, o dono da fazenda não se sentia muito bem; estava um pouco angustiado e mais tenso do que o normal. A lembrança da morte da ex-esposa o atormentava, e a descoberta de que a filha havia recuperado a memória o deixara um pouco transtornado.

Sem se dar conta, o espírito de Beatriz o acompanhava desde o momento em que estivera no cartório de notas até sua chegada à fazenda. Isso porque aquele não seria um dia igual aos outros, e, apesar de ter sido vítima do marido, ela se esforçou para se livrar da mágoa que sentia. Em um gesto solidário e verdadeiro, desejou permanecer a seu lado para lhe prestar apoio.

Depois de deixar o documento em seu escritório, Eustácio foi se encontrar com Quitéria, que o aguardava na sala.

Muito carinhosa, a ardilosa esposa lhe pediu:

— Querido, sei que voltou da cidade agora há pouco, mas preciso tanto que volte lá para comprar algumas coisas no mercado...
— O que quer de lá? Por que não me pediu antes?
— Ora, não fique zangado comigo, meu amor. Vou fazer um jantar romântico para nós dois esta noite. Devemos aproveitar esses momentos, antes que aqueles dois traidores retornem para cá.

O coronel não gostou muito da ideia de ter de sair novamente e sugeriu:
— Ora, temos inúmeros empregados que podem comprar o que deseja. Vamos, faça a lista das coisas que quer.

Contrariada, a mulher pensou rápido e aduziu:
— Que falta de romantismo a sua, meu marido! Se quero que saia, é porque desejo lhe preparar uma surpresa... Por favor, atenda ao meu pedido.

A contragosto, o dono da fazenda resolveu atender aos apelos da esposa e pediu que ela anotasse os itens para as compras, o que Quitéria já havia feito.

Com a lista em mãos, o dono da fazenda chamou um de seus empregados para acompanhá-lo, como sempre fazia. A única coisa que o coronel ignorava é que aquele capataz era justamente o homem a quem Quitéria corrompera.

Ao sinal da patroa, o empregado saiu com o patrão, e ambos sumiram das vistas da mulher, que se regozijava com a possibilidade de herdar sozinha toda aquela fortuna. Rapidamente, a velha subiu ao escritório e procurou pelo testamento, mas não encontrou o documento.

Durante a parada no mercado, o capataz do coronel aproveitou para afrouxar as rédeas dos cavalos que levavam a charrete do patrão. No caminho de volta, muitos barrancos circundavam os arredores e, ao se aproximarem de um grande abismo, o capataz, em um ato proposital, fez um movimento que assustou os animais. Com o susto, os cavalos soltaram-se das rédeas, levando a carroceria em que estava o coronel a descer pelo abismo.

Foi possível ouvir o barulho da queda, e o empregado conseguiu olhar lá de cima que havia um corpo ensanguentado caído na ribanceira. Dissimulado, o assassino resolveu pedir socorro, para não levantar suspeitas.

Os moradores da região se uniram e com uma corda grande desceram até o local onde o coronel estava, ocasião em que atestaram sua morte.

Satisfeito, o empregado foi acompanhado por um morador dos arredores para levar o corpo do coronel de volta à fazenda.

Quitéria demonstrou uma falsa tristeza ao receber a notícia e agradeceu o estranho, que voltou para casa. Agora ela precisava apenas avisar Aline de que não mais moraria naquela casa, posto que já não tinha nenhuma serventia.

O capataz corrompido por Quitéria não queria somente aquele maço de dinheiro, mas sim tudo o que vira no cofre. O serviço que fizera tinha sido perfeito e merecia receber muito em troca.

Resolveu contar o que ocorrera aos outros capatazes, que se animaram com a ideia de roubar o cofre e dividir todo o dinheiro para fugirem em seguida. O trabalho era minucioso e tinha de ser feito com rapidez, antes que a filha do coronel e Urbano retornassem.

Quitéria arrumava as coisas para o funeral do marido enquanto pensava no plano perfeito que acabara de executar. Enfim, seria rica e livre.

O espírito de Orlando, que fora seu filho em uma pretérita existência, estava ali, sentindo muita compaixão daquela mulher ainda tão iludida pelas facilidades do mundo material, cujos devaneios a haviam levado à prática de dois assassinatos.

Gabriel, penalizado com a tristeza do amigo, observou, muito compadecido:

– Orlando, sei o que sente e compreendo que queira ajudá-la, mas infelizmente não escapamos da lei do retorno. Quitéria e Isadora são o mesmo espírito e ainda possuem a vaidade em comum. Infelizmente, esta nova vida não lhe garantiu a redenção, e ela ainda foi capaz de atrair mais débitos perante a lei divina. O que nos cabe agora é apenas vibrar por ela, para que possa se conscientizar de seus erros.

– Eu sei, meu irmão. Mas, apesar de tantos equívocos, ela foi minha mãe, e desejo muito que ela consiga superar a si mesma – replicou Orlando, muito comovido.

– Sim – concordou Gabriel –, e o amor é a grande manifestação da divina misericórdia, que está à disposição daquele que verdadeiramente se arrepende. O momento de Quitéria repensar suas atitudes não tardará. Sempre haverá uma nova chance, um novo caminho, uma nova escolha. Mas, antes disso, o espírito precisa querer melhorar, o que ainda não é o caso de Quitéria. Com tanta ganância, ela atraiu para seu convívio pessoas ainda piores do que ela, que inevitavelmente a farão sucumbir pelo mesmo veneno do qual sempre se nutriu...

As palavras do benfeitor espiritual explicavam os tristes fatos que ainda estariam por acontecer em alguns instantes.

Quitéria terminava de arrumar as coisas para dar início ao velório do ex-marido, quando foi surpreendida pela visita do empregado que corrompera. Muito contrariada, a velha senhora não perdeu tempo e ordenou:

– Ora, saia já daqui, homem! Espere tudo isso passar e acertarei o restante do pagamento.

O empregado apontou uma arma para a dona da casa, que se assustou com o gesto, e lhe determinou:

– Vá agora até o cofre e tire todo o dinheiro dali de dentro.

Vaidade UM MANANCIAL DE ILUSÕES

A mulher tentou pensar rápido, mas viu que estava encurralada por todos os empregados da fazenda, que, espalhados por todos os cantos da casa, tinham espingardas apontadas em sua direção.

Realmente nervosa, ela ainda tentou contemporizar:

– Prometo que todos terão benefícios, pois o coronel está morto, e eu não preciso mais que fiquem aqui como prisioneiros.

Interrompida com um tiro para o alto, ela tratou de se dirigir ao cofre.

A velha senhora carregava uma arma embaixo de suas saias e, quando girou o último número do segredo, empunhou o revólver na direção do capataz. Contudo, antes que pudesse atirar, um dos empregados que a mirava com a espingarda deu-lhe um tiro certeiro, quando então ela caiu, desacordada.

Os capatazes assustaram-se com a situação, posto que não estava em seus planos matar a dona da fazenda, mas agora era tarde demais. Assim, os homens pegaram todo o dinheiro e as joias que puderam e fugiram, antes que alguém os visse.

O corpo de Quitéria estava morto, porém seu espírito não conseguia se desligar dele, tamanho era o apego que tinha ao plano material. Era o início de seu longo resgate...

Com muito respeito, os espíritos de Orlando e Gabriel endereçaram a Deus uma prece pelo coronel e por aquela mulher, que tinham acabado de deixar o mundo físico em circunstâncias tão penosas, rogando ao Pai que deles tivesse indulgência.

CAPÍTULO XXI

O amor rompe fronteiras

Aline e Urbano tomavam um lanche, acompanhados pelos donos da casa e por Brenda, que agora estava mais recuperada e conformada com o casamento.

Maurício não parava de olhar para a amada, que lhe correspondia, muito discreta.

Urbano, que sabia ser preciso retornar à fazenda antes que o coronel resolvesse fazer algo contra a menina inocente, pediu licença da mesa e foi arrumar as coisas.

Guarrido, sempre muito ríspido, agradeceu o auxílio de Aline para a melhora de Brenda e anunciou que a data do baile, a ser realizado dentro de poucos dias, seria mantida. Depois, despediu-se de todos e seguiu rumo a seu escritório.

A baronesa também deixou o recinto e, num ímpeto, foi encontrar Urbano, que estava do lado de fora da fazenda, selando os cavalos. Um pouco sem graça, ela disse:

— Sinto muito que tenham que partir com tanta rapidez...

Vaidade UM MANANCIAL DE ILUSÕES

O empregado, surpreendido por aquela voz doce, virou-se imediatamente e, limpando as mãos, asseverou:

– Ora, dona baronesa, é que o coronel precisa de nós e pediu que voltássemos rápido. Mas, por mim, ficaria muito mais tempo.

O olhar de Urbano era de amor, e Patrícia percebeu as intenções daquele homem. Sem saber explicar como, ela também sentia o mesmo por ele e, de forma inusitada, pegou suas mãos e confidenciou:

– Sei o que sente por mim, mas não posso lhe dar esperanças, pois sou casada.

O empregado apertou as mãos dela nas suas e respondeu:

– Eu entendo, dona... mas o amor não escolhe a pessoa.

Temerosa e ao mesmo tempo apaixonada, ela tirou suas mãos das dele e rematou:

– Na verdade, é o amor que nos escolhe.

Antes que ele pudesse dizer mais alguma coisa, a bela mulher correu pelo jardim rumo a sua casa.

Urbano ficou ali parado, sem acreditar no que acabara de ouvir. Será que ela também o amava? Antes que pudesse dar guarida a seus pensamentos, porém, avistou um homem, que corria desesperado em sua direção.

– O que foi, senhor? – indagou Urbano.

– Vosmecê por acaso conhece o coronel Eustácio do Amaral?

– Sim, mas o que houve?

– Uma tragédia!

– Fale de uma vez, homem de Deus, ele é o meu patrão!

A essa altura da conversa, os gritos do visitante chamaram a atenção de Maurício e de Aline, que se aproximaram de Urbano. Assim, todos ouviram uma desagradável notícia:

– O coronel morreu de acidente...

Aline empalideceu, e Urbano tirou o chapéu e baixou a cabeça em sinal de respeito.

– Não pode ser – contestou a menina. – Mas como foi isso?

– Não sei direito, mas o burburinho que corre naquelas bandas é que o coronel se acidentou com a charrete e caiu em uma ribanceira hoje de manhã cedinho.

– Meu Deus – suspirou a filha de Eustácio. – Continue a dizer o que sabe.

– Mas a tragédia nunca vem sozinha e, infelizmente, a vossa madrasta também morreu.

Urbano e Aline estavam chocados.

A baronesa, que era a pessoa mais calma de todos ali, pediu que o homem entrasse em sua casa, enquanto oferecia água com açúcar para Aline e Urbano.

Quando os dois ficaram mais calmos, a dona da casa pediu que o visitante terminasse de falar, ao que ele obedeceu:

– Bom, como eu ia dizendo, a mulher do coronel também faleceu, mas não foi junto com ele, foi agora há pouco. Eu sou vizinho daquela fazenda e ouvi o barulho de tiros. Ela foi morta em um assalto pelos próprios empregados da fazenda. Deduzi isso porque, quando entrei lá para ver o que tinha acontecido, percebi que o cofre estava aberto e vazio, e que não havia mais nenhum capataz por ali. Devem ter se aproveitado de que a dona estava sozinha preparando o velório do esposo e a atacaram... Pobre mulher, que Deus a tenha!

Urbano não entendia como seus colegas poderiam ter feito tudo aquilo, pois nunca haviam demonstrado esse lado bandido.

Aline desconfiou da inocência de Quitéria, mas o choque com a morte do pai era maior e a impedia de pensar em alguma coisa.

Urbano, muito intrigado, indagou:

– E como soube que estávamos aqui na fazenda do barão?

– Ara, saí que nem um louco perguntando para os vizinhos se tinham visto alguma coisa, se sabiam onde a filha do falecido estava, e foi quando um deles disse que conhecia o filho do barão e me contou que, de noite, o vira na fazenda do coronel. Daí pensei que ela poderia ter vindo para cá, o que de fato aconteceu.

Após a trágica notícia, a baronesa agradeceu e dispensou o visitante.

O empregado de Eustácio, que fora por ele designado para vigiar Aline e Urbano, ouviu quando o estranho anunciou a morte do patrão e, num impulso, resolveu fugir sem ser visto, para ganhar a tão sonhada liberdade.

Aline, muito aflita, considerou:

– Urbano, precisamos voltar para casa e tratar dos funerais.

– Calma – disse Patrícia. – Não partam sem Maurício, que irá acompanhá-los. Mais tarde, eu, Guarrido e Brenda vamos até lá também. Sinto muito.

Assim, os três partiram rumo à fazenda, bastante sentidos com tudo o que haviam acabado de saber.

Aline, logo que chegou ao destino, viu que a casa estava toda revirada.

Subiu ao escritório que era do pai e percebeu que, atrás de um móvel, havia uma pasta de couro, que parecia estar escondida. Resolveu abri-la para ver o que tinha dentro e se surpreendeu ao perceber que ali estava guardado o testamento de seu pai. Pensou: "Nossa, o coronel foi tão insensível que, antes de morrer, conseguiu me deserdar. Não quero nem ler este documento". Guardou o testamento no mesmo lugar em que estava e contou à baronesa que o pai havia lhe dito que a deserdaria e que ele tinha cumprido a promessa antes de morrer, uma vez que vira o documento dentro de uma pasta.

Bastante compadecida pela situação da menina e de Urbano, que não tinham para onde ir, a baronesa então propôs:

– Sei que não é o momento para tratar deste assunto, mas sabe que o baile para a escolha do noivo de Brenda está para acontecer. Penso que até lá poderão ficar conosco, como hóspedes. Depois do evento, pensaremos em alguma coisa. O que acham?

Aline e Urbano concordaram com a sugestão e, logo após a cerimônia e a missa fúnebres, os dois retornaram à fazenda do barão.

Aneliz e Cleonice, como sempre, não gostaram da permanência de Aline naquela casa, mas sequer ousaram questionar a ordem da baronesa, afinal, sabiam que o baile só iria acontecer porque Aline tinha "curado" a filha do barão.

Maurício, por outro lado, estava alegre por poder ver o rosto de sua amada todos os dias, nem que fosse de longe. Apesar de seus sentimentos, não insistira em manter nada mais íntimo com Aline, por respeito à esposa.

Aneliz, por outro lado, não estava nada satisfeita em ter de conviver com a rival, o que a levava a sair de casa com muito mais frequência para ir a encontros extraconjugais.

Brenda, que já estava recuperada, continuou estudando a doutrina espírita para entender melhor como poderia auxiliar os espíritos desencarnados por meio de sua mediunidade.

A médium estava em seu quarto, sozinha, refletindo nas lições que aprendera, quando o espírito de Orlando se fez visível. Muito alegre, a menina fechou o livro e sorriu para o amigo, dizendo:

– Finalmente, hein! Me abandonou, é?

O protetor espiritual sorriu e, sempre afetuoso, disse:

– Nunca a abandonaria, minha querida. Se me afastei um pouco, foi por respeito à sua própria vontade.

– Eu sei, meu amigo. Aline me explicou o que houve com aquele espírito sofredor que me envolveu. Eu me perdi na vigilância, e olha no que deu...

– Mas agora sabe como evitar aquela situação, não é?

– Estou estudando e me aprimorando. Um dia ainda quero ajudar esses irmãos que sofrem.

Vaidade UM MANANCIAL DE ILUSÕES

Apesar de orgulhoso de sua tutelada, Orlando demonstrava certa apreensão, o que Brenda prontamente percebeu. Sem hesitar, a jovem questionou:

– Ora, vejo que está um pouco cabisbaixo. O que houve?

– Vim me despedir, minha amiga.

Os olhos da menina lacrimejaram, e ela ficou em silêncio, esperando uma explicação.

O espírito benfeitor prosseguiu:

– Sabe, Brenda, todos nós temos um caminho só nosso. Convivemos uns com os outros, precisamos muito das pessoas, construímos laços de amor, de desamor, mas, no final, chegamos e saímos do mundo solitários. Agora é meu momento de partir para uma nova jornada.

– Mas prometeu que nunca me abandonaria – interrompeu a médium, sem conseguir conter a emoção.

– E quem disse que vou? Estarei com vosmecê , mas não do mesmo jeito de sempre.

O benfeitor também estava muito emocionado e parou de falar por alguns instantes. Mais recuperado da emoção, retomou a conversa:

– Não poderei aparecer com a frequência que está acostumada a me ver, mas saiba que o espírito de Gabriel, que também protege Aline, assumirá o meu lugar. Terei que partir, mas será para o nosso bem, eu lhe garanto.

Muito triste, Brenda contemplou o amigo e mesmo assim sorriu, demonstrando compreender que ele não era sua propriedade e que também tinha o direito de seguir com sua vida, como todo filho de Deus. Mais calma, foi a vez de ela dizer:

– Não vou negar minha tristeza, mas aprendi que o amor não encontra distância. Estaremos sempre unidos, como sempre estivemos, pelo coração.

Carinhoso, o guardião sorriu de volta e aconselhou:

– Minha querida, não tema pelo casamento que a aguarda. Não posso lhe adiantar muita coisa, mas confie no que vou lhe dizer: o candidato que se oferecer para dançar com vosmecê a primeira valsa será o dono de seu coração. Ele a amará verdadeiramente, porque é um rapaz bom e deseja se casar com a mulher que de fato lhe toque o coração. Será uma união abençoada.

Os olhos da menina brilharam, e ela agradeceu intimamente a Deus por ter lhe reservado um noivo tão especial. Antes que o benfeitor partisse, fez-lhe um último pedido:

– Orlando, quero lhe dar um abraço.

Ele ficou um pouco surpreso com o desejo de Brenda e esclareceu:

– Desculpe, mas isso não é possível, pois meu corpo espiritual é formado por uma matéria mais etérea do que aquela contida em seu corpo de carne, o que impede essa sensação do toque entre uma e outra.

Decepcionada, ela insistiu:

– Por favor, é meu último pedido.

O benfeitor espiritual sabia que Brenda era portadora de muitas faculdades mediúnicas e que, inclusive, era detentora de uma energia material que possibilita a geração de efeitos físicos.

O nome dessa substância que Brenda tinha em abundância é ectoplasma,[1] uma espécie de energia que permite aos espíritos sua materialização por alguns instantes, à maneira de como eram quando encarnados, desde que saibam como manipular esses fluidos.

---

[1] Segundo o espírito André Luiz, no livro Nos Domínios da Mediunidade, de Chico Xavier: "o ectoplasma está situado entre a matéria densa e a matéria perispirítica, assim como um produto de emanações da alma pelo filtro do corpo, e é o recurso peculiar não somente ao homem, mas a todas as formas da natureza. Em certas organizações fisiológicas especiais da raça humana, comparece em maiores proporções e em relativa madureza para a manifestação necessária aos efeitos físicos. É um elemento amorfo, mas de grande potência e vitalidade. Pode ser comparado a uma genuína massa protoplasmática, sendo extremamente sensível, animado de princípios criativos que funcionam como condutores de eletricidade e magnetismo, mas que se subordinam, invariavelmente, ao pensamento e à vontade do médium que o exterioriza ou dos Espíritos desencarnados ou não que sintonizam com a mente mediúnica, senhoreando-lhe o modo de ser. Infinitamente plástico, dá forma parcial ou total às entidades que se fazem visíveis aos olhos dos companheiros terrestres ou diante da objetiva fotográfica, dá consistência aos fios, bastonetes e outros tipos de formações, visíveis ou invisíveis nos fenômenos de levitação, e substancializa as imagens criadas pela imaginação do médium ou dos companheiros que o assistem mentalmente afinados com ele".

Orlando, que sabia como proceder, resolveu atender ao pedido de Brenda e então começou a manipular o ectoplasma, enquanto a médium nada sentia, apenas observava.

Após alguns minutos, algo incrível aconteceu: Orlando estava materializado e bem diante de Brenda, que o contemplava, admirada.

Sem nada dizer, ele apenas se aproximou dela e a beijou na testa, comovido.

A menina, sem nenhuma formalidade, olhou-o por alguns momentos e depois o abraçou fortemente, apertando o amigo contra seu corpo franzino, enquanto falava baixinho em seus ouvidos o quanto era grata por todo aquele auxílio durante tanto tempo.

Os dois amigos puderam permanecer por alguns segundos enlaçados um ao outro, enquanto eram observados pelo espírito de Gabriel, que, muito comovido, agradecia a Deus pelo amor, o sentimento que rompe qualquer fronteira para ser vivido.

Os dias se passavam lentamente, e o baile estava cada vez mais próximo.

Aline ainda estava sentida com a morte do pai, principalmente porque a última vez em que tinham conversado haviam tido uma briga muito feia. Ela ainda não entendia como aquele acidente ocorrera, mas estava conformada com a situação e orava sempre para que seu espírito mantivesse a resignação.

Quanto a Quitéria, Aline não sentia por ela nenhum tipo de afeto, mas também não desejava que a mulher morresse daquele jeito, pois, apesar de tudo, fora ela quem a salvara do poder daqueles bandidos.

Agora, precisava pensar em como seguiria sua vida sem ter um lugar para morar. Foi quando decidiu dar uma volta pela cidade, a fim de verificar o preço dos aluguéis das casas ali próximas, pois pensava em arrumar um emprego e manter a própria subsistência. Apesar do amor que Maurício dizia sentir, Aline não estava totalmente convencida de que ele teria coragem de abandonar a esposa para assumir o romance com ela, ainda mais agora que fora deserdada pelo pai.

Assim, tão logo o baile acontecesse, diria ao amado que não aceitaria ser sua amante e que, se ele a quisesse, teria de abandonar todo o luxo e viver com ela dentro de suas novas possibilidades. Só assim poderia ter certeza de seu amor.

Estava uma tarde muito agradável quando Aline parou em frente a uma casa que estava sendo oferecida para aluguel. Enquanto esperava pelo corretor, viu uma mulher jovem, muito parecida com a esposa de Maurício, aos beijos com um homem um tanto rústico. Por um momento, achou que a tivesse confundido, mas, quando chegou mais perto, constatou que a moça era mesmo Aneliz. "Meu Deus", pensou. "Maurício está sendo traído... Essa mulher não vale nada."

Teve ímpetos de ir até ela e surpreendê-la, mas achou melhor nada fazer, pois esse escândalo poderia acabar com o noivado de Brenda, que, depois do último encontro com o protetor Orlando, estava muito mais animada para o evento.

Indignada com a postura daquela mulher, que parecia ter modos tão nobres, nem perguntou o preço do aluguel do imóvel, resolvendo voltar rapidamente à fazenda.

Urbano, que a cada dia estava mais apaixonado pela baronesa, não conseguia mais esconder seu amor e, para não prejudicar a amada, quase não ficava dentro do casarão, isolando-se junto aos cavalos, com a desculpa de que precisava cuidar dos belos animais.

Cleonice, muito irritada com os hóspedes, não via a hora de Brenda se casar para se ver livre de Aline e do empregado, e poder voltar a se encontrar com o amante sem correr nenhum risco.

Assim que Aline chegou ao jardim da fazenda, Patrícia, que a aguardava, foi ao seu encontro e, um pouco tensa, comentou:

Vaidade UM MANANCIAL DE ILUSÕES

– Preciso muito desabafar com vosmecê. É sobre uma descoberta que fiz já tem alguns meses e que me sufoca.

– Pois fale, baronesa – respondeu Aline, preocupada com o semblante transtornado da dona da casa.

– Não é segredo para ninguém as traições de Guarrido. Contudo, no dia do casamento de meu filho, descobri que ele me trai com a governanta.

A menina estremeceu, pois ela já sabia desse fato, mas na época da descoberta tinha decidido que nada diria à baronesa. Um pouco atordoada, Aline percebeu que esse era o momento de fazer toda a verdade vir à tona, pois não queria mais saber de mentir para ninguém:

– Desculpe, baronesa, mas eu já sabia disso.

– Sabia? Mas como?

– Quando trabalhava aqui, num determinado dia em que fui servir Brenda, ouvi umas vozes que vinham da direção de seus aposentos. Cheguei mais perto, e foi quando constatei que se tratava de Cleonice, que estava ali dentro com o barão.

A baronesa começou a chorar, e Aline não sabia o que fazer, pois deveria ter contado o que vira. Arrependida, desculpou-se:

– Por favor baronesa, me perdoe. Sei que deveria ter lhe contado, mas achei que poderia me comprometer demais, e talvez a senhora sequer acreditasse no relato de uma criada.

A senhora do café enxugou as lágrimas e, para espanto de Aline, tentou sorrir, enquanto dizia:

– Eu compreendo, meu bem. Fique tranquila que não estou zangada. Talvez, em seu lugar, eu fizesse o mesmo. O fato é que não estou mais aguentando ter de suportar tantas coisas em nome de uma sociedade fria e sem caráter. Quero poder viver o restante de minha vida em paz, ser livre e, quem sabe, encontrar o verdadeiro amor.

Aquelas palavras da baronesa deixaram Aline muito feliz, pois sabia que Urbano a amava de verdade, e, quem sabe, a nobre mulher pudesse ter a escolha que sua mãe não tivera. Imbuída de um sentimento filial, a menina incentivou:

– Patrícia, sabe que a tenho como uma mãe e desejo de coração que seja feliz. Não faça como minha mãezinha, que, num momento de raiva e vingança pelo orgulho ferido em razão de uma traição, quis cravar o punhal em meu pai e acabou por ele assassinada, ainda tão moça. Tem a chance de ser feliz e viver o amor, livre de fachadas e verniz social. Urbano a ama muito e é um homem íntegro, de muito valor. Dê uma oportunidade à felicidade.

– Mas como farei isso? O barão me matará se souber de qualquer intenção menos digna de minha parte.

– Após o casamento de Brenda, pegue suas coisas e fuja com Urbano para um local distante. Leve suas joias e tudo de valor que tem, venda e junte uma boa quantia. Urbano é trabalhador e terá condição de provê-los. Eu sempre estarei perto de Brenda, pode confiar.

A baronesa ficou contente em ver que Aline realmente amava sua filha.

Estava anoitecendo, e Patrícia precisava voltar a casa.

Antes de sair, Aline informou, um pouco nervosa:

– Baronesa, não faça alarde, mas ainda preciso lhe contar algo muito tórrido.

– Diga, Aline, o que houve?

– Saí de tarde para dar uma volta e surpreendi Aneliz aos beijos com um homem estranho, no meio da rua.

Patrícia ficou estarrecida. Realmente, as aparências enganavam. Um pouco zonza, ela considerou:

– Onde essa menina está com a cabeça para agir de modo tão inconsequente? Pelo jeito que me contou, qualquer um poderia vê-la e delatá-la ao meu filho. Se Maurício souber, não sei o que pode acontecer.

– Baronesa, não conte nada a ele, pois Brenda não merece que um escândalo desse tamanho provoque fofocas em sua noite de gala. Por ora, deixe as coisas como estão, eu lhe peço.

– Tudo bem, Aline, tem razão. O baile será daqui a dois dias e nada pode dar errado. Brenda merece conquistar um noivo que a faça feliz.

Vaidade um manancial de ilusões

Encerrada a conversa, as duas mulheres voltaram à mansão.

Brenda estava ansiosa pelo baile e resolveu dormir cedo.

Sonhou que dançava com um rapaz cujo rosto não lhe era mostrado, mas sentia em seu coração que gostava dele. A música era suave, e o salão de sua casa serviu como palco de uma bela valsa. Entretanto, as notas musicais cessaram no momento em que se ouviu um tiro, que acabou acertando o coração de sua mãe. Ela caiu, sem vida.

Desesperada, a médium despertou do sono com o coração descompassado e muito assustada. Agoniada, a menina entrou sem bater no quarto de Aline, que despertou com o barulho.

Sentindo que aquele sonho era um aviso, Brenda o relatou a Aline, que aconselhou, preocupada:

— Querida, creio que esse sonho não seja uma mera fantasia. Penso que poderíamos avisar Urbano para que não saia do lado de sua mãe, protegendo-a com sua espingarda. De minha parte, fique tranquila que farei o mesmo. Onde ela estiver, eu estarei. Garanto que nada de mal acontecerá a Patrícia.

— Será mesmo? — perguntou a jovem, muito tensa. — E se for algo inevitável?

— Se fosse mesmo inevitável, vosmecê não seria avisada. Eu li nos livros espíritas que às vezes as pessoas têm uma premonição, que é a visão de um fato que poderá acontecer no futuro, exatamente como houve contigo. Porém, como acredito que o futuro também depende de nossas atitudes, imagino que, se foi avisada antes de uma tragédia ocorrer, é porque pode evitá-la. Não deixarei Patrícia sozinha nem por um momento.

— Assim fico mais tranquila — respondeu Brenda, sonolenta.

— Então, agora vamos dormir juntas, para que não tenha mais pesadelos — aduziu Aline, carinhosa.

As duas meninas se renderam ao sono.

CAPÍTULO XXII

O baile

Havia chegado o grande dia. Toda a alta sociedade fora convidada para o evento mais esperado da cidade.

Os candidatos à mão da filha do barão eram muitos, e Brenda estava ansiosa.

Aline e Urbano combinaram de manter a vigilância, para que Patrícia não ficasse sozinha em nenhum momento.

Guarrido estava radiante e esperançoso de que os negócios enfim voltariam a prosperar com o noivo que arranjara para Brenda. Ele não havia contado nada à filha para que ela não estragasse seus planos.

Já era noite alta quando os convidados começaram a chegar. Um baile de noivado tinha suas regras, e uma delas era que os candidatos a noivos dançassem a valsa com a anfitriã, que escolheria aquele que mais lhe agradara.

Porém, estava tudo combinado previamente com o barão para que o noivo arranjado fosse o primeiro a dançar e,

Vaidade UM MANANCIAL DE ILUSÕES

assim, garantir a mão da menina desde o início, eis que os outros rapazes já sabiam do ocorrido e foram orientados a não dançar com a prometida.

Aneliz trajava um vestido tão lindo que parecia ser ela quem seria dada em casamento. No fundo, ela tinha esperança de que a família de Júlio aparecesse e, por isso, queria estar feito uma deusa, para atrair o olhar de sua paixão.

O momento da valsa estava prestes a acontecer. Um violinista iniciou as primeiras notas, e Brenda desceu as escadas, deslumbrante. Chegou ao grande salão e sentou-se na cadeira que ficava no centro do local, como se fosse uma princesa, aguardando o primeiro candidato à dança.

Para surpresa de todos os presentes, inclusive do barão, o primeiro rapaz que tirou Brenda para dançar não foi aquele que ele escolhera. Um pouco contrariado, o pai da menina quis impedir aquela dança, mas já era tarde, pois o fino cavalheiro passeava com Brenda pelo salão, deslizando com ela nos passos da bela valsa.

A jovem estava encantada com aquele homem, que tinha a pele alva e os olhos castanhos. Enquanto dançavam, ele se apresentou:

— Sou Júlio, a seu dispor. Quando a vi, meu coração acelerou. Fiquei encantado por sua beleza.

Brenda corou de vergonha, mas estava gostando daquele moço tão elegante, e, muito sincera, respondeu:

— Também gostei de vosmecê.

Mas aquela dança não iria muito longe.

Aneliz, que estava distraída, assim que viu com quem sua cunhada dançava, teve um acesso de fúria, posto que o pretendente se tratava de Júlio, aquele por quem era obcecada e fora rejeitada.

Em um impulso desvairado, a esposa de Maurício berrou, na frente de todos os convidados, enquanto batia palmas feito uma louca:

— Ora, ora, que família mais tradicional temos aqui! Um baile para dar a filhinha em casamento, com pompas, honrarias

– 274 –

e falsidades. Parabéns, barão. Consegue mesmo disfarçar sua decadência.

– Cale a boca, Aneliz – ordenou o anfitrião, nervoso. – O que está fazendo? Veja os convidados, todos a estão olhando. O que pretende com isso?

– Não vou me calar – gritou a jovem senhora, completamente descontrolada pelo ciúme. – Todos sabem que está pobre e que quer casar a menina para sair da lama.

Maurício não se conteve e tentou tirar Aneliz do salão à força, mas a mulher sacudia o corpo, enquanto continuava a esbravejar:

– Mas a pobreza não é o único segredo desta família. O barão do café adora uma empregadinha, não é, Cleonice?

A governanta ficou vermelha de raiva e olhava para ela como a lhe suplicar que parasse de falar.

Maurício soltou a mulher e, interessado em saber o que a esposa escondia, perguntou, sem se importar com os convidados, que, curiosos, também queriam escutar aquele relato até o final:

– O que disse? Cleonice e meu pai... amantes?

– Sim, meu querido marido – confirmou Aneliz. – E, além do caso que os dois têm até hoje, existe outro segredo do qual não gostará de saber...

– Mas então fale logo e acabe com esta palhaçada – ordenou Maurício, já fora de si.

– Vosmecê é filho da empregada com o barão. Pronto, está tudo revelado agora – falou a jovem, transtornada.

Maurício e Patrícia estavam atordoados e muito envergonhados diante de tal cena.

Júlio abraçava Brenda, que chorava muito.

Guarrido, bastante nervoso e transtornado pela revelação de sua penúria perante toda a sociedade implacável, ficou completamente desequilibrado e deixou o salão. De um jeito muito estranho, o dono da casa subiu as escadas e se trancou no escritório.

Vaidade UM MANANCIAL DE ILUSÕES

Os convidados não sabiam mais o que fazer: se ficavam e amparavam aquela família, que tivera todos os seus segredos expostos de forma tão cruel, ou se era melhor que se retirassem. Entretanto, antes que alguém pudesse tomar qualquer decisão, um tiro foi ouvido pelos presentes, que se assustaram ainda mais com aquilo.

A partir desse instante, uma correria se instaurou no recinto – alguns iam de um lado para o outro, sem rumo, enquanto outros iam embora, nervosos e apressados.

Patrícia e Maurício correram lá para cima, quando se depararam com Urbano, que se adiantou e arrombou a porta do escritório.

A cena era lamentável. Em um ato extremo de desespero, o barão havia tirado sua vida, dando um tiro na própria cabeça.

Muito abalados, Maurício e a baronesa desceram as escadas com rapidez, e Aline, muito nervosa, ordenou a todos:

– Por favor, já chega. Uma tragédia aconteceu e pedimos desculpas por tudo, mas é melhor que saiam, pois a polícia deverá ser acionada, e este local, evacuado.

Os convidados obedeceram e saíram, muito assustados.

Brenda permaneceu ao lado da mãe, inconsolável pela morte do pai, provocada pela cunhada enlouquecida.

Aneliz, que ainda não se sentira realizada com tudo de ruim que havia provocado, viu que Brenda estava bem vulnerável e muito próxima a Patrícia. Ela não sabia, mas estava envolvida por forças negativas emanadas pelos espíritos inferiores que atraíra para si devido a sua má índole. E, como se não bastasse, o comportamento contrário à moralidade e o ciúme doentio que sentia naquele momento contribuíram para que a esposa de Maurício aceitasse a sugestão desses espíritos menos felizes e tomasse a arma de um dos capatazes, apontando-a para Brenda, enquanto dizia:

– Traidora! Roubou meu amor de propósito. Vosmecê sabia que eu amava Júlio e mesmo assim aceitou dançar com ele. Deve morrer!

Imediatamente, Patrícia postou-se na frente da filha e suplicou:

– Por favor, já basta o que houve. Abaixe a arma.

– Nunca, jamais vou perdoar sua filha! Mas, de fato, tirar a vida dela não iria fazê-la sofrer. Já a sua, baronesa...

Um tiro escapou da arma. Em um impulso para proteger a mãe de Brenda, Aline se atirou na frente dela e, antes que a bala atingisse Patrícia, ela a empurrou, porém, acabou sendo atingida pelo projétil em seu lugar, caindo com força no chão, já desacordada.

Aneliz foi desarmada e dominada pelos empregados.

O doutor Otávio, que estava ali presente como convidado, aplicou-lhe uma injeção para que adormecesse, até que os ânimos fossem acalmados.

Maurício, Brenda e Patrícia estavam desesperados, e o médico correu para examinar Aline, que estava muito ferida.

Enquanto isso, Urbano viu que Cleonice tentava fugir de modo sorrateiro e foi logo chamar pelo filho do barão, que correu até o jardim, acompanhado da baronesa.

– Não sairá daqui antes que me diga a verdade, Cleonice. Sou mesmo seu filho?

A empregada parou de andar e olhou para o rapaz com lágrimas nos olhos. Enxugou o rosto e respondeu, fria:

– Sim, é. Eu e seu pai somos amantes há muito tempo. Ao menos ele morreu pensando que era seu pai.

Maurício não entendia mais nada e indagou:

– O quê? Mas não sou filho dele com vosmecê?

– Não. Nunca fui fiel ao barão e tive casos com empregados da fazenda. Engravidei de um deles, que inclusive já se foi, mas disse ao vosso pai que o filho era dele, para poder ter a chance de conviver com vosmecê e lhe dar uma vida de rei.

– Mas que absurdo! – protestou Maurício. – Vá embora daqui! Não quero mais vê-la, saia!

A governanta lançou um último olhar para o filho e saiu, para nunca mais voltar.

Vaidade UM MANANCIAL DE ILUSÕES

Maurício, inconsolável, olhou para a baronesa, que estava arrasada também. O rapaz queria saber de tudo e questionou com a voz embargada:

– Por que não me contou?

A baronesa, com muita sinceridade, justificou:

– Porque para mim nunca fez diferença o fato de não ter nascido de meu ventre. É meu filho e sempre será.

– Mas sabia que eu era filho da governanta?

– Não, isso eu soube junto com vosmecê. Aliás, só descobri o envolvimento dela com seu pai no dia de seu casamento.

– Como foi que cheguei a esta casa? – perguntou o rapaz, transtornado.

A baronesa esclareceu os fatos:

– Antes de vosmecê nascer, seu pai me disse que sua única sobrinha havia engravidado sem querer, de um rapaz sem tradição. Para evitar que um escândalo manchasse a honra da moça e marcasse para sempre a família de seu único irmão, Guarrido me disse que a jovem mãe iria ter o filho fora do país e que a criança, assim que nascesse, seria trazida para esta casa, devendo ser criada como se fosse um filho nosso. Estranhamente, na mesma época, Cleonice pediu uns meses de folga para fazer um curso de culinária fora do país. Agora entendo tudo... Ela estava grávida e precisava esconder o fato para que ninguém desconfiasse de que vosmecê era o filho dela.

– Mas como justificou meu nascimento à sociedade sem estar grávida?

– Isso foi fácil. Arrumei uma barriga falsa com uma criada de confiança, a Salete, que inclusive me ajudou a cuidar de vosmecê, e ninguém nunca desconfiou de nada.

– E aceitou me criar assim, sem nenhum problema?

– Claro, meu filho. Eu estava casada com seu pai há dois anos e ainda não havia engravidado. Achei que não podia ter filhos, e sua chegada foi uma bênção em minha vida. Eu o amei desde o dia em que vi seus olhinhos miúdos pela primeira vez. Perdoe-me por não ter lhe contado antes.

Maurício estava triste e decepcionado, mas seu amor pela mãe que o havia criado era maior do que qualquer mágoa. Em um impulso, abraçou-a demoradamente, enquanto deixava as lágrimas lavarem qualquer tipo de ressentimento.

Na sala, as notícias não eram boas.
Doutor Otávio examinou Aline, mas constatou que seus sinais vitais estavam muito fracos. Era preciso que fosse levada a um hospital com urgência.
Urbano se prontificou a levá-la, na companhia de Brenda, que orava muito para que a amiga conseguisse sobreviver. Fora muita coragem ter protegido a baronesa com a própria vida, e ela não merecia morrer assim.
Maurício e Patrícia tiveram de permanecer na casa até que a polícia terminasse de fazer a perícia para constatar o suicídio do barão, e, tão logo tudo fosse devidamente apurado e todos liberados, os dois iriam se dirigir ao hospital.
Os amigos espirituais da casa também oravam, suplicando ao Pai que fizesse por Aline o que fosse melhor.
A menina, embora desacordada aos olhos dos encarnados, sentia que seu espírito subia cada vez mais, como se pudesse voar. Ia cada vez mais alto, sem entender direito o que estava acontecendo consigo. Sentiu que parou em um lugar muito bonito, com campos verdes floridos, pássaros e alguns animais. Foi invadida por uma súbita paz, quando avistou uma bela mulher, que a olhava sorrindo, com os braços abertos. "Não é possível", pensou. "É a minha mãe!" Então, correu ao encontro de Beatriz, que a abraçou, muito comovida. Depois de trocarem um forte abraço, Aline observou:
— Se morrer for assim, não quero mais viver. Que lugar lindo, mamãe! Quanta saudade...
— Sim, minha filha, "morrer" é isso. Na verdade, a morte em si não existe, como pode ver.

Vaidade UM MANANCIAL DE ILUSÕES

– Mamãe, como queria poder tocá-la como nas outras vezes! Nunca pensei que um dia fosse vê-la de novo, mas agora sei que tudo o que estudei faz sentido. Podemos, sim, reencontrar os entes queridos que se foram. Deus é grandioso!

– Estou tão feliz também, minha filha. Nunca a abandonei e sempre estive ao seu lado, mesmo que não pudesse me ver.

– Eu acredito. Mas agora tudo está resolvido, pois não a deixarei mais.

Gabriel, que acompanhara Aline até aquele plano da espiritualidade, sem que ela pudesse se dar conta, caminhou na direção das duas e se apresentou:

– Aline, meu nome é Gabriel e fui seu protetor espiritual na Terra. Fico muito feliz que tenha reencontrado Beatriz. Ela a ama muito.

– Olá, Gabriel, agradeço por ter estado ao meu lado todo esse tempo. Devo ter lhe dado muito trabalho!

Os três sorriram, mas subitamente Aline se lembrou dos últimos instantes em que estivera na Terra, e seu sorriso se apagou. Ao olhar para baixo, enxergou uma movimentação médica feita em uma sala de cirurgia e viu que, incrivelmente, era em seu corpo que os médicos mexiam, aflitos.

Surpresa com tal visão, ainda pôde enxergar Brenda, Patrícia e Urbano, que rezavam de mãos dadas no corredor do hospital, para que pudesse se restabelecer.

Mais adiante, viu Maurício e, sem saber como, conseguiu escutar o que ele falava, enquanto fazia uma prece na capela do hospital:

– Meu Deus, como fui tolo esse tempo todo! Aline sempre foi a rica filha de um coronel e eu o plebeu, um simples filho de empregados. E, na minha ignorância, achava que era o dono do poder, e ela, a criada pobre. Agora entendo, Senhor, quando na missa escutava que "aqueles que se exaltam serão humilhados, e os que se humilham serão exaltados".[1] Ela, sim, era nobre, e foi capaz de trabalhar como mera serviçal apenas para poder cuidar de uma menina que sequer conhecia,

---

[1] Lucas 14, 11.

por amor, enquanto eu, que estava cego pelo dinheiro e pelo poder, dispensei o amor daquela que realmente se mostrou uma verdadeira dama espiritual. Não é justo que eu não possa ter uma outra chance de poder dizer a Aline o quanto me enganei com os reais valores da vida; que agora sei que a vaidade, o orgulho e a ambição são apenas uma ilusão que leva a pessoa aos infinitos e tortuosos caminhos da perdição. Meu amor, com vosmecê eu renasci para a vida, para o amor. Não me deixe, volte, eu imploro, estou muito arrependido.

Aline, em espírito, chorou com aquela rogativa sincera de Maurício.

Gabriel então lhe perguntou:

– E então, deseja ficar ou pretende voltar?

– Eu tenho escolha? – perguntou a jovem, admirada.

– Neste caso, sim.

– Mas por quê?

– Porque seu gesto foi o maior que alguém poderia ter enquanto encarnado – explicou Gabriel, que prosseguiu: – Dar a própria vida para salvar outra, por amor, é a extrema renúncia de si mesmo, o ápice da caridade. Por esse motivo, conquistou o mérito de poder escolher entre voltar à vida física ou aqui permanecer.[2]

Aline olhou para Beatriz, que disse:

– Minha filha, qualquer que seja sua decisão, estarei a seu lado.

A jovem pensou um pouco, em silêncio.

---

[2] Pergunta n. 951 de O Livro dos Espíritos: **O sacrifício da vida não é às vezes meritório, quando tem por fim salvar a de outros ou ser útil aos semelhantes?** Resposta: Isso é sublime, de acordo com a intenção, e o sacrifício da vida não é então um suicídio. Mas Deus se opõe a um sacrifício inútil e não pode vê-lo com prazer, se estiver manchado pelo orgulho. Um sacrifício não é meritório senão pelo desinteresse, e aquele que o pratica tem, às vezes, uma segunda intenção que lhe diminui o valor aos olhos de Deus.
Comentário de Kardec: Todo sacrifício feito à custa da própria felicidade é um ato soberanamente meritório aos olhos de Deus, porque é a prática da lei de caridade. Ora, sendo a vida o bem terreno a que o homem dá maior valor, aquele que a ela renuncia pelo bem dos seus semelhantes não comete um atentado: é um sacrifício que ele realiza. Mas antes de o realizar deve refletir se a sua vida não poderá ser mais útil que a sua morte.

Vaidade UM MANANCIAL DE ILUSÕES

Gabriel advertiu:

– Pense rápido, pois os cordões energéticos que ligam seu espírito ao corpo estão muito frágeis e, a qualquer momento, poderão se romper em definitivo.

Antes que pudesse dizer qual teria sido sua opção, Aline sentiu um choque e um empurrão muito forte que a puxava para baixo, rapidamente.

Gabriel e Beatriz permaneceram serenos, pois sabiam que intimamente ela já havia feito sua escolha.

CAPÍTULO XXIII

Uma nova chance

Maurício estava inconsolável, e Patrícia foi até a capela para lhe fazer companhia. Muito tristes, os dois estavam abraçados, em silêncio, quando foram surpreendidos pelo doutor Otávio, que os chamou para uma conversa em particular.

— Sinto muito, mas as notícias não são boas. Por favor, venham comigo até meu consultório.

Lá chegando, a baronesa suplicou, com lágrimas nos olhos:

— Fale logo, doutor, não aguento mais de tanta aflição.

— Fizemos a cirurgia, retiramos a bala, mas ela perdeu muito sangue. Do jeito que está, creio que em questão de algumas horas a menina não resistirá e...

— Doutor, doutor — gritou o enfermeiro, interrompendo a conversa. — Venha rápido comigo. Precisa ver aquela moça baleada agora!

— Com licença — disse o doutor Otávio, enquanto corria até o leito de Aline.

Vaidade um manancial de ilusões

Maurício e Patrícia se retiraram da sala desolados, tendo quase certeza de que o pior estaria por vir.

Quando o médico chegou, porém, teve uma feliz surpresa: Aline havia recuperado os sinais vitais e tinha aberto os olhos. Muito feliz, não conseguiu entender como ela estava viva depois de ter perdido tanto sangue. Pensou que aquilo tudo só poderia ter sido um milagre de Deus.

Prontamente, examinou a paciente e, sem demorar, foi se encontrar novamente com Patrícia e, apressado, pediu:

– Preciso de sangue. Peço que todos os acompanhantes de Aline façam uma doação. Os sinais vitais dela voltaram milagrosamente, e tudo de que ela precisa neste momento é repor o sangue que perdeu.

Esperançosos, os acompanhantes obedeceram e fizeram a doação.

A transfusão foi um sucesso, e Aline já conseguia respirar sozinha, precisando apenas de um pouco de repouso. Ela não se lembrava dos momentos que passara no plano espiritual, mas guardava em seu coração a certeza de que fora muito auxiliada pelos amigos do astral.

Bastante felizes, Maurício, Brenda, Urbano e Patrícia retornaram à capela, agora não mais para pedir, mas sim para agradecer a Deus por ter salvado Aline e poupado sua vida.

Os espíritos de Gabriel, Beatriz e Orlando acompanhavam o desenrolar dos acontecimentos e intimamente concordavam que Aline fizera a melhor escolha.

Foi a vez de Orlando dizer:

– Gabriel, agora que as coisas parecem caminhar bem, sinto que devo me preparar para o futuro, assim como minha amiga Beatriz.

O amigo respondeu, anuindo:

– Está certo, meu irmão, devem mesmo se preparar para um novo ciclo, que não tardará. Fizeram o melhor que podiam e agora merecem ter uma nova chance. Fiquem certos de que continuarei aqui desempenhando minha missão com todo o amor e responsabilidade possíveis, sob o amparo de Jesus.

– Antes que partamos – aduziu Orlando –, seria muito inconveniente de minha parte pedir-lhe informações sobre como estão os espíritos que infelizmente sucumbiram nesta reencarnação?

– Não, Orlando, pois, analisando as experiências de nossos irmãos, sem a maledicência, a maldade ou o julgamento, temos a oportunidade de aprender com os erros deles e tentar evitar cair em situações semelhantes. Vou ser breve: sabe que João, o capataz assassinado, foi recolhido pelo plano espiritual no dia em que foi auxiliado por Aline. O que posso dizer é que, após se recuperar, ele decidiu que ali permaneceria para poder aprender sobre sua atual condição e, quem sabe, ter uma nova oportunidade na carne. Já o coronel Eustácio não teve a mesma sorte, posto que suas ações não lhe possibilitaram o socorro imediato, por isso ainda ignora o que lhe ocorreu e a todo custo quer voltar à fazenda, embora não consiga se movimentar. Com o tempo, ele receberá o amparo de que necessita, mas antes precisará ao menos reconhecer os erros que cometeu.

– E Quitéria? – indagou Orlando, com certa compaixão.

– Bom, quanto a ela, infelizmente, também terá que se esforçar para se restabelecer. Por enquanto, seu espírito não aceita deixar o corpo material, e ela sofre vendo sua decomposição física, sem nada poder fazer para evitar esse processo orgânico. Por ora, meu amigo, a única forma de auxiliar Quitéria é vibrar por ela. Não perca as esperanças, pois a misericórdia divina está ao alcance de todos, e, ainda que tudo pareça ser como uma noite interminável, Jesus nos prometeu que não nos abandonaria e nunca nos desampararia.

Foi a vez de Beatriz questionar:

– E o barão, como está?

– Sua condição é um pouco pior do que a dos outros irmãos sobre os quais falamos há pouco, pois ele transgrediu a lei maior quando decidiu tirar a própria vida. Ainda que o ato tenha sido executado sob o domínio de violenta emoção, as consequências são dolorosas, e seu espírito terá que passar por circunstâncias difíceis para valorizar a vida. O processo será árduo, mas fundamental para que ele restabeleça seu equilíbrio e possa obter uma nova oportunidade de aprendizado e harmonização.

Vendo que os tutelados precisavam partir, Gabriel concluiu, amoroso:

– O que importa, meus amigos, é saber que, antes de sermos visitados pela escuridão da dor, somos convidados a trilhar nossas experiências pelos caminhos do amor. Porém, como espíritos ainda atrasados, ignoramos os convites sutis de nosso Pai e optamos pelas veredas da vaidade, da ambição, do poder e das facilidades materiais. A porta estreita é sempre a mais difícil, mas é ela quem nos livra das aflições dolorosas. Já a porta mais larga nos permite um caminho mais livre, porém, temos que ser prudentes e não nos deixar levar pelos falsos atalhos, que quase sempre nos provocam quedas a nos atrasar ainda mais o percurso. Desejo a vocês, meus irmãos, boa sorte nesta nova jornada.

Após os esclarecimentos salutares de Gabriel, os amigos trocaram um abraço fraterno de uma breve despedida.

Era chegado o momento de Beatriz e Orlando partirem para uma outra missão.

Alguns dias se passaram desde a trágica noite do baile.

Aline já estava quase curada por completo e fora convidada a morar na fazenda da baronesa, assim como Urbano.

Aneliz, que após o surto fora internada para receber tratamento em um hospital psiquiátrico, estava cada dia pior, apresentando devaneios e alucinações constantes.

Com a morte de Guarrido, Maurício herdou um patrimônio negativo do falecido barão, tendo de acertar as contas com os credores, que eram muitos. Para tanto, precisou pedir dinheiro emprestado a um banqueiro e, em troca, teve de hipotecar a fazenda. Se em até trinta dias ele não quitasse a dívida, perderia a casa da família.

Desesperado, Maurício confidenciava sua situação a Aline, que ouvia, compadecida:

– Aline, não tenho a menor condição de saldar o empréstimo que fiz no banco e temo perder esta casa. Como faremos se isso acontecer? Minha mãe, Brenda, Urbano, nós dois, onde vamos morar? Estou desesperado...

– Acalme-se, Maurício. Tenho esperanças de que as coisas vão se resolver. O barão não tinha dinheiro a receber dos compradores da última safra de café?

– Sim, mas é muito pouco, e agora, com a sua morte, eles estão dando desculpas para não pagarem o que devem.

– Assim que me recuperar vou arrumar um trabalho. Urbano já está trabalhando, e logo também poderá ajudar.

– Eu sei, Aline, mas até lá não garanto que ainda estejamos morando aqui.

O toque da campainha interrompeu o diálogo.

Depois de alguns segundos, Urbano entrou na sala acompanhado de um tabelião de notas, que foi logo dizendo:

– Procuro por Aline do Amaral. Ela está?

Estranhando a visita, ela se identificou:

– Aline sou eu. Em que posso ser útil?

– Vim até aqui porque estou à sua procura. Preciso ler e lhe entregar o testamento de seu pai.

– Desculpe, mas perdeu seu tempo. O coronel me deserdou e não tenho direito a nenhum centavo de seu dinheiro.

– Desculpe-me a senhorita, mas não é isso que consta no documento que trago comigo.

Maurício e Aline se entreolharam, surpresos.

O tabelião prosseguiu:

– Posso ler o teor do testamento? Preciso cumprir com meu dever legal.

Ela consentiu, um pouco nervosa.

Vaidade UM MANANCIAL DE ILUSÕES

– Pois bem, senhorita. O coronel Eustácio do Amaral, diante da lei, declarou para mim em meu cartório de notas que vosmecê era sua única herdeira e, caso ele viesse a falecer, todo o seu patrimônio deveria lhe ser entregue.

E concluiu:

– Aline, a senhorita é a mais nova dona da fazenda do coronel Eustácio do Amaral e de todo o restante do patrimônio de seu pai. Agora preciso que assine a minha via, por gentileza.

Aline estava estupefata e, diante das circunstâncias, assinou o documento. "Mas como meu pai fez isso, se saiu decidido a deixar tudo o que tinha para Quitéria?", perguntou-se, muito intrigada.

Era bem verdade que a riqueza do coronel só fora adquirida porque se casara com Beatriz, cuja família sempre havia sido muito rica. Mas, com a morte dela, ele poderia dispor de tudo à maneira que quisesse.

Sem conseguir conter a curiosidade, Aline perguntou ao tabelião antes que fosse embora:

– Desculpe, mas naquela manhã em que meu pai morreu fui informada de que ele tinha ido ao seu cartório, e, pelo que sei, a intenção dele era deixar toda a fortuna para a também falecida esposa. O que o levou a mudar de ideia?

O tabelião hesitou um pouco em responder:

– Bom, por uma questão ética, não posso revelar o que houve naquela manhã.

– Ética? Mas ele está morto! Não entende que eu preciso muito saber o que levou meu pai a mudar de ideia?

A súplica da menina comoveu o dono do cartório, e ele resolveu falar o que sabia:

– Olhe, Aline, não vou mentir que o coronel chegou ao meu cartório decidido a deserdá-la. Apesar de saber que ele tinha uma legítima herdeira, sabe que os coronéis são poderosos e fazem as próprias leis. Eu não pude interferir em sua decisão e redigi o testamento à maneira que me ordenou, ou seja, deixando tudo para uma senhora chamada Quitéria. Porém, antes de assinar o documento, ele parou e pensou por alguns instantes.

— E o que aconteceu depois? — indagou Aline, muito aflita.

— Depois, ele não assinou nada e chorou. Disse que vosmecê não merecia um castigo desses, porque ele é que havia desgraçado com sua vida. Murmurou umas palavras, falou que no fundo a amava e que não a prejudicaria ainda mais. Porém, rabugento como ele só, logo limpou o rosto e mandou eu rasgar aquele testamento e substituir por este, que eu trouxe, no qual ele lhe deixou a fortuna que, por direito, já era sua. Agora preciso voltar e, se me permite um conselho, retorne logo à fazenda, pois a propriedade está perecendo pelo abandono. Até mais ver.

Maurício abraçou Aline, que correspondeu ao gesto, enquanto chorava de emoção. Mais refeita, ela sorriu e falou:

— Maurício, temos a solução para os problemas financeiros que enfrenta. Meu pai tinha muito dinheiro e poderemos usá-lo para quitar a hipoteca. O que me diz?

— Fico feliz com sua atitude, mas não posso aceitar. O dinheiro é seu, e não quero que pense que estou me aproveitando de sua condição.

— Ora, rapaz, pare com isso. Agora é a minha vez de ajudar esta família que tenho como minha. Chame sua mãe e Brenda, para que saibam das novidades — pediu a jovem, muito feliz.

O moço obedeceu e, enquanto aguardava, Aline endereçou uma prece em favor do pai, pedindo perdão por tê-lo julgado mal.

Ela não sabia, mas, na manhã em que o coronel resolvera deserdá-la, o espírito de Beatriz deixara de lado toda a mágoa que sentia por aquele homem e, em nome do amor que nutria pela filha, inspirara-o amorosamente para que não tomasse mais uma infeliz decisão em sua vida e se complicasse ainda mais.

Depois de ouvir o relato do tabelião, Aline estava em paz, pois compreendia que, a despeito de todas as atitudes equivocadas do coronel, aquele átimo de arrependimento demonstrava que, apesar de tudo, ele tinha um coração que pulsava e que sua bondade estava ali, latente, esperando apenas que iniciasse sua redenção.

Horas mais tarde, toda a família comemorava a herança de Aline, afinal, concordavam que a moça não merecia ter sido largada à própria sorte diante de tanto bem que fizera.

Porém mais um fato interessante ainda aconteceria naquela noite.

Brenda e Aline conversavam no quarto:

– Vosmecê gostou daquele rapaz que dançou contigo, não? – perguntou Aline, sorrindo.

– Sim, gostei muito. Lamento apenas que seja o mesmo rapaz de que Aneliz gosta e...

– Pare com isso, Brenda – ordenou a amiga. – Aneliz não gosta de ninguém. O que ela sente ou sentia por esse rapaz é uma obsessão, um desejo, nada mais. Não deve pensar nisso, mas sim em sua felicidade, afinal, ele pediu para dançar com vosmecê, o que demonstra seu interesse.

Antes que pudessem concluir a conversa, um chamado inesperado da baronesa surpreendeu as duas, que desceram as escadas rapidamente.

Na sala, elas se depararam com Júlio e sua família.

Brenda estremeceu por dentro, e Aline sorriu, já imaginando o que iria acontecer.

Patrícia iniciou a conversa, gentil:

– Fico honrada pela visita, senhor e senhora Andrade. Aproveito para lhes pedir desculpas por todos os acontecimentos infelizes que presenciaram em nossa casa.

– Não precisa se desculpar, baronesa – aduziu Júlio, muito educado. – Nós é que desejamos expressar a todos os mais profundos pêsames pela morte do barão, porém, adianto que não foi para comentar sobre tais fatos que viemos até a vossa casa.

– Agradeço as condolências. Pode falar, Júlio, não tenha cerimônias – disse a baronesa, tentando diminuir a distância formal entre as duas famílias.

– Pois vou ser direto. Eu gostaria de pedir Brenda em casamento, mas, se possível, quero que ela diga se é de sua vontade o enlace, pois sempre desejei me casar com uma mulher que amasse e que também me amasse, por isso, não quero que ela se case comigo por outro motivo que não seja o amor.

Todos estavam positivamente surpresos com a postura séria e íntegra de Júlio, que não levava em conta as formalidades impostas pelas conveniências, mas sim o que dizia seu coração.

Brenda estava emocionada e, cada vez que olhava para o pretendente, sentia o coração pular de felicidade.

Maurício, na qualidade de irmão mais velho, tomou a palavra:

– Se é assim, responda, minha irmã: qual é o seu desejo?

A jovem se levantou do sofá, fixou os olhos em Júlio e respondeu, segura:

– Eu aceito. Quero me casar com Júlio.

Todos ficaram em silêncio, um pouco envergonhados pela situação informal, mas Aline logo tratou de mudar os ânimos:

– Bom, então, se temos duas pessoas que se amam e que vão se casar, proponho um brinde aos noivos!

– Ótima ideia – concordou Maurício. – Vou providenciar o espumante e as taças.

– Mamãe – disse Brenda, um pouco constrangida –, antes do brinde eu poderia conversar com Júlio lá fora?

– Claro que sim, querida.

O casal apaixonado andava pelo jardim, e Júlio então se declarou:

– Brenda, não sei o que houve, mas desde que a vi pela primeira vez senti que era a mulher com quem quero dividir minha vida. Aceita se casar comigo? Quero que responda de novo, olhando para mim.

Ela estava ruborizada, mas se rendeu ao sentimento:

– Sim, Júlio, eu aceito.

O rapaz pegou as mãos da noiva e as beijou. Depois chegou mais perto dela, e seus lábios tocaram sua boca em um beijo de amor.

Maurício e Aline, que ali estavam para chamar o casal, viram a cena romântica e resolveram voltar à casa, sem nada dizer aos outros.

Passado um tempo, o casal retornou ao salão e, após as comemorações, o pai de Júlio considerou:

– Bom, agora que está tudo acertado, preciso que a baronesa nos diga quanto temos que pagar pelo dote de Brenda.

Patrícia não entendeu nada, afinal, os costumes indicavam que era sua família quem deveria pagar o dote por Brenda e, estranhando a pergunta, respondeu:

– Não há nada o que pagar, senhor Andrade. Na verdade, nós é quem deveríamos honrar com tal obrigação.

– Pois faço questão – insistiu o nobre senhor, que justificou: – Como sabe, não seguimos a tradição e queremos de algum modo ajudar a futura família de nosso filho. Se não me disser um valor, pagarei o que achar que devo.

A mãe de Júlio interveio:

– Desculpe-me a indelicadeza, mas todos sabem das dificuldades pelas quais estão passando. Dias atrás, ouvi comentários de que hipotecaram esta fazenda, é verdade?

– Sim, senhora, o fato é verdadeiro – confirmou Patrícia, um pouco constrangida. – Mas não se importe com isso, pois já temos um meio de quitar essa dívida.

Júlio, que até o momento ouvia tudo calado, deu a palavra final:

– Pois está tudo certo. Pagamos a hipoteca da fazenda. Faço questão de poder devolver a casa de minha futura esposa à sua família.

Sem alternativas, a família Guarrido concordou e, muito felizes pelos dois, todos continuaram comemorando o futuro casamento até altas horas da noite.

CAPÍTULO XXIV

Vaidade, um manancial de ilusões

Alguns meses se passaram, e Aline teve a oportunidade de finalmente poder esclarecer a Patrícia, Maurício, Urbano, Júlio, e até ao doutor Otávio, que Brenda nunca fora esquizofrênica, mas sim portadora de mediunidade.

Explicou que os surtos que a menina tinha nada mais eram do que visões de espíritos sofredores que a perturbavam, e que o estudo dos livros de Allan Kardec[1] tinham sido primordiais para o controle e o entendimento de sua mediunidade, que agora estava muito mais equilibrada.

Doutor Otávio, muito interessado nos estudos espíritas, pediu os livros de Aline emprestados para melhor entender certos distúrbios mentais na visão espiritual.

Naquela noite, Urbano e Patrícia estavam no jardim, onde contemplavam as estrelas que brilhavam no firmamento tão

---

[1] Os cinco livros de Allan Kardec que formam o Pentateuco, ou seja, o conjunto das obras básicas para o estudo do espiritismo, são: *O Livro dos Espíritos*; *O Livro dos Médiuns*; *O Evangelho segundo o Espiritismo*; *O Céu e o Inferno*; e *A Gênese*.

belo. A viúva do barão sentia muita alegria em saber que a vida, ainda que de um jeito estranho, concedera-lhe a oportunidade de conhecer o amor em sua plenitude. A nobre senhora, apesar de rica, nunca fora dominada pelo desejo material da ganância ou da vaidade; apenas cumpria seus deveres perante uma sociedade cobradora e julgadora de atitudes. Porém, agora poderia fazer diferente, sem precisar esconder ou retrair seus sentimentos.

Urbano, apesar de ter sido capataz do coronel, revelara em sua essência ser um bom homem, trabalhador, honesto e cumpridor de seus deveres. Ele amava a baronesa e achou que aquele era o momento de dizer o que sentia à mulher que havia eleito para compartilhar uma vida em comum. Um pouco sem jeito, olhou para os olhos claros de Patrícia e disse a ela:

– Baronesa, preciso lhe confessar meus reais sentimentos. Desde que a vi, senti que mexeu com meu coração. Eu sei que ainda guarda o luto pelo barão, mas queria que aceitasse meu pedido de namoro.

Ela olhou para Urbano, pegou suas mãos e respondeu, muito emocionada:

– Não vou negar que desde que percebi seus olhares apaixonados tentei de todos os modos evitar sua presença, pois também sentia algo diferente quando o olhava, mas negava para mim mesma, afinal, era uma mulher casada e cumpridora de minhas obrigações. Deve saber que meu casamento ocorreu por conveniências e, portanto, nunca amei Guarrido como gostaria, nem por ele fui amada. Mas agora sei que tudo será diferente, eis que não tenho mais nada a temer por não querer me manter como escrava das imposições sociais.

Urbano sorriu de alegria, chegou perto de Patrícia e indagou:

– Posso entender tudo o que disse como um "sim"?

Em vez de responder, Patrícia tomou a iniciativa e beijou Urbano com muito carinho. Os dois ficaram ali, de mãos dadas, aproveitando aqueles momentos tão especiais que só o amor é capaz de proporcionar.

Sem que soubessem, ambos eram observados por Aline, que estava escondida atrás de uma árvore, muito emocionada em ver sua segunda mãe apaixonada pelo seu irmão, como considerava o ex-capataz de seu pai.

Maurício, que desde a internação de Aneliz tratara Aline com respeito e até mantivera certo tipo de distância, achou que aquele seria o melhor momento de lhe contar as novidades e, quem sabe, ser merecedor de seu amor.

O belo rapaz viu que Aline estava sozinha do outro lado do jardim e então iniciou a conversa:

— Aline, o que faz a essa hora aí, tão solitária?

— Estou aqui contemplando a beleza desta noite, pensando em tudo o que passei nesta minha curta vida...

— E qual a lembrança que mais lhe agrada?

— Não sei se é a mais agradável, mas o dia em que lhe servi o café pela primeira vez e fiquei irritada com sua falta de educação com os empregados ganha de todas elas — respondeu a jovem, bem-humorada.

Os dois riram bastante ao se lembrar daquela cena, e Maurício comentou, descontraído:

— Ora, como eu era otário. Tenho vergonha de mim mesmo. Desculpe por ter sido tão intransigente.

A jovem o olhou e sorriu.

Ele prosseguiu com outra pergunta:

— E a lembrança que gostaria que voltasse, apenas para reviver o momento?

Aline sabia a resposta, mas receava dizer. Maurício insistiu:

— Vamos, responda, estou curioso.

Ela confessou, um pouco sem jeito:

— Quando galopei com vosmecê naquela estrada... O beijo que trocamos... Queria que o tempo parasse ali, naquele exato momento.

Antes de ele falar qualquer coisa, foi ela quem resolveu questionar:

— Pronto, já falei. Minha vez agora: qual é a lembrança que mais o deixou com algum tipo de medo ou insegurança? Já se sentiu inseguro alguma vez, Maurício? É um homem tão seguro, duvido que sinta medo de algo.

Vaidade UM MANANCIAL DE ILUSÕES

Ele desmanchou o sorriso, e seu rosto foi se entristecendo. Após alguns segundos, ele disse com lágrimas nos olhos:

— Engana-se, Aline, eu sempre fui um rapaz inseguro. Tudo o que fiz foi apenas para esconder minha verdadeira personalidade. Nunca tive coragem de enfrentar a sociedade ou ir contra as regras de conduta. E o maior exemplo de minha covardia foi não ter assumido meu amor por vosmecê.

A jovem se emocionou com aquelas palavras, mas repetiu a indagação:

— Não me respondeu... Já sentiu medo?

— Muito medo, Aline. Medo de te perder para a morte e nunca mais poder lhe dizer o que quero falar.

— E o que quer me dizer?

— Que a amo desde o princípio; que fui um tolo em não assumir nosso romance; que me arrependi amargamente de ter me casado com uma mulher que não amava e ter deixado vosmecê passar por tudo o que passou sozinha; que pedi ao advogado que era de meu pai para providenciar o desquite de Aneliz e que estou com o documento em minhas mãos. Sou um homem livre agora, Aline, apesar de saber que as leis não permitem que me case novamente, mas o que isso importa? Se me disser que aceita morar comigo como minha esposa, não quero nem saber o que as pessoas vão dizer. Quer ser minha mulher?

Ela ainda não acreditava que Maurício se desquitara e estava ali, pedindo sua mão, sem se preocupar com o que pensaria a alta sociedade. Tudo o que ela mais queria era poder viver aquele amor e, sem titubear, respondeu, alegre:

— Claro que aceito, Maurício. Mas tenho algumas condições...

— Pois diga quais são; não vou me opor.

— Não pretendo usar a fortuna de meu pai apenas para proveito próprio. Minha intenção é que a fazenda em que eu morava seja transformada em um grande sanatório, onde doentes que padeçam de transtornos mentais sem condições financeiras para o tratamento possam ser tratados, de graça. Além dos cuidados médicos, conversei com Brenda e,

ROBERTA TEIXEIRA DA SILVA DITADO POR ANGELUZ

com a anuência de Júlio, seu futuro marido, decidimos que nós duas trabalharemos em prol do restabelecimento espiritual desses doentes, com o exercício da mediunidade dela e o constante estudo da doutrina espírita. Em consequência, se realmente me quiser como esposa, teremos que viver com o que vosmecê ganha por meio de seu trabalho, e eu também vou trabalhar como enfermeira para ter meu próprio dinheiro.

Maurício olhou para a amada e, admirado, concordou:

– Do jeito que quiser, Aline. Vamos construir nosso patrimônio juntos, com o fruto de nosso trabalho.

– Mas e Aneliz? Como ela está?

Maurício balançou a cabeça e comentou com certa compaixão:

– Bom, depois do que fez com vosmecê, ela foi condenada por tentativa de homicídio e só não cumpriu a pena na prisão porque o médico a diagnosticou com esquizofrenia, devendo permanecer sob a custódia da justiça, internada em uma clínica psiquiátrica.

– Meu Deus – lamentou Aline –, nunca poderia dizer que uma dama tão educada acabaria internada com distúrbios mentais. Devemos rezar por ela, Maurício.

– Ainda não cheguei a esse desprendimento, Aline, ainda mais quando soube pelo burburinho das pessoas que Aneliz tinha inúmeros casos extraconjugais.

– Não devemos julgar ninguém – advertiu a jovem –, pois não sabemos quais foram ou ainda serão as quedas que vamos sofrer durante nossa caminhada, Maurício. Aprendi que todos nós ainda somos passíveis de cometer enganos e injustiças, e por isso todos são dignos de nossa indulgência.

– Tudo bem, vou tentar compreender o que me disse. Mas, mudando de assunto, eu ouvi bem? Falou mesmo que aceita ser minha mulher?

– Sim, foi isso que eu disse.

– Então está na hora de reviver aquela sua lembrança – afirmou o rapaz, enquanto beijava Aline com muito amor.

Vaidade UM MANANCIAL DE ILUSÕES

Um ano passou rápido, e o casamento de Brenda e Júlio chegou.

A fazenda dos Guarrido estava toda enfeitada, e uma harmoniosa orquestra tocava as músicas para alegrar os convidados.

Urbano e Patrícia estavam no altar, acompanhados de Aline e dos pais do noivo.

A marcha nupcial anunciou a entrada da noiva, que estava radiante e iluminada. Ao lado de Brenda estava Maurício, muito elegante, tendo sido por ela escolhido para levá-la ao encontro de Júlio, que estava bastante emocionado.

O padre fez uma missa linda, e a troca das alianças foi marcada por muita alegria e emoção.

Os passáros cantavam, as flores estavam abertas e parecia que toda a natureza dizia sim àquela união abençoada por amor, respeito e honestidade.

A festa foi divertida, e os noivos partiram um pouco depois do seu início, pois viajariam por alguns dias em lua de mel.

Antes de partir, Brenda abraçou a mãe, que lhe aconselhou:

– Filha, cuidado, tá? Fique perto de Júlio e não se esqueça de levar os casacos, pois é muito frio no sul do país.

– Mamãe, pare com isso, não tenho mais quinze anos – respondeu a menina, sorridente.

Aline se aproximou de Brenda e também a abraçou, enquanto lhe desejava toda a felicidade do mundo.

A jovem médium olhou para a melhor amiga e comentou baixinho:

– Queria que Orlando tivesse visto tudo isso! Ele iria se orgulhar de mim... Tenho tantas saudades!

– Querida, tenha certeza de que ele sente muito orgulho de vosmecê, viu? – replicou Aline, emocionada. – Assim como todos nós.

As duas se abraçaram de novo, quando foram interrompidas pelo noivo, de forma bem-humorada:

– Bom, agora quero a noiva só para mim! Vamos, Brenda, chegou a hora de vivermos o nosso momento.

Os noivos partiram, felizes, deixando os convidados desfrutando da bela festa de casamento.

Patrícia e Urbano também estavam de saída, pois aproveitariam o momento para fazer uma viagem. Urbano se aproximou de Aline, pegou suas mãos e confidenciou:

– Minha irmã de coração, que bênção poder viver a seu lado todos estes anos. No fundo, sempre soube que jamais teria coragem de lhe fazer algum mal. Quero lhe agradecer por ter acreditado em nossa amizade e por ter aberto meus olhos para o verdadeiro sentido da vida. Desejo-lhe toda a felicidade, porque merece muito, minha querida. Perdoe-me por tudo que a fiz passar, mesmo sem querer. Seu pai a amava muito, viu? Ele só não sabia disso.

Ao ouvir aquelas palavras, Aline chorou. Chegou perto de Urbano e o abraçou, muito comovida.

Patrícia, que também queria se despedir, tomou a palavra:

– Minha querida, não sei como lhe agradecer por tudo o que fez por nós. Sabe que a considero uma filha, e nada pagará o bem que vosmecê trouxe para nossa família. Se existem anjos, é um deles disfarçado de uma linda menina, que veio para salvar nossa família das garras da inveja, da sombra do poder e da ilusão da vaidade. Mostrou-nos que o amor é o que importa, que servir é uma bênção, e ainda foi capaz de dar sua vida pela minha. Tenho muito a aprender com vosmecê, minha filha. Eu a amo.

– Eu faria tudo de novo, minha mãe, porque também a amo muito.

As duas mulheres se abraçaram demoradamente, enquanto eram contempladas pelos convidados da festa, que muito se emocionaram com aquela cena tão verdadeira e repleta de sentimentos.

Após Patrícia e Urbano partirem, Maurício e Aline ficaram a sós na mansão e resolveram aproveitar o momento para ficarem juntos também, beneficiando-se do clima de amor que invadira aquela fazenda cafeeira.

Vaidade UM MANANCIAL DE ILUSÕES

Três anos se passaram, e Brenda e Aline tiveram uma grata notícia: estavam grávidas. A diferença da gestação de uma para outra era de apenas dois meses, e as duas mulheres estavam ansiosas para conhecer o rostinho dos bebês.

O trabalho no cafezal foi árduo, mas, depois de quitar a hipoteca da casa, com o auxílio da família de Júlio, Maurício trabalhou com afinco para conquistar clientes, e sua simpatia e profissionalismo garantiram a ascensão dos negócios da família.

Patrícia ajudava o filho, pois descobrira ser uma excelente administradora. Sem seu auxílio efetivo para controlar os gastos e economizar com custos de matéria-prima, a fazenda não estaria tão bem quanto estava.

Urbano também contribuía financeiramente, posto que sua experiência com escolta em comboios lhe rendera vários chamados dos coronéis da região para que prestasse serviços de segurança, e, em troca, ganhava muito dinheiro.

Júlio se formara em direito e, com o exercício da profissão, de forma ética e honesta, garantira a Brenda uma vida confortável.

O sanatório de Aline, que se tornou a enfermeira responsável por toda a ala de doentes com transtornos mentais, estava em pleno exercício, e o doutor Otávio era o médico que assistia esses enfermos.

Aline e Brenda, já no final da gestação, preparavam-se para fazer mais uma sessão de doutrinação, mas, antes do início, foram chamadas pelo experiente médico.

Aneliz estava ali internada havia poucos meses, e o doutor Otávio queria que as meninas a vissem, pois naquele dia ela estava com crises muito constantes.

– Agora eu entendo, Aline – falou o médico –, quando me explicou que Brenda não sofria de esquizofrenia. Eu vejo a diferença dela para nossa Aneliz, que sofre com os surtos praticamente o dia todo.

– Ainda bem que entendeu, doutor. O esquizofrênico, além do tratamento médico, precisa muito de apoio, principalmente espiritual. Isso porque ele pune a si mesmo por erros que cometeu, e tal atitude agrava ainda mais seu estado. É importante que sua família ou aqueles que o visitam conversem com ele enquanto dorme, aconselhando-lhe o perdão e, sobretudo, o autoperdão. Pode não parecer, mas seu espírito ouvirá essas sugestões e, devagarzinho, ele poderá se acalmar e, quem sabe, ter as crises amenizadas – esclareceu Aline, muito segura.

– E o que podemos fazer por ela agora? – perguntou Brenda, curiosa.

– Dizer baixinho em seus ouvidos que a perdoamos, Brenda – orientou Aline –; que ela precisa se reequilibrar, ter paciência com os próprios erros e principalmente perdoar. Falar que todos, sem exceção, sempre têm uma oportunidade de recomeçar.

Aneliz sentia a presença deles, mas não conseguia distinguir quem eram. No entanto, uma paz invadiu-lhe o coração, e essa sensação a fez adormecer mais serena, o que havia se tornado muito difícil nos últimos dias.

Vendo que a paciente dormia tranquilamente, o doutor Otávio agradeceu:

– Meninas, fico muito grato por terem ajudado nossa Aneliz. Parece que ela registrou essa energia amorosa de paz e enfim conseguiu se entregar ao sono...

Antes de o médico completar o raciocínio, Brenda sentiu um líquido escorrer pela sua perna e gritou, desesperada:

– Meu Deus, o que está havendo comigo? Por que estou toda molhada?

– Sua bolsa, Brenda – disse o médico –, ela estourou. A criança vai nascer!

Imediatamente, Brenda foi levada para o quarto, enquanto Aline pediu a um dos funcionários que avisasse a família, principalmente Júlio.

O trabalho de parto demorou algumas horas, quando por fim todos puderam ouvir o choro do bebê.

Vaidade UM MANANCIAL DE ILUSÕES

Muito emocionados, Brenda e Júlio seguravam a criança nas mãos e constataram que se tratava de um lindo e robusto menino. Ele então perguntou:

– Já sabe que nome nosso filho terá, meu amor?

Brenda pegou o garotinho, olhou bem para seu rostinho e reparou que ali havia uma discreta manchinha, daquelas que algumas pessoas chamam de "sinal de nascença". Pensou: "Engraçado, eu tenho quase certeza de que já vi alguém com esse mesmo sinal. Não era meu pai, nem Maurício". Em um lapso de memória, lembrou-se: "Claro, era Orlando, ele tinha a mesma manchinha, que ficou muito perceptível naquele dia em que apareceu para mim. Meu Deus, é ele, meu anjo voltou!" Muito feliz, Brenda estava banhada em lágrimas e, enquanto agradecia mentalmente a Deus pela bênção do filho e da renovação da vida, respondeu ao marido:

– Sim, querido. O nome de nosso filho será Orlando.

Exatamente dois meses depois, nascia Beatriz, filha de Aline e Maurício, que coroou e renovou as alegrias de toda a família.

Por mérito adquirido durante a erraticidade, os espíritos de Orlando e Beatriz tiveram a oportunidade de renascer para uma nova vida e agora estavam de volta ao convívio daqueles que tanto amavam.

Gabriel, que ficou muito feliz pelas escolhas acertadas de seus assistidos, pois souberam aproveitar a reencarnação para reconstruir seus passos na direção da evolução, viu naquela oportunidade um bom momento para aconselhar alguns espíritos que iriam renascer na Terra com a tarefa da mediunidade. Assim, iniciou a palestra:

– Queridos amigos e irmãos em Cristo, é com muita alegria que vejo que alguns de nossos companheiros de jornada conseguiram reconstruir sua vida, mediante a adoção de atitudes mais nobres e elevadas. A vivência na carne exige muito do espírito, que fica vulnerável às facilidades do mundo material em razão do esquecimento temporário de sua verdadeira vida, que é a espiritual. Somente depois de passar por muitas dificuldades é que constatamos que, apenas quando nos despirmos do que nos torna vaidosos, mais fácil encontraremos o caminho que nos levará à redenção. Orgulho, ambição e poder são paixões desenfreadas, que dificultam ainda mais a estrada evolutiva do espírito, principalmente quando decidem pelo exercício da mediunidade. Essa faculdade deve ser encarada pelo servidor que se dispôs a utilizá-la como uma humilde tarefa. Isso porque ser médium não torna ninguém melhor ou pior do que o outro, apenas garante-lhe uma forma de trabalho, nada mais. Vaidade e mediunidade se repelem e não devem caminhar juntas. O servidor vaidoso macula o serviço e desvirtua a finalidade da mediunidade, que é a melhora moral do seu portador e de todos aqueles que dela se beneficiam. A vaidade, meus irmãos, é um manancial de ilusões que nos envolve com a ideia de uma fonte farta e cristalina, mas cujas águas são venenosas, matando-nos aos poucos e deixando-nos escravos de suas consequências desastrosas. A oração e a constante vigilância de nossas intenções nos garantirá o êxito, enquanto a ganância e a ilusão provocadas pela matéria apenas nos trarão a queda. Contudo, todo trabalho, quando bem-feito, rende bons frutos, e com a mediunidade não é diferente. Tenham bom ânimo, esperança, confiança e vontade de servir, e serão agraciados pela tarefa bendita. Lembrem-se de que não há como falhar quando se tem Jesus como guia de conduta. Que Deus, nosso Pai, assim como o nosso Divino Mestre, nos ampare e inspire sempre. Graças a Deus.

Av. Porto Ferreira, 1031 – Parque Iracema
CEP 15809-020 – Catanduva-SP – 17 3531.4444

visite nosso site: www.lumeneditorial.com.br
fale com a Lúmen: atendimento@lumeneditorial.com.br
departamento de vendas: comercial@lumeneditorial.com.br
contato editorial: editorial@lumeneditorial.com.br
siga-nos no twitter: @lumeneditorial